交 通 运 输 科 技 丛 书

交通运输重大科技创新成果库入库成果

交通运输科技成果转化政策与机制

张玉波 李 雯 李海波 编著

人民交通出版社股份有限公司

北 京

内 容 提 要

本书是作者从事交通运输科技成果转化政策与机制研究的全面总结，是一部系统论述交通运输科技成果转化的著作。全书系统梳理了我国科技成果转化的现行政策，总结了我国科技成果转化的总体成效及存在的问题；梳理总结了典型发达国家科技成果转化的经验与启示；从行业属性、学科特点等方面，分析了交通运输科技成果的特点；对交通运输部所属研究开发机构、高等院校科技成果转化政策和执行情况、转化现状、存在问题等进行了梳理和分析；对交通运输科技成果转化中的组织管理机制、评估定价机制、收益分配机制、激励约束机制、绩效评价机制等关键技术问题进行了深入探讨，并提出了转化机制创新的相关建议。

本书可为交通运输科技成果转化政策制定、促进成果转化工作提供研究支撑，不仅是交通运输行业科技成果转化的指导用书，也是社会各界关心交通运输科技成果转化政策与机制的相关人士的参考资料。

图书在版编目(CIP)数据

交通运输科技成果转化政策与机制 / 张玉波，李雯，李海波编著. —北京 ：人民交通出版社股份有限公司，2022.8

ISBN 978-7-114-18107-8

Ⅰ. ①交… Ⅱ. ①张…②李…③李… Ⅲ. ①交通运输—科技成果—成果转化—研究 Ⅳ. ①U

中国版本图书馆 CIP 数据核字(2022)第 127235 号

Jiaotong Yunshu Keji Chengguo Zhuanhua Zhengce yu Jizhi

书　　名：交通运输科技成果转化政策与机制
著 作 者：张玉波　李　雯　李海波
责任编辑：牛家鸣
责任校对：赵媛媛　龙　雪
责任印制：刘高彤
出版发行：人民交通出版社股份有限公司
地　　址：(100011)北京市朝阳区安定门外外馆斜街 3 号
网　　址：http://www.ccpcl.com.cn
销售电话：(010)59757973
总 经 销：人民交通出版社股份有限公司发行部
经　　销：各地新华书店
印　　刷：北京建宏印刷有限公司
开　　本：787 × 1092　1/16
印　　张：13
字　　数：258 千
版　　次：2022 年 9 月　第 1 版
印　　次：2022 年 9 月　第 1 次印刷
书　　号：ISBN 978-7-114-18107-8
定　　价：90.00 元

交通运输科技丛书

编审委员会

（委员排名不分先后）

GENERAL ORDER | 总　序

科技是国家强盛之基,创新是民族进步之魂。中华民族正处在全面建成小康社会的决胜阶段,比以往任何时候都更加需要强大的科技创新力量。党的十八大以来,以习近平同志为核心的党中央做出了实施创新驱动发展战略的重大部署。党的十八届五中全会提出必须牢固树立并切实贯彻创新、协调、绿色、开放、共享的发展理念,进一步发挥科技创新在全面创新中的引领作用。在最近召开的全国科技创新大会上,习近平总书记指出要在我国发展新的历史起点上,把科技创新摆在更加重要的位置,吹响了建设世界科技强国的号角。大会强调,实现"两个一百年"奋斗目标,实现中华民族伟大复兴的中国梦,必须坚持走中国特色自主创新道路,面向世界科技前沿、面向经济主战场、面向国家重大需求。这是党中央综合分析国内外大势、立足我国发展全局提出的重大战略目标和战略部署,为加快推进我国科技创新指明了战略方向。

科技创新为我国交通运输事业发展提供了不竭的动力。交通运输部党组坚决贯彻落实中央战略部署,将科技创新摆在交通运输现代化建设全局的突出位置,坚持面向需求、面向世界、面向未来,把智慧交通建设作为主战场,深入实施创新驱动发展战略,以科技创新引领交通运输的全面创新。通过全行业广大科研工作者长期不懈的努力,交通运输科技创新取得了重大进展与突出成效,在黄金水道能力提升、跨海集群工程建设、沥青路面新材料、智能化水面溢油处置、饱和潜水成套技术等方面取得了一系列具有国际领先水平的重大成果,培养了一批高素质的科技创新人才,支撑了行业持续快速发展。同时,通过科技示范工程、科技成果推广计划、专项行动计划、科技成果推广目录等,推广应用了千余项科研成果,有力促进了科研向现实生产力转化。组织出版"交通运输建设科技丛书”，是推进科技成果公开、加强科技成果推广应用的一项重要举措。“十二五”期间，该丛书共出版72册，全部列入“十二五”国家重点图书出版规划项目，其中12册获得国家出版基金支持，6册获中华优秀出版物奖图书提名奖，行业影响力和社会知名度不断扩大，逐渐成为交通运输高端学术交流和科技成果公开的重要平台。

“十三五”时期，交通运输改革发展任务更加艰巨繁重，政策制定、基础设施建设、运输管理等领域更加迫切需要科技创新提供有力支撑。为适应形势变化的需要，在以往工作的基础上，我们将组织出版“交通运输科技丛书”，其覆盖内容由建设技术扩展到交通运输科学技术各领域，汇集交通运输行业高水平的学术专著，及时集中展示交通运输重大科技成果，将对提升交通运输决策管理水平、促进高层次学术交流、技术传播和专业人才培养发挥积极作用。

当前，全党全国各族人民正在为全面建成小康社会、实现中华民族伟大复兴的中国梦而团结奋斗。交通运输肩负着经济社会发展先行官的政治使命和重大任务，并力争在第二个百年目标实现之前建成世界交通强国，我们迫切需要以科技创新推动转型升级。创新的事业呼唤创新的人才。希望广大科技工作者牢牢抓住科技创新的重要历史机遇，紧密结合交通运输发展的中心任务，锐意进取、锐意创新，以科技创新的丰硕成果为建设综合交通、智慧交通、绿色交通、平安交通贡献新的更大的力量！

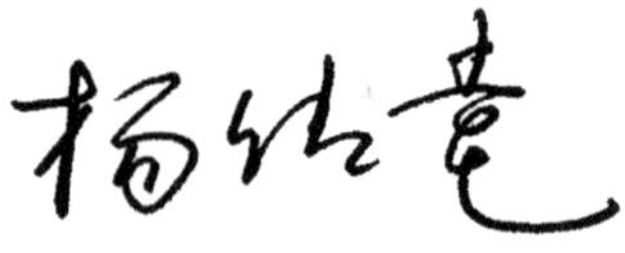

2016年6月24日

PREFACE | 前　言

深化科技体制改革是全面深化改革的重要内容，是实施创新驱动发展战略、建设创新型国家的根本要求。党的十八大特别是党的十九大以来，中央对科技体制改革和创新驱动发展做出了全面部署，出台了一系列重大改革举措。2015年8月29日修订了《中华人民共和国促进科技成果转化法》，2016年2月国务院颁布了《实施〈中华人民共和国促进科技成果转化法〉若干规定》，2016年4月21日国务院办公厅印发了《促进科技成果转移转化行动方案》，形成了从修订法律条款、制定配套细则到部署具体任务的科技成果转移转化工作"三部曲"。

长期以来，科研单位普遍存在重研究轻转化、重理论轻市场等问题，科研人员关注科研项目的立项、执行、验收，不重视科研项目成果的转化和推广应用，以至许多科研项目在验收后其研究成果被束之高阁。2013年12月，国家发改委副主任张晓强在中国经济年会上发言说：中国的科技成果转化率仅为10%左右，远低于发达国家40%的水平。交通运输行业的科技进步贡献率和科技成果转化率与全国平均水平基本相当。经过30余年的经济建设，交通运输行业实现了高速发展，几代交通科技人员为此做出了重要贡献，积累了丰富的知识与经验，也取得了大量的科技成果。然而，由于体制机制及其他各种原因，许多成果没有得到有效转化及市场化应用。《中华人民共和国促进科技成果转化法》修订以来，特别是《交通运输部促进科技成果转化暂行办法》发布之后，历经5年多的转化实践，交通运输行业的科技成果转化力度明显加大。为进一步贯彻落实国家及交通运输部促进科技成果转化政策，针对行业科研单位成果转化的组织管理、评估定价、收益分配、激励约束、绩效评价等方面的机制问题开展研究，对于创新科研单位管理机制、推进提高科研单位科技成果转化，进而提升行业治理能力和水平，都十分必要并具有重要的现实意义。

目前还没有系统论述交通运输科技成果转化政策与机制方面的资料，本书是在上述背景下撰写的著作，以期为交通运输主管部门、科研院所及高校提供有帮助的信息，为促进科技成果转化提供参考思路。需要说明的是，本书是在2017年《交通运输部促进科技成果转化暂行办法》发布之后开展的相关研究工作，2022年5月发布的《交通运输部促进科技成果转化办法》已部分体现了本研究关注的主要内容和建议。

本书共分7章：第1章从国家、行业、地方三个层面梳理我国科技成果转化的现行政策；第2章主要论述我国科技成果转化的总体成绩、典型经验及存在的问题；第3章论述了美国、英国、德国、日本等国家在促进科技成果转移转化方面的重要举措，总结分析了典型发达国家科技成果转移转化的成功经验对促进我国科技成果转化工作的启示；第4章主要论述科技成果转化相关概念，并从行业属性、学科特点等方面，分析交通运输科技成果的特征；第5章主要对交通运输部所属研究开发机构、高等院校科技成果转化政策和执行情况、转化现状、存在问题等进行了梳理和分析，并针对每种转化方式列举了典型案例；第6章主要探讨了交通运输科技成果转化组织管理、评估定价、收益分配、激励约束、绩效评价等机制创新的建议；第7章分别针对行业主管部门和科研院所、高校，提出了促进科技成果转化机制创新的建议。

本书具有以下三个特点：一是系统全面，不仅系统梳理了国家、行业、地方三个层面的科技成果转化政策，而且聚焦交通运输行业，总结分析了交通运输部及部属研究开发机构、高等院校科技成果转化政策，可帮助读者全面了解政策概况；二是针对性强，在系统调研交通运输部直属研究院及高等院校科技成果转化管理及转化现状的基础上编写，既有相关统计数据，还进行了总结分析，可更有针对性地反映交通运输科技成果转化工作现状；三是可读性强，在交通运输科技成果转化组织管理、评估定价、收益分配、激励约束、绩效评价等机制创新探讨中，首先介绍形势与要求，之后探讨机制创新建议，便于读者深化理解。

本书主要由交通运输部水运科学研究院的张玉波、李雯和李海波编写。张玉波负责第1、2章和附录的撰写，参与第4、7章的撰写；李雯负责第4、5、6章的撰写，参与附录撰写；李海波负责全书的策划和审核，并负责第3、7章的撰写，参与第6章的撰写。本书是在交通运输部战略规划项目“交通运输科技成果转化机制研究”研究成果的基础上进行的总结和提炼，在此对该项目的主管部门交通运输部科技司和项目全过程参加人员表示感谢，特别感谢汪水银、张成等的大力支持。感谢在项目研究过程中提供咨询建议的专家，他们是交通运输部天津水运工程科学研究院赵洪波、交通运输部规划研究院杜江涛、交通运输部科学研究院孙志超、交通运输部公路科学研究院朱立伟、大连海事大学杨国刚等。在项目研究和本书撰写过程中，还得到了交通运输部水运科学研究院刘晋川研究员和其他相关人员的大力支持，在此一并表示感谢。

限于研究工作深度、时间和作者能力，书中疏漏和不妥之处在所难免，欢迎读者提出批评和修改意见。

作　者

2022年6月

CONTENTS | 目　录

CHAPTER ONE

第1章

我国科技成果转化政策概述

1.1 国家政策

1978年国家实行改革开放以来,中国科技成果转化领域发生了极大的变化。国家围绕科技体制改革,为高校院所和企业、科技人员松绑,采取财政、税收、金融等扶持措施,制修订相关法律法规,建立健全科技成果转化服务体系等,以促进科技成果转化。先后制修订了《中华人民共和国专利法》《中华人民共和国技术合同法》《中华人民共和国科学技术进步法》《中华人民共和国促进科技成果转化法》《中华人民共和国民法典》等法律,建立并发展技术市场,支持民营科技企业、科技企业孵化器、高新技术产业开发区、生产力促进中心的创办与发展。实行高新技术企业税收优惠政策及其他相关税收优惠政策,推进战略性新兴产业发展,实施创新驱动发展战略等。这一系列的重要举措不断推进中国科技成果转化事业的深刻变革。2015年,国家开始实施创新驱动发展战略,特别是促进科技成果转化"三部曲"的出台,促使科技成果转化取得突破性进展。2020年8月,习近平总书记在经济社会领域专家座谈会的讲话中指出,"要依托我国超大规模市场和完备产业体系,创造有利于新技术快速大规模应用和迭代升级的独特优势,加速科技成果向现实生产力转化,提升产业链水平,维护产业链安全"。《中共中央关于制定国民经济和社会发展第十四个五年规划和二〇三五年远景目标的建议》提出"加强知识产权保护,大幅提高科技成果转移转化成效",为未来科技成果转化指明了方向。以下重点分析国家实施创新驱动发展战略,以及科技成果转化的相关政策。

1.1.1 科技成果转移转化"三部曲"及相关文件

科技成果转化在国家创新体系建设中具有重要战略意义。为增强科技成果转化能力,我国相继出台了一系列政策。2015年修订的《中华人民共和国促进科技成果转化法》,2016年国务院印发的《实施〈中华人民共和国促进科技成果转化法〉若干规定》,以及《促进科技成果转移转化行动方案》被称为科技成果转移转化的"三部曲",从制度上为激发科技成果转化活力提供了有力保障。2017年9月,国务院印发了《国家技术转移体系建设方案》,标志着我国形成了较为完善的成果转化政策体系。

2015年8月29日,第十二届全国人民代表大会常务委员会第十六次会议通过并公布《关于修改〈中华人民共和国促进科技成果转化法〉的决定》,该决定自2015年10月1日起实施。《中华人民共和国促进科技成果转化法》的修订,一是完善科技成果市场化定价机制，在不排斥资产评估的前提下，明确了市场化定价的合法性，并且明确了市场化定价的方式和程序；二是加大了对成果完成人和转化工作作出重要贡献人员的激励力度；三是进一步完善了科技成果处置、收益和分配有关的制度，国家设立的研究和开发机构包括高等院校对其持有的成果，可以自主转让、许可或者作价投资；四是进一步完善了科研成果的评价体系，明确了相关部门的职责。

2016 年 3 月 2 日，国务院发布了《实施〈中华人民共和国促进科技成果转化法〉若干规定》，该规定对于促进大众创业、万众创新，鼓励科技成果转化，推进经济提质增速升级等起到了规范和指导的作用，也成为国家设立的科研院所、高等院校等科技成果转化主体在实践中的重要依据。该规定在 3 个方面对成果转化作出了较为详细的规定，包括：放开自主转让权，促进研究开发机构、高等院校技术转移，提高收益比例，激励科技人员创新创业；从制度、评价等方面营造良好环境。

2016 年 5 月 9 日，国务院办公厅发布了《促进科技成果转移转化行动方案》，旨在推进相关法律法规的落实与完善，建立健全科技成果转移转化体系，加强政府公共服务能力。作为贯彻落实《中华人民共和国促进科技成果转化法》和《实施〈中华人民共和国促进科技成果转化法〉若干规定》的行动依据，部署了 8 个方面、26 项重点任务，明确提出"十三五"期间科技成果转移转化的量化工作指标，并在重点领域和关键环节提出针对性措施，推动实施一批具体任务。主要内容涉及激发创新主体积极性、加快国家科技计划成果应用，完善支撑服务体系、支撑区域产业发展转型升级等方面。

2017 年 9 月，国务院印发了《国家技术转移体系建设方案》，首次提出了国家技术转移体系的概念，目的是要构建符合科技创新规律、技术转移规律和产业发展规律的技术转移体系，加强对技术转移和科技成果转化工作的系统设计，形成体系化推进格局，进一步推动科技成果加快转化为经济社会发展的现实动力。建设国家技术转移体系，是促进科技成果资本化产业化、提升国家创新体系整体效能、促进科技与经济融通发展、激发全社会创新创业活力的重要举措，对于建设创新型国家和世界科技强国等具有重要意义。该方案提出了行之有效的"两步走"目标和"三方面"重点任务。第一步，到 2020 年，适应新形势的国家技术转移体系基本建成，互联互通的技术市场初步形成，有利于科技成果资本化、产业化的体制机制基本建立；第二步，到 2025 年，结构合理、功能完善、体制健全、运行高效的国家技术转移体系全面建成。该方案着眼于构建高效协同的国家创新体系，从基础架构、转移通道、支撑保障三个方面进行了体系布局，明确了进一步促进科技成果转移转化的改革突破方向，优化政策环境。

1.1.2 国家层面发布的科研机构专项政策

为有力激发科研人员的创新创造活力，推进科技成果转化，国务院发布了一系列赋予科研机构和人员更大自主权、优化科研项目管理机制及资金管理等方面的政策。

2016年7月，中共中央办公厅、国务院办公厅印发《关于进一步完善中央财政科研项目资金管理等政策的若干意见》，通过简化预算编制、下放预算调剂权限，提高间接费用比重、加大绩效激励力度，改进结转结余资金留用处理方式等措施，改进中央财政科研项目资金管理，扩大科研院所在科研项目资金、差旅会议、基本建设、科研仪器设备采购等方面的管理权限，为科研人员潜心研究营造良好环境。

2016年11月，中共中央办公厅、国务院办公厅印发了《关于实行以增加知识价值为导向分配政策的若干意见》，针对我国科研人员实际贡献与收入分配不完全匹配的问题，提出推动形成体现增加知识价值的收入分配机制，扩大科研机构、高校收入分配自主权，进一步发挥科研项目资金的激励引导作用，加强科技成果产权对科研人员的长期激励，允许科研人员和教师依法依规适度兼职兼薪等措施。

2018年7月，国务院印发了《关于优化科研管理提升科研绩效若干措施的通知》，就简化科研项目申报和过程管理、赋予科研人员更大技术路线决策权、赋予科研单位科研项目经费管理使用自主权、完善有利于创新的评价激励制度、强化科研项目绩效评价提出改革要求，建立完善以信任为前提的科研管理机制，赋予科研人员更大的人财物自主支配权，充分释放创新活力，调动科研人员积极性。

2018年12月，国务院办公厅出台了《国务院办公厅关于推广第二批支持创新相关改革举措的通知》，就科技成果转化激励提出4个方面改革举措：以事前产权激励为核心的职务科技成果权属改革，技术经理人全程参与的科技成果转化服务模式，技术股与现金股结合激励的科技成果转化相关方利益捆绑机制，“定向研发、定向转化、定向服务”的订单式研发和成果转化机制。

2019年1月，国务院办公厅印发了《关于抓好赋予科研机构和人员更大自主权有关文件贯彻落实工作的通知》，明确科研人员兼职的操作办法，明确科研人员获得科技成果转化收益的具体办法；明确科技成果作为国有资产的管理程序，要求进一步优化国有资产产权登记和变更程序，提高科技成果转化效率。

2020年3月，中共中央、国务院印发《关于构建更加完善的要素市场化配置体制机制的意见》，提出“加快发展技术要素市场”，健全职务科技成果产权制度、完善科技创新资源配置方式、培育发展技术转移机构和技术经理人、促进技术要素与资本要素融合发展和支持国际科技创新合作5个方面的措施。

2020年5月,《中共中央　国务院关于新时代加快完善社会主义市场经济体制的意见》提出"建立以企业为主体、市场为导向、产学研深度融合的技术创新体系,支持大中小企业和各类主体融通创新,创新促进科技成果转化机制""完善技术成果转化公开交易与监管体系,推动科技成果转化和产业化"。

2020年7月,国务院印发《关于促进国家高新技术产业开发区高质量发展的若干意见》,释放科技成果转化新活力,再次强调要探索职务科技成果所有权改革,加强专业化技术转移机构和技术成果交易平台建设,培育科技咨询师、技术经纪人等专业人才。支持科技人员携带科技成果在国家高新区内创新创业,发展研究开发、技术转移、检验检测认证、创业孵化、知识产权、科技咨询等科技服务机构,提升专业化服务能力。

2020年10月,新修订的《国家科学技术奖励条例》将科技成果转化的成效列为国家技术发明奖和科技进步奖的评审条件。

2020年10月,十三届全国人大常委会第二十二次会议通过了对《中华人民共和国专利法》第四次修正案。新修订的《中华人民共和国专利法》第六条增加了"该单位可以依法处置其职务发明创造申请专利的权利和专利权,促进相关发明创造的实施和运用"的内容,授予职务发明单位处置专利权和专利申请权,为高校院所等科研事业单位和国有企业赋予科技人员职务科技成果知识产权提供了法律依据。第十五条增加了第二款"国家鼓励被授予专利权的单位实行产权激励,采取股权、期权、分红等方式,使发明人或者设计人合理分享创新收益",根据这一规定,科技人员不仅可获得奖励和报酬,还可分享创新收益。

2020年11月,《中共中央关于制定国民经济和社会发展第十四个五年规划和二〇三五年远景目标的建议》提出完善科技创新体制机制,"加强知识产权保护,大幅提高科技成果转移转化成效""完善金融支持创新体系,促进新技术产业化规模化应用",对未来科技成果转化提出了更高的要求。

2021年1月,中共中央办公厅、国务院办公厅印发了《建设高标准市场体系行动方案》,在发展知识、技术和数据要素市场方面提出:一是创新促进科技成果转化机制。制定出台完善科技成果评价机制、促进科技成果转化的意见,提升技术要素市场化配置能力。修订发布技术合同认定规则及科技成果登记办法,加强对技术合同和科技成果的规范管理。完善国家技术转移体系,培育发展国家技术转移机构,建立国家技术转移人才培养体系,提高技术转移人员的技术评价与筛选、知识产权运营、商业化咨询等专业服务能力。二是健全职务科技成果产权制度。深入开展赋予科研人员职务科技成果所有权或长期使用权试点,探索职务科技成果产权激励新模式。适时总结试点经验,完善职务科技成果转化激励政策和科研人员职务发明成果权益分享机制。三是加快培育发展数据要素市场。制定出台新一批数据共享责任清单,加强地区间、部门间数据共享交换。研究制定加快培育数据要素市场的意见,建立数据资源产权、交易流通、跨境传输和安全等基础制度和标准规范,推动数据资源开发利用。积极参与数字领域国际规则和标准制定。四是设立知识产权和科技成果产权交易机构。支持中国技术交易所、上海技术交易所、深圳证券交易所等机构建设国家知识产权和科技成果产权交易机构,在全国范围内开展知识产权转让、许可等运营服务,加快推进技术交易服务发展。

2021 年 8 月,国务院办公厅印发《关于完善科技成果评价机制的指导意见》,坚持科技创新质量、绩效、贡献为核心的评价导向,坚持科学分类、多维度评价,坚持正确处理政府和市场关系,坚持尊重科技创新规律,强调要健全完善科技成果分类评价体系,加快推进国家科技项目成果评价改革,大力发展科技成果的市场化评价,加快建设现代化高水平技术交易市场,充分发挥金融投资在科技评价中的作用,加大对科技成果转化和产业化的投融资支持,引导规范科技成果第三方评价,制定科技成果评价通用准则,改革完善科技成果奖励体系,创新科技成果评价工具和模式,完善科技成果评价激励和免责机制。

2021 年 8 月,国务院办公厅印发《关于改革完善中央财政科研经费管理的若干意见》,提出加大科技成果转化激励力度。对持有的科技成果,通过协议定价、在技术交易市场挂牌交易、拍卖等市场化方式进行转化。科技成果转化所获收益可按照法律规定,对职务科技成果完成人和为科技成果转化作出重要贡献的人员给予奖励和报酬,剩余部分留归项目承担单位用于科技研发与成果转化等相关工作,科技成果转化收益具体分配方式和比例在充分听取本单位科研人员意见基础上进行约定。科技成果转化现金奖励计入所在单位绩效工资总量,但不受核定的绩效工资总量限制,不作为核定下一年度绩效工资总量的基数。

1.1.3 相关部委发布的相关指导文件

《中华人民共和国促进科技成果转化法》修订后,财政部、科技部、人力资源社会保障部、教育部等相关部委发布了一系列文件,落实科技成果转化工作。

在科技成果转化的财政投入、税收优惠、转化奖励政策等方面,为鼓励大众创业、万众创新,出台有关文件,提供良好的财税环境。2015 年 10 月,财政部、国家税务总局联合发布了《关于将国家自主创新示范区有关税收试点政策推广到全国范围实施的通知》，规定了有限合伙制创业投资企业法人合伙人企业所得税、技术转让所得企业所得税、企业转增股本个人所得税及股权奖励个人所得税的减免政策。全国范围内的居民企业转让 5 年以上非独占许可使用权取得的技术转让所得，纳入享受企业所得税优惠的技术转让所得范围，按相应规定减免企业所得税。2016 年 2 月，财政部、科技部、国资委联合发布了《国有科技型企业股权和分红激励暂行办法》，该办法适用于转制院所企业、科研院所投资的科技企业，为建立国有科技型企业自主创新和科技成果转化的激励分配机制提供了政策依据。2016 年 9 月，财政部、国家税务总局联合发布了《关于完善股权激励和技术入股有关所得税政策的通知》，规定了股权激励和技术入股中递延纳税、延长纳税期限、选择性税收优惠的适用情况。2018 年 5 月，财政部、国家税务总局等联合发布了《关于科技人员取得职务科技成果转化现金奖励有关个人所得税政策的通知》和《关于转制科研院所科技人员取得职务科技成果转化现金奖励有关个人所得税政策的通知》，给予非营利性研究开发机构和高等学校，以及事改企的科研人员获得科技成果转化现金奖励一定税收优惠。2019 年 9 月，财政部发布了《关于进一步加大授权力度促进科技成果转化的通知》，进一步加大国家设立的中央级研究开发机构、高等院校科技成果转化有关国有资产管理授权力度，具体包括：一是加大授权力度，简化管理程序；二是优化评估管理，由单位自主决定是否进行资产评估；三是落实主管部门承担科技成果转化有关国有资产管理的主体责任；四是鼓励地方探索符合科技成果国有资产特点的管理模式。2021 年 2 月，人力资源社会保障部、财政部、科技部联合印发《关于事业单位科研人员职务科技成果转化现金奖励纳入绩效工资管理有关问题的通知》，规定职务科技成果转化后，由科技成果完成单位按规定对完成、转化该项科技成果做出重要贡献的人员发放现金奖励。同时进一步明确，现金奖励计入所在单位绩效工资总量，但不受核定的绩效工资总量限制，不作为人力资源社会保障、财政部门核定下一年度绩效工资总量的基数，不作为社会保险缴费基数。明确单位接受企业或其他社会组织委托取得的项目，其中属于科研人员在职务科技成果转化工作中开展技术开发、技术咨询、技术服务等活动的，单位可到当地科技部门进行技术合同登记，认定登记纳入科技成果转化范围的，可按照促进科技成果转化法和该通知规定执行。2021 年 10 月，财政部、科技部联合印发了《关于印发〈国家科技成果转化引导基金管理暂行办法〉的通知》，提出为加快实施创新驱动发展战略，加速推动科技成果转化与应用，引导社会力量和地方政府加大科技成果转化投入，由中央财政设立国家科技成果转化引导基金。转化基金主要用于支持转化利用财政资金形成的科技成果,包括国家(行业、部门)科技计划(专项、项目)、地方科技计划(专项、项目)及其他由事业单位产生的新技术、新产品、新工艺、新材料、新装置及其系统等。2021 年 11 月,财政部、科技部修订并印发《中央引导地方科技发展资金管理办法》,引导资金支持地方科技成果转移转化,包括技术转移机构、人才队伍和技术市场建设,以及公益属性明显、引导带动作用突出、有效提升产业创新能力、惠及人民群众广泛的科技成果转化示范项目等。

在科技成果知识产权及产权制度改革方面,为加快形成以科研事业单位为主体的科技成果创新创造新格局,出台相关文件。2019 年 3 月,财政部发布了《财政部关于修改〈事业单位国有资产管理暂行办法〉的决定》。其中,修订要点包括:“国家设立的研究开发机构、高等院校对其持有的科技成果,可以自主决定转让、许可或者作价投资,不需报主管部门、财政部门审批或者备案,并通过协议定价、在技术交易市场挂牌交易、拍卖等方式确定价格”“国家设立的研究开发机构、高等院校将其持有的科技成果转让、许可或者作价投资给国有全资企业的,可以不进行资产评估”“国家设立的研究开发机构、高等院校将其持有的科技成果转让、许可或者作价投资给非国有全资企业的,由单位自主决定是否进行资产评估”。此次修订充分尊重科技成果转化规律,变事前审批备案为程序规范、自我约束、灵活高效的交易及定价机制,有利于提高科技成果转化效率。2020 年 2 月,教育部、国家知识产权局、科技部印发《关于提升高等学校专利质量促进转化运用的若干意见》,提出了“坚持质量优先,突出转化导向,强化政策引导”的基本原则,完善知识产权管理体系,健全知识产权统筹协调机制,建立健全重大项目知识产权管理流程,逐步建立职务科技成果披露制度。开展专利申请前评估,建立专利申请前评估制度,明确产权归属于费用分担。2020 年 5 月,科技部等 9 部门印发了《赋予科研人员职务科技成果所有权或长期使用权试点实施方案》,提出“分领域选择 40 家高等院校和科研机构开展试点,探索建立赋予科研人员职务科技成果所有权或长期使用权的机制和模式,形成可复制、可推广的经验和做法”,试点期为 3 年。2020 年 10 月,科技部发布了《赋予科研人员职务科技成果所有权或长期使用权试点单位名单》,正式启动赋权改革试点。

在鼓励科技成果转化及转化考核评价方面,逐步建立起较为完善的人才创业、绩效评价考核体系。2017 年 3 月,人力资源社会保障部发布《关于支持和鼓励事业单位专业技术人员创新创业的指导意见》,支持和鼓励事业单位专业技术人员到企业挂职、参与项目合作、在职创办企业、离岗创新创业,并提出了相关的管理及保障措施。2018 年 4 月,科技部、国资委印发了《关于进一步推进中央企业创新发展的意见》,提出“推进《中华人民共和国促进科技成果转化法》在中央企业落地，采取多种方式推动建立中央企业技术交易平台，提高知识产权创造、应用、管理和保护能力”和“加强国家科技成果转化引导基金与中央企业创新类投资基金的合作……联合地方政府、金融机构、社会资本，成立一批专业化创业投资基金，推动中央企业科技成果的转移转化和产业化”。2019 年 8 月，科技部印发了《关于新时期支持科技型中小企业加快创新发展的若干政策措施》，提出了促进科技型中小企业实施科技成果转化的措施。2020 年 2 月，教育部、国家知识产权局、科技部印发《关于提升高等学校专利质量促进转化运用的若干意见》，提出了完善人才评聘体系。高校要以质量和转化绩效为导向，更加重视专利质量和转化运用等指标，在职称晋升、绩效考核、岗位聘任、项目结题、人才评价和奖学金评定等政策中，坚决杜绝简单以专利申请量、授权量为考核内容，加大专利转化运用绩效的权重。支持高校根据岗位设置管理有关规定自主设置技术转移转化系列技术类和管理类岗位，激励科研人员和管理人员从事科技成果转移转化工作。优化专利资助奖励政策，高校要以优化专利质量和促进科技成果转移转化为导向，停止对专利申请的资助奖励，大幅减少并逐步取消对专利授权的奖励，可通过提高转化收益比例等“后补助”方式对发明人或团队予以奖励。2020 年 6 月，科技部、财政部、国家发展改革委印发的《中央财政科技计划（专项、基金等）绩效评估规范（试行）》将科技计划项目“对科技成果转移转化的作用”列入科技计划项目评估内容。

在加强科技成果转移转化平台建设方面，逐步完善技术转移机构、转移转化体制机制。2019 年 7 月，科技部等 6 部门印发《关于扩大高校和科研院所科研相关自主权的若干意见》，明确要求高校院所探索建立专业化技术转移机构，促进创新链和产业链精准对接，通过技术转移机构为科技型中小企业吸纳科技成果提供专业化服务。2020 年 4 月，科技部、财政部印发《关于推进国家技术创新中心建设总体方案（暂行）》，提出要“健全以企业为主体、产学研深度融合的技术创新体系，完善促进科技成果转化与产业化的体制机制，为现代化经济体系建设提供强有力的支撑和保障”，定位于“实现从科学到技术的转化，促进重大基础研究成果产业化”。2020 年 5 月，科技部、教育部印发《关于进一步推进高等学校专业化技术转移机构建设发展的实施意见》，提出的总体思路是“以技术转移机构建设发展为突破口，进一步完善高校科技成果转化体系，强化高校科技成果转移转化能力建设，促进科技成果高水平创造和高效率转化”，主要目标是在“十四五”期间“培育建设 100 家左右示范性、专业化国家技术转移中心”。2020 年 6 月，《科技部办公厅关于加快推动国家科技成果转移转化示范区建设发展的通知》指出以服务科技型企业为重点，发挥支撑复工复产示范带动作用;以创新促进科技成果转化机制模式为重点,进一步加大先行先试力度;以强化科技成果转化全链条服务为重点,提高成果转化专业化服务能力;以示范区主导产业为重点,加快推进重大科技成果转化应用;以集聚创新资源为重点,促进技术要素的市场化配置;以完善工作推进体系为重点,提升示范区治理水平;以优化布局和绩效评价为重点,加快推进示范区高质量发展。

教育部先后发布了《关于加强高等学校科技成果转移转化工作的若干意见》《促进高等学校科技成果转移转化行动计划》《关于进一步推动高校落实科技成果转化政策相关事项的通知》《高等学校科技成果转化和技术转移基地认定暂行办法》等文件,推进高等学校科技成果转化制度建设、工作机制的建立和完善,为支持科技成果转化提供良好的政策环境。

1.2 行业及部门政策

1.2.1 交通运输行业

2017 年 4 月,交通运输部印发《交通运输部促进科技成果转化暂行办法》,主要从科技成果的转化方式和技术权益、成果转化机制建设、成果转化收益分配和激励、科技成果转化经费投入、科技人员兼职兼薪和离岗创业等方面,提出了 44 条政策措施。2019 年 5 月,交通运输部、中央网信办、国家发展改革委、教育部、科技部、工业和信息化部、财政部印发《智能航运发展指导意见》,提出“探索和支持科研院所、高等院校与企业联合开展智能航运仪器、设备、系统及相关软件等关键技术研发和成果转化”。2020 年 10 月,国家铁路局印发《铁路行业科技创新基地管理办法(试行)》,规定铁路行业科技创新基地包括铁路行业重点实验室和铁路行业工程研究中心,前者的职能是“开展基础研究、应用基础研究、前瞻性技术以及相关公益性技术研究”,后者的职能是“促进重大科技成果转化和产业化的孵化器”,以促进科技创新成果的工程化、产业化。

2022 年 5 月 24 日,交通运输部印发《交通运输部促进科技成果转化办法》(交科技发〔2022〕67 号)。该办法包括总则、转化方式、技术权益、机制建设、收益分配、转化激励、经费投入、绩效评价、人员兼职、离岗创业、法律责任、附则共 12 章 45 条,是交通运输部全面贯彻落实党中央、国务院关于促进科技成果转化决策部署、保持行业政策延续性和一致性、持续提升交通运输科技创新成果转化效能的重要举措。要求部属各单位应结合本单位实际,完善相关内部管理规定,打通政策落地“最后一公里”。该办法实施后,

《交通运输部促进科技成果转化暂行办法》(交科技发〔2017〕55 号)同时废止。

1.2.2 农业行业

为规范成果转移转化行为,推动农业科技源头创新,提升科技支撑现代农业发展的能力和水平,2016 年 12 月,农业部印发了《农业部深入实施〈中华人民共和国促进科技成果转化法〉若干细则》,对科技成果权属界定、成果转化规范、收益分配原则、单位主体责任等作出规定。该细则中明确了科研院所开展技术开发、技术咨询、技术服务等活动取得的净收入视同成果转化收入。2020 年 4 月,《农业农村部办公厅关于开展国家农业科技示范展示基地建设的通知》出台,农业科技示范展示基地被定位为“加快农业科技成果转化,开展先进技术集成示范推广,推动先进农业技术传播,引领农业高质量发展的重要展示平台”。2020 年 7 月,科技部、农业农村部等 7 部门联合印发《关于加强农业科技社会化服务体系建设的若干意见》,提出:“推动高校和科研院所进一步加强成果转化和科技服务”“把先进适用技术送到生产一线,加速科技成果在农村基层的转移转化”,并强调将“科技成果转移转化的成效作为学科评估、人才评价等各类评估评价和项目资助的重要依据”“建立健全高校和科研院所农业科技成果转移转化机制,加强对成果转化的管理、组织和协调”。

1.2.3 环保行业

为促进生态环境领域科技成果转化工作,2018 年 12 月,生态环境部印发了《关于促进生态环境科技成果转化的指导意见》,定义了生态环境科技成果转化范畴;计划构建整合生态环境领域成果转化综合服务资源,建设集成果汇聚、信息发布、供需对接、咨询交易、金融投资等功能为一体的生态环境保护科技成果转化综合服务平台;积极推行第三方技术评估;发布科技成果技术目录并开展示范推广;选择污染防治重点区域、典型园区、典型行业,建设生态环境科技成果转化示范区。

1.2.4 国家发展改革委

2021 年 3 月,国家发展改革委等 13 个部门印发《关于加快推动制造服务业高质量发展的意见》,提出“发展研究开发、技术转移、创业孵化、知识产权、科技咨询等科技服务业,加强关键核心技术攻关,加速科技成果转化”,以“提升制造业技术创新能力”。技术转移、成果转化成为“产学研协同创新”的重要内容,以及“产业链与创新链精准对接”的重要途径。

1.2.5 自然资源部

2019年1月16日，中共自然资源部党组出台《中共自然资源部党组关于激励科技创新人才的若干措施》（自然资党发〔2019〕2号），提出"用好科技成果转化政策激励人才"，并规定"技术转让或者许可所取得的净收入，可提取不低于80%的比例，用于奖励对完成和转化科技成果作出重要贡献的人员""加大转化科技成果收益分配激励，以技术转让或者许可方式转化职务科技成果的，从技术转让或者许可所取得的净收入中可提取不低于75%的比例用于奖励"。

1.3 地方政策

科技成果转移转化"三部曲"发布后，各省（自治区、直辖市）纷纷出台了促进科技成果转移转化的地区性政策。各地区高校、科研院所和企业情况存在较大差异，因而各地区政策也各有侧重，具有地方特点。北京、广东、江苏三省市在进行科技成果转移转化方面特点较为突出，因此，本节重点以这三省市科技成果转化政策中的重点领域、平台建设、激励制度等为例进行分析，三省市科技成果转化政策对比见表1.3-1。

三省市科技成果转化政策对比表　　表1.3-1

类别	北京市	广东省	江苏省
政策名称	北京市促进科技成果转移转化行动方案	广东省人民政府办公厅关于进一步促进科技成果转移转化的实施意见	江苏省促进科技成果转移转化行动方案
重要任务指标	①建设一批支撑实体经济发展的众创空间，建成一批示范性技术转移机构，推动一批重大科技成果转化应用，培育一批技术创新、应用服务创新和商业模式创新融合的新业态，催生一批具有全球影响力的创新型企业和品牌 ②各类孵化机构在孵企业数量超过10000家 ③技术交易实现增加值占地区生产总值的比重保持在9%左右	加强科技成果信息交汇与发布；推进科技成果转移转化载体建设；大力发展创新创业孵化平台；建设科技成果转移转化人才队伍；大力推动地方科技成果转移转化；完善促进科技成果转移转化的激励机制	①创建30个国家和省级技术转移示范机构 ②布局建设500个支撑实体经济发展的众创空间和40个科技公共服务平台 ③全省技术市场合同交易额达1000亿元 ④加快实现50万元以上科研仪器设备全面开放

续上表

类别	北京市	广东省	江苏省
重点领域	新一代移动通信、数字化制造、生物医药、新能源汽车、轨道交通、生态环保、城市管理、食品安全、第五代移动通信技术(5G)、数字化增材制造(3D 打印)、人工智能、石墨烯材料等重点领域	高端新型电子信息、生物医药、高端装备制造、节能环保、新材料、新能源、发光二极管(LED)、新能源汽车等重点领域。超高速无线局域网、量子通信、精准医疗、高端医疗器械、石墨烯、热超导材料、无人机技术、海洋装备制造、节能环保新技术等新兴产业领域	新一代信息网络、智能绿色制造、现代农业、现代能源、资源高效利用和生态环保、智慧城市和数字社会、人口健康等重点领域
平台建设	构建科技成果转化项目库与数据服务平台、技术市场信息网络服务平台、技术产权交易平台、中央企业科技成果转移转化平台、怀柔科学城、京津冀区域科技成果转移转化平台、“一站一台”(首都科技条件平台合作站和北京技术市场服务平台)等	重大科技成果转化数据库、科技成果在线登记交汇系统、军民融合科技成果信息与推广平台、技术交易网络平台、广州技术产权交易中心、深圳联合产权交易所、专业镇协同创新中心、中小微企业创新中试平台、粤港澳合作共建科技成果转化和国际技术转让平台、粤港创新走廊建设、“千会万企金桥工程”、广东版“海智计划”、知识产权大数据应用平台、“四众”创新服务平台等	中科院科技服务网络江苏中心、农村科技成果线上线下交易平台、科技成果在线登记汇交系统、国家技术转移苏南中心、高校技术转移中心、移动智能的产学研合作信息服务平台、国家知识产权局专利审查协作江苏中心、区域专利信息服务(南京)中心、知识产权公共服务平台等

续上表

类别	北京市	广东省	江苏省
激励政策	①高等学校、科研院所、医疗机构等单位转化科技成果所获得的收入全部留归单位,纳入单位预算 ②推动高等学校、科研院所、医疗机构等单位建立符合人事管理需要和科技成果转化工作特点的职称评定、岗位管理和考核评价制度 ③中关村国家自主创新示范区内的高等学校、科研院所、医疗机构等单位中从事科技成果转化和产业化的科技人员可列入示范区高端领军人才专业技术资格评价试点范围,评价合格的可获得正高级专业技术资格 ④落实科技成果转化所获收益可按 70% 及以上比例用于对科技人员奖励的政策	①高校、科研院所为科技成果转化开展的技术开发、技术咨询、技术服务、技术培训等横向合作活动的,净收入可按照高校、科研院所制定的科技成果转移转化奖励和收益分配办法对完成项目的科技人员给予奖励和报酬,其比例不得低于 60% ②对科技人员承担横向科研项目与承担政府科技计划项目,在业绩考核中同等对待 ③鼓励技术转移服务机构开展技术转移服务活动,按照其上年度签订技术交易合同额的一定比例给予补助,可将不高于 30% 的补助资金用于奖励为促成交易做出突出贡献的团队或个人 ④鼓励高校、科研院所等向企业输出科技成果,按照其上年度技术交易合同额的一定比例给予补助	落实《中华人民共和国促进科技成果转化法》及相关政策措施,强化科技、财政、投资、税收、人才、产业、金融、政府采购、军民融合、知识产权等政策协同,完善有利于科技成果转移转化的政策环境

通过对三省市科技成果转化政策的分析,可以看出地方政府在科技成果转化中各有侧重。北京市对机构孵化和技术交易额等重点关注。广东省先从宏观上布局,而后出台一系列具体重要任务指标政策,如粤府〔2017〕25 号文件、粤府〔2019〕1 号文件等不断为科技创新松绑。江苏省具体规划“十三五”期间对示范机构、公共服务平台和市场技术交易等进行目标设定,在加快建设完善各个重大科技成果转化数据库,发布科技成果包等方面,各地区发展的重点领域也有所差异,但大数据、云计算等新一代信息技术在各地都得到广泛关注。加强科技成果转移转化的各类服务,平台建设是支持高校、科研院所联合建立转移转化机构的重要载体,三省市在科技成果转化平台的建设涉及不同领域,发挥各地优势特色,发展“四众”的创新服务平台。其中,专业镇作为广东省优势传统,致力于打造一批具有国际竞争力的特色产业集群。江苏省为引进海外创新创业资源搭建平台,也创新提出设立海外科技人才离岸创新创业基地等。

CHAPTER TWO 第2章

我国科技成果转化现状

2.1 总体进展

自2015年起，国家通过实施创新驱动发展战略，增强了对科技成果转化规律的认识，对科技成果转移转化进行了系统设计，统筹科研、科技成果转化及产业化各环节，明确高校、科研机构、企业三者之间的定位，对科技成果转移转化进行了体制机制改革。在良好的政策环境下，全国研究开发机构和高等院校积极推动科技成果转化工作，取得了明显进展和一定成效。根据《中华人民共和国科技成果转化法》《实施〈中华人民共和国促进科技成果转化法〉若干规定》的要求，国家设立的研究开发机构、高等院校有科技成果转化活动的，均要报送上一年度的科技成果转化年度报告。2017年以来，科技部、财政部积极建立和完善科技成果转化年度报告制度，旨在切实掌握研究开发机构和高等院校的科技成果转化进展、取得的成效、主要经验和存在问题等。中国科技成果管理研究会、国家科技评估中心、中国科学技术信息研究所连续几年对全国数千家研究开发机构和高等院校的科技成果转化情况进行分析研究，已经先后发布了2018、2019和2020三个年度的《中国科技成果转化年度报告(高等院校与科研院所篇)》。本节关于科技成果转化现状的数据及分析基于上述年度报告。

2.1.1 科技成果转化活动持续活跃

2018年有2766家研究开发机构高等院校填报了符合要求规范的2017年年度报告，2019年有3200家填报了符合要求规范的2018年年度报告，2020年有3450家填报了符合要求规范的2019年年度报告。各高校院所积极开展科技成果转化，转化活动持续活跃，成效良好。

一是以转让、许可、作价投资方式转化科技成果的合同金额、项目数迅速增长。2017年，2766家研究开发机构、高等院校中有转让、许可、作价投资转化活动的单位957家。其成果转化合同金额达121.1亿元，同比增长66.1%；合同项数为9907项，同比增长34.1%。2018年，3200家高校院所以转让、许可、作价投资方式转化科技成果的合同数量为11302项。其中3096家单位的合同数量同比增长为6.7%；合同金额为177.3亿元，同比增长为52.2%。2019年，3450家高校院所以转让、许可、作价投资方式转化科技成果的合同数量为15035项。其中连续填报的2760家单位的合同数量同比增长32.3%；合同总金额为152.4亿元，同比下降19.1%；当年到账金额达44.3亿元，同比增长29.8%，占当年签订合同总金额的29.1%。2016—2019年以转让、许可、作价投资3种方式转化科技成果基本情况见图 2.1-1。

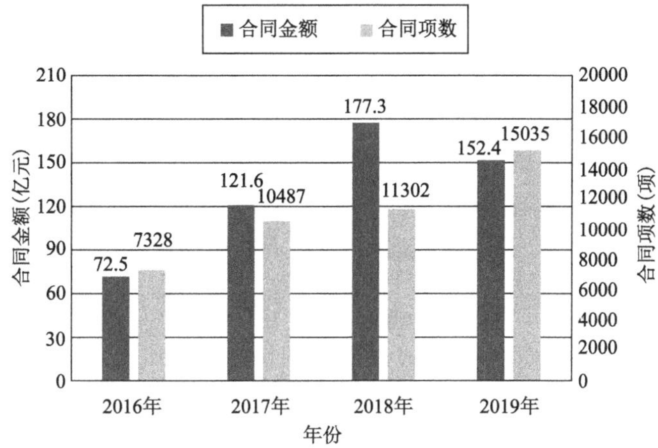

图 2.1-1　以转让、许可、作价投资 3 种方式转化科技成果基本情况

二是转化"龙头"单位成长迅速。2017 年,以转让、许可、作价投资方式转化科技成果合同总金额超过 1 亿元的单位有 31 家,同比增长 55%。合同金额达 1000 万元以上的单位有 166 家,这 166 家单位合同金额占 2766 家单位总合同金额的比例达 90%。2018 年,转化合同收入超过 1 亿元的单位数量较上一年也略有增长,以转让、许可、作价投资方式转化科技成果合同总金额超过 1 亿元的单位有 32 家,同比增长 14.3%。2019 年,转化合同总金额超过 1 亿元的单位数量保持在 30 家左右,以转让、许可、作价投资方式转化科技成果合同总金额超过 1 亿元的单位有 29 家,同比下降 9.4%。

三是财政资助项目产生的科技成果转化合同金额增势明显。2017 年,以转让、许可、作价投资方式转化合同金额为 32.4 亿元,同比增长 372.3%;合同项数为 2489 项,同比增长 198.1%。2018 年,以转让、许可、作价投资方式转化合同金额为 56.1 亿元,同比增长 78.4%,其中,中央财政资助项目产生的科技成果转化合同金额为 49.8 亿元,同比增长 120.0%。2019 年,财政资助项目产生的科技成果转化合同项数有所上升,但金额有所下降。以转让、许可、作价投资方式转化合同金额为 47 亿元,同比下降 18.9%;合同项数为 2815 项,同比增长 10.9%,其中,中央财政资助项目产生的科技成果转化合同项数为 1533 项,同比增长 26.2%;金额为 37.9 亿元,同比下降 26.4%。

2.1.2　科技成果转化存量消化较快

一是科技成果交易均价有涨有落。技术合同平均金额既能反映社会对科技成果价值的认可程度,也能在一定程度上反映技术成果对经济社会贡献的大小,是判断科技成果质量的重要指标。2017 年以转让、许可、作价投资方式转化科技成果的平均合同金额为122.2万元，同比增长23.9%；2018年以转让、许可、作价投资方式转化科技成果的平均合同金额为156.9万元，同比增长42.6%。2019年以转让、许可、作价投资方式转化科技成果的平均合同金额为101.4万元，同比下降38.8%。2015年《中华人民共和国促进科技成果转化法》修订后，促进了此前多年积累的高价值科技成果的转化，连续几年数据大幅提升。这些高价值的存量成果逐渐消化后，未转化及新产出的科技成果由于成熟度有限，成果转化方式越来越多样化，技术开发、技术咨询、技术服务这三类合同占的比例越来越高，金额下降与成果存量的释放和转化方式的日趋多元化有关。

二是技术入股金额增势有所回落。一般认为，科技成果作价入股更能吸引科研人员后续参与，反映了单位和科研人员对成果转化的信心。2017年以作价入股投资方式转化科技成果的合同金额达52.0亿元，同比增长1.1倍，作价投资平均合同金额1001.1万元，同比增长134.2%。2018年以作价入股投资方式转化科技成果的合同金额达79.2亿元，同比增长56.2%，作价投资平均合同金额1559.3万元，同比增长59.1%。2019年以作价入股投资方式转化科技成果的合同金额达51.0亿元，同比下降39.1%，是转让方式平均合同金额的18.8倍，是许可方式平均合同金额的9.9倍，作价投资金额有所回落。

三是大额科技成果转化项目频出。2017年单项转化合同金额超1亿元的成果为7项，超5000万元的38项，超1000万元的221项。2018年单项转化合同金额超1亿元的成果为30项，超5000万元的60项，超1000万元的232项。2019年单项转化合同金额超1亿元的成果为24项，超5000万元的42项，超1000万元的236项。中国科学院工程热物理研究所的中国储能（北京）技术有限公司成果转化项目合同金额达17.5亿元，上海科技大学的"基于配体导向的蛋白质降解技术平台的小分子抗肿瘤药物的开发许可"合同金额达8.2亿元。

2.1.3 科技创富效应进一步显现

一是现金和股权奖励总金额持续高位。2017年科研人员获得的现金和股权奖励金额达47.2亿元，同比增长24.2%，占现金和股权的收入总金额的比例为51.4%，其中股权奖励为25.1亿元，同比增长99.5%。2018年，个人获得的现金和股权奖励金额达到67.6亿元，同比增长44.9%，其中股权奖励为42.6亿元，同比增长75.8%。2019年个人获得的现金和股权奖励金额达53.1亿元，其中现金奖励金额为30.9亿元，同比增长17.9%。

二是奖励人次和人均奖励金额稳步提升。2017年现金和股权奖励科研人员6.2万人次，同比增长 0.5%，人均奖励金额 7.6 万元，同比增长 23.6%。2018 年现金和股权奖励科研人员 6.8 万次，同比增长 3.4%，人均奖励金额 9.9 万元，同比增长 40.0%。

三是研发与转化主要贡献人员获得的奖励金额占比高于国家规定。2017 年研发与转化主要贡献人员获得的现金和股权奖励总金额达 42.6 亿元，同比增长 70.8%，占奖励科研人员总金额的比例达到 90.3%。2018 年研发与转化主要贡献人员获得的现金和股权奖励总金额达 63.5 亿元，同比增长 50.9%，占奖励科研人员总金额的比例达到 94%。2019 年研发与转化主要贡献人员获得的现金和股权奖励总金额达 47.6 亿元，占奖励科研人员总金额的比例达到 89.6%。超过《实施〈中华人民共和国促进科技成果转化法〉若干规定》奖励占比不低于 50% 的规定，政策红利显著释放。

2.1.4　产学研合作助力创新驱动能力持续提升

一是研究开发机构、高等院校输出技术和服务的能力不断增强，技术转让、技术开发、技术咨询、技术服务（简称“四技”）合同金额持续增长。2017 年 2766 家研究开发机构、高等院校签订的四技合同总金额达 751.8 亿元，同比增长 27.5%。其中，四技合同金额超过 1 亿元的单位为 160 家，同比增长 72.0%。2018 年 3200 家研究开发机构、高等院校签订的四技合同总金额达 930.8 亿元，同比增长 16.6%。其中，四技合同金额超过 1 亿元的单位为 205 家，同比增长 27.0%。2019 年四技合同总金额达 933.5 亿元，同比增长 22.9%。其中，四技合同金额超过 10 亿元的单位有 8 家。

二是与企业共建成果转化平台、创设和参股新公司数量不断增多，科研成果供需双方的有效对接能力逐步提升。2017 年与企业共建研发机构、转移机构、转化服务平台总数为 6457 家，同比增长 37.3%；创设和参股新公司 1676 家，同比增长 32.8%。2018 年与企业共建研发机构、转移机构、转化服务平台总数为 8247 家，同比增长 14.8%；创设和参股新公司 2155 家，同比增长 16.2%。2019 年与企业共建研发机构、转移机构、转化服务平台总数为 10770 家，同比增长 27.2%；创设和参股新公司 2073 家，比上一年有小幅回落。

三是在外兼职从事科技成果转化和离岗创业人员迅速增加，人才流动对科技进步和经济社会发展的推动作用不断强化。2017 年研究开发机构、高等院校在外兼职从事成果转化和离岗创业人员数量为 9910 人，同比增长 47.8%。2018 年研究开发机构、高等院校在外兼职从事成果转化和离岗创业人员数量为 11057 人，同比增长 5.5%。2019 年研究开发机构、高等院校在外兼职从事成果转化和离岗创业人员数量为 14210 人，同比增长 23.4%。

2.2 典型经验和做法

近年来,党中央、国务院及各部委高度重视科技成果转化,不断完善科技成果转化法规与政策体系。各高校和科研院所结合实际,积极探索并形成符合自身特点的科技成果转化工作模式。

2.2.1 成果转化制度体系不断完善

各单位在科技成果转化工作中主动研究探索加快科技成果转化政策措施,成立由主要负责人牵头的成果转化领导小组,出台具体可操作的科技成果转化管理制度,形成符合自身特点的科技成果转化工作模式。

高校在科技成果转化中走在了前列。清华大学积极制定配套规章制度文件,成果转化数量和质量持续提升,深耕科技成果与国家战略及市场需求的精准对接,通过收集、挖掘、发布"三步走"力争实现专利工作的精细化管理,提高科技成果转化效率。暨南大学通过制定一系列加快科技成果转化、推动经营性领域技术入股改革试点的政策措施,创建以地方研究院等新型研发机构为核心的科技成果转化平台体系,组建协同创新中心、工程中心、产学研基地和校企联合实验室等近 100 个产学研平台,探索科技成果转化新路径。2019 年学校以转让、许可、作价投资方式转化科技成果总金额达 4.3 亿元。上海交通大学通过制度、管理、服务体系的不断建设与完善,聚焦成果转化难点痛点,组建科技成果专家政策研究中心,通过理论与实践相结合,探索"专利申请权转让"方式和落实个税"减半计征"政策实施路径,2019 年"专利申请权转让"项目金额近 1 亿元。东北大学建立"3 +2 +1"科技成果转化制度体系,形成分级决策、股权决策、价格决策三大转化机制。

一些单位在我国深化科技体制改革、实施创新驱动战略的大环境下,积极创新促进科技成果转化机制,注重科技创新源头设计,积累大量高价值科技成果,多学科交叉融合建设现代科研院所,探索提升科研水平和完善成果转化方式。中国科学院上海药物研究所对新药研究人员的评价围绕"出新药"核心目标,打破以"出论文"为唯一标准,实行分类评价,成果转化质量显著提升。中国科学院长春光学精密机械与物理研究所立足国家战略,着眼精密仪器与装备技术体系和领域,联合开展基因测序、人工智能等多个高精尖产业研究和项目合作,设立总规模 10 亿元的红旗产学研创新基金,累计成功孵化企业 93 家。中国科学院空天信息创新研究院由中国科学院电子研究所、遥感与数字地球研究所、光电研究院整合组建,将电子与信息科学、遥感科学、光电工程等技术领域交叉融合,实现从平台到载荷、器件,再到数据接收、处理、应用的全链条创新体系。研制的“嫦娥四号”两载荷成功开机,使我国成为国际首次实现月球背面开展低频射电天文观测的国家。中国科学院脑科学与智能技术卓越创新中心聚焦脑科学和类脑智能技术领域,与校、地、院、企合作创立脑科学与类脑智能、认知与认知能力智能、智能机器人、智能集成 IC 与智能传感技术等五大协同科学研究中心,积聚各类优势学科力量交叉融合,2019 年实现以转让、许可方式转化金额达 1.17 亿元。

2.2.2　技术转移机构建设不断加强

多年来结合科技成果转移转化过程中的经验和教训,科研院所和高等院校不断建立并完善符合自身科技成果转化的体制机制,形成了各具特色的技术转移服务体系和服务模式。北京理工大学探索建立了市场化运营的技术转移机构,有力支撑了该校的科技成果转化工作。交通运输部公路科学研究院成立了技术转移转化中心,为该院科技成果转移转化提供对接、评估、经纪等中介服务,成果转移转化成绩显著。中国科学院工程热物理研究所建立科技发展处和资产管理公司相互配合的协同工作机制,实现“前期科研创新成果转化”及“后期实施运营投入管理”的有效衔接,2018 年全年转化合同总金额达 19.15 亿元。北京大学技术转移机构不断完善“请进来”“走出去”“精准对接 + 专业服务”的科技成果服务机制,通过成立转化基金、建立数据库、搭建校企联合研发平台等方式开展技术转移转化。中国科学院近代物理研究所技术转移转化机构为成果的研究开发、创新体系内各参与主体间的互动搭建桥梁,实现技术转移所需各类科技创新资源的优化配置和有效整合,研究所“重离子治癌”项目使中国成为世界上第 4 个实现重离子束治疗肿瘤临床试验研究的国家。浙江大学技术转移机构通过开展高价值专利筛选工作,采用走访、调研等方式,挖掘企业合作需求,在校企技术合作、共建创新平台、联合申报科技项目、服务创新创业等方面牵线搭桥、参与谋划、组织前期调研和推广对接服务,成功促成各类产学研合作项目总经费逾 1.6 亿元,推动校企战略合作 2.5 亿元。沈阳药科大学技术转移中心通过转化成果库和合作平台建设,以联盟为依托,以待转化成果库为基础,以调研、发布、对接为抓手,推动学校共建产学研合作平台和合作实验室,选派专家进驻企业,服务省内生物医药产业转型发展,实现科研成果、科研人才的有效供给。2019 年沈阳药科大学通过中心签订四技合同 157 项,合同金额约 3.74 亿元。

2.2.3　科技成果评价方法不断创新

传统科技成果分类管理与转化一直是成果转移转化的难题。注重以市场化前景为导向，创建有利于管理、培育、转化的科技成为评估评价系统与工作体系成果破解难题的钥匙。部分单位打破传统考核评价标准，注重以科技成果转化为应用导向，建立健全有利于激发教职工及科研人员转化科技成果积极性的考核评价体系。北京理工大学作为承担北京高校技术转移联盟日常工作的秘书长单位，改革人才考核机制，健全转移转化人才评价体系，建立起面向学校教师的成果转化类高级专业技术职称岗位，在高校中发挥了较好的示范引领作用。东南大学不断完善考核制度与人才分类评价标准，吸引各型人才，配置多种形式技术转移岗位，建立技术需求收集的稳定渠道，实施“科技成果价值增值工程”，为成果转化和人员培养提供源源不断的动力。南京理工大学研究建立高校成果的专利标引加工体系，解决专利成果的评价指标、评价方法等问题，开发标引评价系统，实现学校专利分类别、分层次管理和运营，促进促成校企横向合同签约额 5000 余万元，专利转让 518 件，服务企业 400 余家。武汉理工大学设立科技成果转化培育项目，研究建立实施细则和评价标准，通过遴选第三方机构开展科技成果评价工作，引导科技人员围绕新技术新产品新装备开展科技创新，精准对接市场企业需求，产生高价值专利包和项目群。2019 年，经评价后资助成果 94 项，实现科技合作项目签约 10 余项，形成的项目群和专利群有力反哺了学校优势学科的竞争力和影响力。

2.2.4 科技成果产业化途径不断拓宽

围绕国家重大战略需求和市场需求，聚焦关键核心技术，基础科学研究，加强高价值成果培育，注重科技创新源头设计，形成大量高价值科技成果，在政策利好的大环境下持续转化。中国科学院动物研究所立足于面向世界科技前沿和国家重大需求，聚焦干细胞与再生医学领域核心技术研发与高价值专利培育，通过建设国家干细胞资源库和再生医学创新研究院，推动干细胞与再生医学的研究、应用与转化。中国农业科学院哈尔滨兽医研究所设立“重点产品研发计划”成功转化多个满足产业需求的高价值成果。中国科学院微电子研究所围绕集成电路产业链的关键环节和重大需求，以平台为载体，探索“产业链、创新链、金融链”三链融合创新模式，与地方政府共建 10 多个新型研发机构，与合肥市、TCL 集团、中国科学院科技成果转化基金发起设立总规模为 102 亿元的集成电路相关产业基金，累计成功孵化企业 116 家，2019 年企业实现营业收入超 90 亿元。

2.2.5 科技成果创新动力不断激发

为进一步调动科研人员转化科技成果的积极性、激发科研热情，科技成果转化激励机制不断推陈出新，灵活处理科技成果转化过程中遇到的问题。注重以科技成果产出为导向，建立了有利于激发科研人员转化科技成果积极性的考核评价体系。西南交通大学积极探索职务科技成果混合所有制改革。上海理工大学依据当地政策灵活选择“先投后奖”转化路径和奖励方式，成功转化高价值科技成果。中国科学院自动化所将科研成果的经济社会影响作为重要考核评价指标。浙江省农业科学院出台成果转化收入与职称评定直接挂钩的评价机制。四川大学在科研人员以作价投资入股的方式进行科技成果转化时，大胆探索职务科技成果所有权确权模式，成果完成人可与学校共同作为成果所有权人。中国科学院上海有机化学研究所探索形成“现金 + 股权”灵活奖励机制，建立科研成果转化及转化收益分配二次公示制度，为科研成果的成功转化提供了有力保障。哈尔滨医科大学提出了分阶段赋予专利权的奖励政策，其中专利授权满 5 年，学校可奖励发明人专利成果 50% 所有权，专利授权满 10 年，可奖励全部专利所有权，有效增加了发明人主动参与成果转化的责任心和积极性。

2.3　存在主要问题

1）部分科技成果转化相关政策法规需进一步完善和有效衔接

《中华人民共和国促进科技成果转化法》规定，国家设立的研究开发机构、高等院校对其持有的科技成果，应当通过协议定价、在技术交易市场挂牌交易、拍卖等市场化方式确定价格。2019 年 3 月修订的《事业单位国有资产管理暂行办法》为科技成果转化进一步“松绑”，规定国家设立的研究开发机构、高等院校将其持有的科技成果转让、许可或者作价投资给国有全资企业的，可以不进行资产评估。转让、许可或者作价投资给非国有全资企业的，由单位自主决定是否进行资产评估。但在实际操作中，很多单位的评估工作流于形式。《实施〈中华人民共和国促进科技成果转化法〉若干规定》中规定，可依规定奖励现金、股份或出资比例等给任领导职务（正职以外）的科技人员，但正职领导只有现金奖励。而《中国共产党纪律处分条例》对党员领导干部违纪经商作出处罚规定，禁止党员干部从事经商等经济类活动。部分单位反映《中华人民共和国促进科技成果转化法》和《中华人民共和国专利法实施细则》对于科技人员奖励报酬的计算方法存在差异，实际操作人员对其理解不同，影响相关激励机制的实施。根据国家立法规定，新法优于旧法，专门法优于一般法，成果转化应优先遵循《中华人民共和国促进科技成果转化法》实施奖励。此外，还存在科技成果转化税收优惠备案程序复杂，政策落地难等问题。科技成果转移转化涉及多个部门，目前有些地方各部门间对法规政策理解不到位、认识不统一、统筹协调不够，有待系统性地统一修订或培训与成果转化相关的政策，加强政策的衔接落地。

2）科技成果转化专业服务机构与专业人才队伍建设有待加强

从统计结果看，2017 年仅 9.5%（264 家）的单位设立了专门的技术转移机构，其中只有 19 家专门机构发挥了重要作用。2019 年年度报告统计数据显示，自建技术转移机构的单位占比 19.3%，在本单位科技成果转化过程中发挥重要作用的占比 41.2%。中介服务机构缺乏行业自律，服务能力较弱，尤其专业风险评估、技术评价、技术定价等中介机构建设水平良莠不齐。已设立的技术转移机构职能不健全，未设立专门技术转移机构的单位又由科研管理部门负责科技成果转化工作，由于科研管理部门工作任务繁多，缺乏法律和经营管理兼备的复合型科技成果管理人员，科技成果管理往往局限在科技成果申报层面，对科技成果研发、技术保护和转化运用缺乏统筹考虑，对科技成果实施、运用和产业化的管理水平较低。科技成果转化管理贯穿在科技成果申报、立项、保护、运用、转化实施的始终，是一项专业性很强的系统性工作，目前较为缺乏专业化成果转化管理和服务人才，特别是既懂得成果转化，又具备法律、财务、市场等专业能力的复合型人才。从事专职科技成果转移转化工作的人员积极性不高，这主要是由于目前的奖励机制还存在一定问题，使相关人员缺乏动力；另一方面是虽然对成果的转移转化和价值做出了贡献，但很难与职称评定挂钩。科研事业单位的工作人员不仅需要物质奖励，同样需要在职称晋升、日常考核等方面获得奖励。如果事业单位不建立专业的转移转化队伍，在人事管理、职称考核等方面有所突破，那么科技成果转化管理工作可能会受到阻碍。

国家政策对科技成果转化中的服务群体和环节关注仍然较少。科技成果转化不能只靠科研人员，既懂技术又懂市场的复合型科研人员凤毛麟角。以往的政策主要是加大对科研人员的激励，出现了个人奖酬比例超过成果转化收益 90% 以上的情况，一定程度导致科研人员“话语权”过大，其他主体的作用没能得到发挥。比如，科研管理人员、技术经理人的积极性就受到了影响。

过去高校与科研院所在科技成果转化的过程中，一般给予个人和团队技术入股奖励。可是，该奖励并不涉及科研人员、管理人员科技成果转化的投入成本，造成其对后期技术能否实现产业化并产生经济效益并不十分关心。科研人员的主要目的还是完成科研项目，自然缺乏对转化的积极性。

3）有利于促进科技成果转化的评价标准体系尚未有效建立

一是缺少科学的成果评价标准。科技部 2016 年废止《科学技术成果鉴定办法》后，各级科技行政管理部门不再组织科技成果评价工作，转由委托方委托专业评价机构开展。由于缺乏权威评价机构对科技成果进行认定,且缺乏统一可信的评价标准体系,造成科技成果的真实性和权威性难以界定等问题。国家科技计划项目评价中对科技成果的先进度、成熟度、创新都等评价重视不够。无形资产的估值也是难以解决的问题。二是缺乏有效的科技评价方法。部门研究开发机构和高等院校的主管部门未将科技成果转化绩效纳入科研单位分类考核评价体系,多侧重论文发表、纵向科研项目等,导致科研单位"重学术、轻转化",将科技成果价值局限于学术价值,而忽视了科技成果的经济和社会价值。科研人员职称评审、项目申请等较少考虑科技成果转化成效或是权重很小,主要侧重于完成项目、发表论文等指标,部分科研人员科技成果转化积极性不高。科技成果转化从业人员的激励及晋升机制尚不健全,专业服务人才流动较大。

4)创新能力有限,满足转化需求的高质量科技成果仍然不足

企业缺乏创新意识和能力。从企业的规模来看,一是大型企业,在人力、资源、资金等方面具有很大的优势,但自主创新的动力不足,大型企业从外部直接获取科学技术更为方便;二是中小型企业,在规模、资源、市场、抗风险等方面都存在劣势,选择自主创新时存在失败、企业破产的风险,因此大部分中小型企业不会选择自主创新。从企业性质的角度来看,一方面国营公有制企业,革新速度慢,缺少一定的市场竞争性,没有对自己进行革新的动力;另一方面民营非公有制企业,首先需要考虑的是其成本的投入、风险的承担以及收益的获得,其次要考虑新技术是否具有良好的市场前景,各方面的因素同样限制了科技成果的转化。

科研院所在创新方面相对较好,但是满足转化需求的高质量科技成果仍然不足。一是科技成果多为实验室阶段成果,一般只做到样机或初级产品阶段,大多不能"即时转化",企业对科技成果"接不住、用不了"。二是科技成果中试熟化相关的平台、技术、人才和资金投入不足,成果转化关键环节相关条件保障缺乏。三是多数科研机构未实现科技成果全生命周期管理,缺乏对科技成果研发、专利申请、成果转化实施的统筹规划,技术研发没有明确的目标和方向,技术成果不能和市场需求紧密结合,造成很多技术"有成果、无市场"的局面,难以被转化实施。

5)事业单位国有资产管理有待落实完善

一直以来,我国科研事业单位无形资产管理存在的问题是没有体现无形资产的特殊性,而将无形资产管理同科研单位的其他固定资产一样进行管理。

为贯彻落实党中央、国务院有关促进科技成果转化的决策部署,完善科技成果使用、处置、收益管理制度,提高科技成果转化效率,明确科技成果转化有关国有资产管理的具体规定,并简化科技成果转化中的资产评估程序,2019 年 3 月,财政部发布了《财政部关

于修改〈事业单位国有资产管理暂行办法〉的决定》(2019年财政部令第100号)。研究开发机构、高等院校执行以下政策:一是对其持有的科技成果,可以自主决定转让、许可或者作价投资,不需报主管部门、财政部门审批或备案,并通过协议定价、在技术交易市场挂牌交易、拍卖等方式确定价格。二是转化科技成果所获得的收入全部留归本单位。三是将其持有的科技成果转让、许可或者作价投资给国有全资企业的,可以不进行资产评估;转让、许可或者作价投资给非国有全资企业的,由单位自主决定是否进行资产评估。

修订后的《事业单位国有资产管理暂行办法》赋予了国家设立的研究开发机构、高校对其持有的科技成果自主管理的权限,简化了有关评估程序,同时明确了有关定价公开机制和故意低价处置国有资产行为的处理措施。《事业单位国有资产管理暂行办法》修订后,交通运输部相关科研机构、高等院校如何执行需进一步落实,可在交通运输部科技成果转化办法中加入贯彻落实《事业单位国有资产管理暂行办法》国有资产管理和资产评估的相关规定。

6)科技成果转化的融资渠道少,投入资本不足

科学技术知识产品的转化过程中对其投入的资源在数量和品质方面都有很高的需求。若科学技术知识产品缺少资金支持,会导致投入的层次不合理,造成投入与产出差距较大,达不到预期科技成果转化的效率;同样的,投入的人力资本也要保质保量,高素质的技术人才往往供不应求,不仅培养的相关方面人才数相对较少,而且无法保证有限人才的使用率;若科学技术知识产品转化的信息共享方面的基本设施缺失,会造成供求信息的不对称,使科技成果无法在市场上及时产生经济效益。金融市场在不断地发展、变化,引入不同的融资渠道来提高科技成果转化的效率对我们来说已是迫在眉睫。

近年来,国家层面设立了国家科技成果转化引导基金等多类金融资本,引导社会资源支持科技创新,推动成果转化。但是投资基金管理机构往往追求短期效益,真正从事科技创新投资的占比很少。成果转化早期融资难也是较为普遍的现象,知识产权质押、银行贷款、科技保险等渠道面临价值识别难、质押登记难、处置难等问题。引导资本建立多元化、差异化的科技金融投资模式仍是成果转化面临的重要课题。

CHAPTER THREE

第3章

典型发达国家科技成果转化经验借鉴

为了促进科技成果转移转化,发达国家科研创新机构进行了大量的探索和实践,采取了正确处理与政府的关系、改革运行机制、鼓励科研人员与企业合作、为创新成果寻找市场需求、探索科技成果转化模式等多种措施,形成了若干各具特色的科技成果转移转化模式,如美国的“硅谷模式”、欧洲的创新投资和企业联盟网络中心(Enterprise Europe Network,EEN)的“一站式”服务模式、英国剑桥大学的产学研合作模式、德国夫琅和费协会的“合同模式”、日本科学技术振兴机构的“独立法人制模式”、日本筑波产业综合技术研究所的“本格研究”模式等。这些经验做法对我国具有一定的借鉴价值。

国外文献很少提到“科技成果转化”概念,一般称为“技术转移”(technology transfer)、“技术扩散”(technological diffusion)、“技术创新”(technology innovation)、“向商业部门的技术转移”(to business technology transfer)、“学术成果商业化转化”(commercialization of academic research results)等。

3.1 美国科技成果转化经验

1. 制定政策法规，加大政府的支持力度

美国拥有健全的科技管理体系,包括白宫科技办公室、国家科学技术委员会、国家科技基金会、科学研究委员会等。美国促进创新的相关立法对促进科技成果转化发挥了重大的作用。美国政府在1790年颁布了第一部专利法,有力地促进了发明成果的推广应用。自20世纪80年代以来,美国政府相继颁布了一系列法律法规,以保证科技成果转化的高效实施。1980年,美国国会通过了《史蒂文森-怀德勒技术创新法案》(简称《史蒂文森法》),明确联邦政府有关部门下属机构和联邦实验室的技术转让职责,要求成立专业技术转移机构,联邦政府实验室促进向州政府、地方政府和私营部门转让联邦政府拥有的发明和技术,各联邦政府实验室要把其研究开发预算按一定比例用于转化活动,并要成立研究和技术应用办公室促进转让,以此促进大学和科研机构的科技成果,特别是政府资助形成的科技成果转移和应用。《史蒂文森法》构建了美国促进科技成果转移转化的主要法律依据,建立了技术转移是美国联邦政府使命这一重要制度。1980年,美国国会通过了《拜耶-杜尔专利商标法案》(简称《拜杜法》),允许大学和小企业保留联邦政府资助科研项目形成的知识产权,并可以进行技术许可与转让,以此促进国家实验室科研成果的转化应用。《拜杜法》使美国科研院所或私人部门享有联邦资助科研成果的专利权成为可能,从而为科研院所科技成果转化注入了强大动力,大大地调动了高校的积

极性。之后许多国家借鉴美国的《拜杜法》,对本国的知识产权法律制度进行了修改和完善。1986 年和 1989 年,美国国会又两次修订《史蒂文森法》,出台《联邦技术转移法》和《国家竞争力技术转移法》,进一步开放联邦实验室,允许联邦实验室与大学及企业开展科研合作;实验室负责人有权与企业签订合作协议,建立合资企业,推广实验室的技术;除了小型企业和非营利机构,私营企业也可以取得合作研发形成的知识产权;为调动联邦实验室人员参与技术转移的积极性,可以向技术发明人发放奖金等。其中《联邦技术转移法》规定如果联邦政府机构不对联邦科研成果申请专利,则科研成果的完成人可以申请并拥有科研成果的专利权。

美国出台的其他重要相关法律法规有:1982 年的《小企业创新发展法》,1984 年的《国家合作研究法》,1992 年的《小企业技术转移法》, 2000 年的《技术转移商业化法》等。《小企业技术转移法》为美国小企业和非营利组织提供了大量的与联邦研究实验室合作的机会。《小企业创新发展法》批准建立小企业创新研究计划(简称 SBIR),促进政府赞助小型高技术公司参与联邦政府有商业化潜力的研发项目。1996 年,美国会又修订《小企业创新发展法》,增设了小企业技术转移计划(简称 STTR),要求部分联邦政府机构与小企业和非营利机构合作研发有商业化前景的项目。2007 年,小布什总统推出的《美国竞争法》(或称《为有意义地促进一流的技术、教育与科学创造机会法》),以及再授权的该法案 2010 版和 2015 版,对 2008 年之后美国高校科技成果转化的跨越式腾飞以及其后一直保持在比较活跃的状态,起到了强大的助推作用。该法案呼吁美国国家航空航天局、美国国家科学基金会等一批政府机构高度关注美国国家发展急需的、高风险和高回报的研究成果,加大对基础研究和教育的投资,尤其是加大对国家发展起着举足轻重作用的科学—技术—工程—数学(STEM)领域的优先发展投入,从而保证美国全球科学技术的领先地位。

2. 加强产学研合作开发和研究

合作研究指大学、科研机构和企业共同参加国家制定的联合研究与开发计划, 其成果直接应用于企业。美国科技成果转化的主要模式是高校、科研机构与企业开展合作研究,通过合作研究不仅解决了资金问题,便于进行投资风险高、技术密集性高、保密程度要求高的竞争性项目的开发,同时也有助于科技成果的快速转化。企业和高校合作的主要方式如下:

(1)学校提出研究计划,企业根据学校的研究计划与自身的科技需求进行对比,如果符合其需求则投入相应的资金进行研究,企业享有将研究成果转化的权利。

（2）企业提供资金和学校共同研究，企业和学校共享研究成果。大学、科研机构与企业建立委托关系，为企业提供技术支持。帮助缺乏技术力量的中小企业研究新产品、新工艺，为企业结构和技术的现代化提供支持。大学和科研机构通过承接委托研究项目，开拓了新的研究领域，能及时地了解企业界的发展动态和需求，从而制订更为实际的研究开发计划，并有针对性地培养企业界急需的人才。

（3）设立工业合作研究中心和实验室，开展联合研究。美国十分重视在政策上支持高校、政府实验室和企业界，尤其是高校与企业界在研究开发方面的合作。美国国家科学基金会（NSF）从20世纪70年代起就在许多大学设立大学-工业合作研究中心。为了加强跨学科与高技术领域的研究与开发，20世纪80年代又在大学建立工程研究中心。企业和大学建立共同的实验室，可对企业和高校共同感兴趣的项目进行研究。1993年，美国政府提出，国家实验室从现有预算中拿出10%～20%的经费同企业开展合作研究，以帮助企业利用高新技术。以大学与工业界的合作研究中心为主体的“工程技术合作中心”是大学直接与工业界合作的主要手段之一，研究中心通过科研、教育和培训等途径促进高校科技成果向企业界转化。

有研究显示，1900—2017年接受美国高校专利许可数量超过100项的专利被许可方共9个，9个高校专利被许可方获得的专利许可数量占全部高校专利许可数量的97.62%，即美国高校专利技术成果中的97.62%转移到了政府机构。由此可知，美国高校科技成果的转化路径是从大学到政府的，而非从大学到产业。美国政府对美国高校的科技成果转化发挥了极其强大和重要的创新培育作用。尤其是隶属于美国政府的美国国立卫生研究院和美国健康与人类服务部，其作为美国政府部门的共同体，接受了美国高校超过50%的专利许可，对美国高校专利成果转移转化起到了举足轻重和不可替代的重大作用。

（4）开放国家实验室，促进大学和研究机构与产业界的人员和知识交流。开放实验室的目的是加强与企业联合研究开发，提高企业研发水平和国家实验室资源的利用效率。如美国联邦政府鼓励多种形式开放联邦实验室：允许企业以合同研究、合作研究、资助研究等各种形式参与联邦实验室的研究；向产业界开放大型科研设施；促进人员交流。在多种形式的交流与合作中，产业界深入了解研究机构的研究成果，加快了科学研究成果的产业化应用，降低了成果转化成本。

3. 搭建中介机构为主的科技成果转化体系

美国政府层面的技术转移机构是美国国家技术转移中心，提供技术成果转让服务的主要方式有技术转让入门服务、“商业黄金”网络信息服务、专场培训服务、发行技术转让出版物服务等。科研机构层面的技术转移机构有美国联邦实验室技术转移联盟、大学技术经理协会。科研机构内部技术转移机构有联邦实验室研究和技术应用办公室、大学技术许可办公室、企业与大学之间的合作研究中心。

美国拥有成熟的中介机构体系。该体系由多个部分组成，包括：国家、区域、技术联盟、机构等。“技术成果转化办公室”和“概念证明中心”是美国现有的两种中介机构。其中，“技术成果转化办公室”主要负责促进科技成果转移转化、协调与企业的关系、通过与美国大学技术管理协会合作拓展与外界的联系。“概念证明中心”是美国在2000年以后发展起来的一种创新性服务机构，是一个提供种子资金、商业顾问、创业教育、孵化空间和市场研究等个性化支持，从而促进大学科研成果商业化的服务组织。它的主要功能就是通过分析成果转化过程中的一些思路、技术和市场等，确定成果转化的规划和设计过程的市场可行性，然后为可行的项目提供资金支持、咨询服务、人才培养等，力求解决科技成果与市场之间的脱节问题。“概念证明中心”主要有四大运营特征：一是促进大学创新者与产业界相互作用；二是通过同行评审选择有商业前景的科研项目，并为其研究的商业化提供种子资金，使新研究成果变成有市场前景的新创公司，同时帮助做出市场评估以及制订商业计划；三是支持培育学生和研究人员具有企业家能力的教育；四是举办专门活动展示技术和企业家，促进交流思想和形成新合作。“概念证明中心”的成立有效地促进了大学科技成果转化以及企业的发展。美国许多高校都成立有咨询公司、联络办事处、大学专利公司、综合服务机构等。

美国设有专门的科技成果转化机构，负责促进科技成果向工业界的转化。如美国著名的国家技术转让中心（National Technology Transfer Center，NTTC）和联邦实验室技术转移联合体（Federal Laboratory Consortium for Technology Transfer，FLC）。NTTC 的主要任务是以其庞大而先进的计算机网络转让技术，将联邦政府资助的 700 多个国家实验室、大学和私人研究机构的有工业应用前景的科技成果迅速地推向社会和工业界，使之尽快转化为生产力。FLC 的宗旨是加速联邦资助的研究成果向国民经济的渗透。FLC 每年举办 4 次以上技术转移人员培训，编写培训教材并分发给各成员单位的技术转移负责人；每半年举行一次 FLC 大会，参会者不仅包括 FLC 成员，还邀请潜在合作伙伴及技术转移中介机构参加撰写和发表以技术转移为主题的特别报告；经常派人到各种科技社团作报告，宣传技术转移，每年向在技术转移方面做出突出贡献者颁奖。

美国拥有比较健全的科技成果产业化服务体系。为了适应科技成果产业化和中小企业发展的需要，于 20 世纪 80 年代初进一步创建了专门为中小企业提供全方位服务并隶属于美国商务部小企业管理局的小企业发展中心、中小企业信息中心以及建在大学的生产力促进中心等科技中介服务机构。小企业发展中心得到政府和各方面高度重视和支持,被明确为非营利性机构,运行经费来自联邦政府、州政府和其他收入,其中不超过50%的经费来自联邦政府,目前已形成庞大的全国性网络,共有50个州中心和950个分中心,成为促进美国科技成果产业化和经济持续增长的重要社会力量。

美国科研机构和大学的技术转移活动主要依靠设立于本机构内部的技术转移办公室。技术转移办公室是进行科技成果评价和估值的执行主体,技术许可协议成为美国科研机构和大学技术转移及知识产权经营的标准模式,成果评价和估值是技术转移过程中不可或缺的重要环节,严密的政府监管保障体系推动美国技术成果转移转化有序发展。美国科研机构和大学技术转移有成果评价估值的主题明确、评估的依据充分、收益分配主权明确、监督和评估机制完善等四个特点值得关注。

美国大学技术经理人协会(Association of University Technology Manaqers,AUTM)是推动高校科研院所知识产权管理与技术转移的国际化组织,致力于促进大学和企业之间的技术转移,堪称全球范围内推动科技成果转化,从而造福社会的先驱者。AUTM前身是大学专利管理人协会(The Society of University Patent Administrators,SUPA),成立于20世纪70年代,在1980年《拜杜法》正式出台之后,更名为大学技术经理人协会,主要职责是发布技术转让信息、提供教育培训、召集和组织年会与地区工作会议、设立奖学金、鼓励技术转让人员技术交流等。AUTM为个人会员制,可以在全年任何时间加入协会开始享受会员利益会员身份,会费按年缴纳。AUTM的成员网络由3000多名专家会员组成,这些会员的身份是技术经理人,任职于全球800多所高校和科研机构、研究型医院、创新企业、政府组织。通过AUTM,这些会员能够与产业端的合作伙伴开展更加密切的合作,将创意转化为机遇和市场价值。AUTM每年促成数千种产品的创造和投产,并提供技术咨询与初创服务,直接或间接投入数百万美元用于经济发展。AUTM认为,技术转移能够带来对社会民生的改善,而这样的改善能够覆盖到社会的方方面面,造福每一个人。AUTM提倡并且支持其会员参与到技术转移的全链条工作当中,包括传统意义上的知识产权保护、技术许可等,也包括技术创新与创业。AUTM同时开展有组织的培训和国际交流活动,旨在提供具有活力、前瞻性的专业实践机会,培养技术转移领域的领导者与新鲜血液。2018年进一步改革,宣布保留AUTM品牌与机构名称,但其不再是任何全称的缩写,不代表任何含义,“大学技术经理人协会”这一机构全称从此成为历史。国际技术转移经理人联盟(Alliance of Technology Transfer Professionals,ATTP)、英国大学知识商品化协会(PraxisAuril)、“世界华人技术经理人协会”等组织和协调机制的建立,都基于AUTM这一平台及其营造的全球专家、资源网络。

4. 高校、研究机构与企业开展人才交流

人员交流是一种促进科技成果转化更为直接、灵活的形式。在美国的许多高校，只要不影响完成学校自身的任务，教师和科研人员到企业兼职，校方都支持。在政府和学校的鼓励下，大批学者、专家到工厂兼职。他们有的担任工厂的技术顾问，有的承担工厂的咨询工作，有的则到厂区为工人、技术人员授课，举办各种技术训练班、讨论会等。据一项调查表明，美国高校有1/3的人从事各种类型的咨询工作，工程系教师从事咨询工作的多达60%。

5. 建立知识产权激励机制知识产权制度

知识产权是以法律和经济手段推动科技进步的一项管理制度，通过给产权人一定时期的垄断权，极大地激励发明人向社会推广应用其成果的积极性。以美国为例，1980年制定了《拜杜法》，这个法案主要涉及了技术转移中的知识产权问题，允许大学等非营利组织对联邦政府资助的科研项目得到的创新成果选择持有权。一旦选择持有所有权，大学可在规定时间内为其选择持有的发明申请专利。该法案规定，由联邦经费资助的研究中所产生的知识产权归大学所有，并且大学可以向商业机构出售知识产权，此后很多大学都设立了技术许可办公室、专利办公室或类似的机构来加强大学与产业界的联系。这类法案有三个特点：第一，政府通过明晰知识产权来保护国家利益，尽管某项知识产权由具体某大学拥有，只要这种产权在该国的产学内部流动，国民经济就会受益；第二，当大学拥有自主的知识产权时，会通过建立产权或专利办公室来营销开发这种产权从而主动受益；第三，以上这种创业活动能够在学术界产生一种面向市场需求的积极氛围。

6. 政府出台支持政策促进科技成果转化

(1)重视基础研究，并与应用研究相结合

美国历来重视基础研究，美国经济发达的一个主要原因是在基础研究领域舍得投入，科技开发的后劲大，并努力把基础研究和应用研究有机地协调和配合，使之有利于多出成果，转化成生产力。

美国通过政府科技计划，支持基于基础研究的应用研究，促进基础研究成果向应用转化。为了提高基础研究成果的利用效率，美国国立卫生研究院(National Institutes of Health，NIH)提出发展“转化科学”(Translational Science)，专门设立了推进转化应用研究的机构——先进转化科学国家研究中心，并通过临床和转化科学奖励计划(Clinical and Translational Science Awards, CTSA), 支持转化科学研究机构建设,帮助研究机构与医药企业建立联系,在基础研究成果中筛选可转化利用的成果。自 2006 年以来,CTSA 已支持在 30 多个州建立了约 60 家依托大学的转化科学研究中心,在实验室和临床间架起通畅的桥梁,加速了实验室发现向临床应用转化。NIH 还成立了转化科学研究联盟,将研究机构和企业联合起来,促进产学研结合,增强资源共享,为转化科学制定标准和规范。

美国跟国际上许多国家一样,通过政府设立了一些以应用目标为导向,集科学研究、技术开发和应用示范为一体的科技计划。这类以战略需求为导向的计划使部分基础研究成果在项目中直接转化应用。如美国联邦政府的国家数字图书馆计划、纳米计划、先进制造计划、精准医学计划等都是以战略需求为导向、产学研紧密结合的计划。

(2)培育创新的机制

早在第二次世界大战结束之后,美国联邦政府科学顾问 Bush 就提出了基础研究对国家发展的重要性,以及政府应加大对基础研究的投入等重要思想。来自于高校的科学突破往往为新兴产业的发展带来了革命,比如生物技术领域。许多革命性的思想和理念往往来自于没有明确目标和方向的、自由探索的基础研究领域。而这些具有突破性和革命性的科技成果一旦顺利转化,则会助推国家经济的腾飞、新兴产业的生成、工作机会的创造。

美国政府促进高校科技成果转化的步骤是:①选择新兴的前沿技术,这些技术在未来的产业发展和经济社会发展中将发挥关键作用;②孵化和培育这些新兴前沿技术,促进其产业化;③进一步将新兴产业全球化。

美国政府在创新过程中的最佳作用就是将早期的基础研究成果产业化和市场化,正如 NIH 声称的"将科学发现转化为公众健康"。20 世纪 90 年代美国政府主导的、以信息技术为首的新兴前沿技术的产业化推动,后来都毫无例外地发展成为美国的国家支柱产业,并进一步发展成为 21 世纪的全球高端产业。

(3)放松对新兴产业的管制

与其他国家政府相比,美国政府对产业变革的态度更为积极。一般来说,新兴产业和新兴经济的兴起不可避免地给原有的旧产业带来冲击,并将受到相关利益集团的阻拦。美国政府对此采取的措施是,对因此而产生的损失提供补偿,比如对结构性失业群体提供补偿或教育培训,以及为夕阳产业或没有竞争力的产业提供补贴等,以此确保产业转型的实现。克林顿政府曾经采取沉默的态度任美联储自行其是,以保证新经济改革的顺利进行,这样做的原因是预期国家整体上将从新经济的兴起与发展中得到更多收益。美国政府积极支持新兴产业发展的态度,尤其是对新经济和传统经济之间利益冲突进行平衡的做法,对促进美国高校科技成果转化起到了重要的推动作用。

(4)政府采购制度对高校科技成果转化的促进作用

政府采购是指政府或国有企业对商品、服务或工程等的购买。从 20 世纪 60 年代开始,发达国家普遍采取政府采购政策促进高新技术产业的创新发展。对于高校研发风险较大的科技创新而言,政府采购营造了一个相对比较稳定的市场预期,降低了这些科技创新的风险和不确定性,激发了现有市场结构的改变,并引领和刺激产业投身创新领域,因此大大提高了科技创新的扩散速度。美国是最早采用政府采购政策的国家之一,也是世界上采用政府采购对科技创新进行扶持和推动最成功的范例。自 20 世纪 60 年代起,美国利用政府采购成功地扶持了计算机、半导体和集成电路等新兴高科技产业的发展。

(5)设立政府技术转移资金,促进国家实验室的研究成果向小企业转移和扩散

小企业创新研究计划(Small Business Innovation Research,SBIR)规定,凡是使用政府科技预算经费超过 1 亿美元的联邦部门,都要按比例提出部分经费,支持小企业参与具有商业应用潜力的联邦研发项目(提取比例从 2011 年的 2.5% 增加到 2017 年的 3.2%,数据来源于美国小企业局网站)。每年至少向公众公开招标一次,提出本部门最急需解决的科研课题。小企业技术转让计划(Small Business Technology Transfer,STTR)是 SBIR 的姐妹计划,凡是使用政府科技预算经费超过 10 亿美元的联邦部门,都要提取 0.4%(2017 年提高为 0.45%)的经费支持小企业与美国研究机构开展具有商业化潜力的合作研发项目。这些计划对促进科学研究成果转化发挥了积极作用。如美国的知名高技术企业谷歌(Google)和高通在创业初期均曾获得过 SBIR 的资助。尤其是 Google 的核心技术来源于美国国家科学基金会(National Science Foundation,NSF)资助的研究成果,其创始人在斯坦福大学读书时参与了国家数字图书馆计划,在研究生论文基础上,开发了搜索引擎软件,并以此为创业的技术基础。

(6)建立较为完善的科技成果转化收益激励机制

为激发科研机构及科研人员开展技术转移积极性,美国《国家技术转移与促进法》,明确提出科研机构可将成果转化收入的 15% 给予发明人,剩余部分留归科研机构;在分配给发明人收益后,科研机构的技术转移部门按相关规定将剩余部分收益主要用于奖励非发明人贡献雇员、教育及培训相关人员、支付知识产权管理费用、开展后续研发活动等。

7. 搭建较为完善全面的绩效评价体系

美国致力于搭建较为完善全面的绩效评价体系,主要体现在以下几个方面。

(1)形成较为完善的绩效评价方法体系

在法律政策上,1993 年美国国会正式通过《政府绩效与结果法案》,首次在立法上推进美国联邦机构绩效评价制度化。在绩效评价指标方面,1975 年美国政府颁发包含实用性、可行性、正确性及精确性构成的四个维度的项目评估标准。1981 年,美国科研绩效评价标准涉及研究能力、研究的内在价值、研究的效用和现实意义等。在绩效评价方法上,美国国家科学院、国家工程院和医学研究所联合发布的《评估联邦研究计划:科学研究与政府绩效和结果法案》报告中,总结出文献计量分析、经济回报率分析、同行评议、指标分析等评价方法。

(2)基于政府法案搭建科研机构绩效评价指标体系

如某行业的科研机构绩效评价内容主要为 3 个方面:战略计划;预算需求报告(根据上一年的战略规划的整体绩效以及预算计划情况的总结所形成);年度绩效计划和相关结果报告(将年度绩效计划与年度绩效报告统一,对每年的实际绩效水平和计划绩效目标进行数据对比分析)。

(3)注重采用同行评议开展科研机构绩效评价

主要是通过绩效管理实现,形成自我评估与外部评估相结合、由利益相关方共同参与的网络化评估模式。

3.2 英国科技成果转化经验

1. 政府出台法律法规政策支持科技成果转化

18 世纪的工业革命奠定了当时英国的世界工业强国地位。英国政府在科技成果转化过程中发挥着主导作用,制定出台了一系列促进科技成果转化的具体政策和法规,形成了由政府指导协调,企业与科研机构、大学合作开发的机制。相比较其他欧洲国家而言,英国政府颁布相关法律法规的历史比较悠久,法律法规比较完备,涉及范围较为全面。早在 1965 年,英国政府就颁布了《英国科学技术法》,这是英国科学技术发展的基本法。其目的在于进一步规范有关科学研究的责任和权利,进一步规范有关技术部长、国务大臣、某些经特许的机构和其他组织在科学研究中的权利。1967 年英国政府颁布的《发明开发法》规定,由政府资助的研发成果一律归国家所有。英国国家研究开发公司(National Research Development Company,NRDC)负责研究成果的商品化,有权取得、占有、出让为公共利益进行研究所得的发明成果。所有大学和公立研究机构,无论是实验室还是研究院所,也无论是团体或是个人,只要所进行的研究是由政府资助的,成果一律归国家所有,由 NRDC 负责管理。然而由于没有发明人的参与,研究成果商业化的成功率非常低。1984 年修订的《发明开发法》废除了相关规定,规定公共资助的科研成果不再为政府垄断,而是属于发明机构或发明人,发明机构或发明人可以自由支配自己的发明创造,这就使得大学有机会获得由公共资助的研究所产生的知识产权的所有权。如果研究项目是由高等教育拨款委员会(Higher Education Funding Council,HEFC)或研究理事会(Research Councils)资助的,则产生的知识产权属于大学。而对于其他政府资助的项目的知识产权问题,根据 2001 年 2 月由英国专利局制定的政策,一般应授予发明者。为了激励研究人员技术转移的积极性,英国大学将知识产权许可和转让得到的净收益(扣除一些专利费、知识产权管理费等费用)在大学、下属学院和个体发明者之间分配。随着净收益额增加,大学得到的比例相应地增加,而个人得到的比例相应地减少。2001 年英国专利局《政府研究合同知识产权指导方针》中规定政府资助的研究产生的知识产权一般应属于大学和研究机构,如果研究项目是由高等教育拨款委员会或研究理事会资助的,产生的知识产权属于大学和研究机构,其他政府资助的项目的知识产权的拥有问题可根据情况灵活处理。1986 以来,英国建立了大学科研经费和评估制度,以促进科技的转型。在这方面取得的成就主要有,设立了面向中小企业的“企业资本基金”和“创新投资基金”,出台了研发税收政策等。此外,英国政府还颁布了《应用研究合同法》(1972 年),《不公正合同条款法》(1978 年)和《竞争法》(1980 年),这些法律法规的出台拓展了科学技术转移的渠道,限制了非法垄断技术等阻碍大学科研成果产业化的不利因素。

英国在制订科技成果的长期规划时,坚持既制订短期计划,更注重长远规划,坚持短期计划与长远规划相统一的原则,根据情况变化不断修改和调整政策内容,使科技政策始终坚持为经济社会发展服务。如 2009 年制定的《打造英国未来——新产业、新就业综合战略》和 2011 年制定的《促进增长的研究与创新战略》,均对较长时期内英国科技发展的任务、目标及其重点做了全面的规划,对加快科技成果转化提出了明确要求。

2. 建立信息联络机构和中介服务机构

大学接受企业的资助,开发应用科研成果,促进科研成果向企业界转化。目前,英国建立了许多联络机构,如剑桥大学的工业联络办公室,成功建立 5 家公司,至今孵化 300 多家公司。这些机构一方面为高校教师和研究人员的科研成果寻找市场;另一方面将企业的课题和经营动态介绍给学校的教师和科研人员,起到“牵线搭桥”的作用。英国政府还常在各地成立专业俱乐部,增加高校教师与企业界人士相互接触的机会,为他们交流信息和合作提供场所。信息服务业成为英国第三产业的重要组成部分。

英国技术集团(British Technology Group,BTG)是1981年由原来的英国国家研究开发公司与国家企业联盟(National Enterprise Board,NEB)合并后组建的一家专门从事科技成果转化工作的大型中介服务机构,仍拥有原NRDC对公共研究成果管理的权利。该集团聚集了200多名来自不同领域的科学家、工程师、专利代理人、律师、会计师等专门人才,有丰富的技术、市场、法律、金融知识和实践经验,能为成果供需各方提供全方位的服务。该集团还具有科技成果转化和风险投资的双重功能,能够利用充足的投资资金将成果供需各方的需求最大限度地联合起来,实现成果的高效转化。该集团与英国各大学、研究机构、企业及技术发明者建立了密切的合作关系,同国外许多技术研究中心建立了广泛的联系,使集团在科技成果供需双方中都拥有能够共同获利的合作伙伴,形成了连接国内和国际的有效网络,真正起到了科技成果转化的桥梁和纽带作用。

为了推动BTG的市场化运作,1991年12月,英国政府把BTG转让给由英国风险投资公司、英格兰银行、大学副校长委员会和BTG组成的联合财团,售价为2800万英镑,促使BTG实现私有化。此后,BTG采取了一系列措施拓宽技术来源,从最初着眼于国内市场,主要依靠研究院所和大学,发展成为国际公司,业务范围涵盖欧洲、北美和日本,75%以上的收入来自英国以外的地区,使技术转移国际化,成为世界上最大的专门从事技术转移的科技中介机构之一,拥有250多种主要技术、8500多项专利,400多项专利授权协议。1995年,BTG在伦敦股票交易所上市。BTG总部设在伦敦,在美国费城、日本东京设有分支机构。目前,BTG雇员都是具有技术和商业知识的人才,其中半数以上是科学家、工程师、专利代理、律师和会计师等。BTG具体业务包括寻找、筛选和获得技术,技术转移,风险投资,各种形式的技术开发等,其中技术转移一般经过技术评估、专利保护、技术开发、市场化、专利转让、协议后的专利保护与监督、收益分享等七个阶段。BTG现已成为英国技术开发和技术转移的核心机构,在国际上也有很高的知名度。

3. 搭建科研院所与企业合作的科技创新中心

英国政府相继颁布的一系列的法律和政策,进一步推动产学研结合,促进科技成果转化。英国政府支持企业自主研发或根据开发新产品的需要与科研机构、大学开展合作研究,使研究成果直接应用于企业生产。支持科研机构和大学设立自己的成果转化中心或办公室,专门从事研究成果的商业化开发。支持有条件的大学建立具有孵化器功能的

"科学—工业园",使大学成为催生高科技企业的创新基地。由国家创新与技能部负责,政府投资建设世界级技术创新基地。开发和转化具有国际竞争力的新技术与成果项目,以构建科技与经济发展密切结合的国家创新体系,为英国经济社会的可持续发展提供强劲的驱动力量。目前,已建成的基地正在进行的技术开发和成果转化项目涉及人类癌症新疗法,用于石油、天然气开采和海底钻探的先进材料等领域。

英国建立国家技术创新中心,搭建国家科技成果转移转化平台。赫尔曼·豪泽博士在其 2010 年 3 月提交给英国政府的《英国科技创新中心的现状及前景》报告中认为,尽管英国是老牌工业化国家,其在创新研究方面处于世界领先地位,但其科学技术创新对于国家经济社会发展的贡献度还远远不够,应尽快消除科研成果商业化的障碍,加强对某些重要产业领域的科技支撑力度,建议英国政府建立国家层面的技术创新中心。英国政府和议会迅速采纳了这一建议,即搭建国家级科技成果转移转化平台——国家技术创新中心(Technology and Innovation Centers,TICs),在 2010 年 10 月发布的《国家基础设施规划》中,英国政府表现出对这一平台建设的高度重视,承诺未来 5 年筹集 2000 多亿英镑的公共和私营投资,专门用于加强科学研究、数字通信、交通、低碳等英国经济发展所需的重要基础设施。在《国家基础设施规划》的引导下,英国政府提出 2 亿英镑作为创新英国的额外支出,专门用于设立技术创新中心,构建技术与创新中心网络。

英国不只建立了国家技术创新中心,还成立了许多校企合作的技术创新中心,例如,皇冠地产(The Crown Estate) 公司、三星公司等多家知名企业与克兰菲尔德大学、牛津大学等多所知名学府合作建立的近海可再生能源技术创新中心,每年投入大量资金加速开发、测试和部署海上可再生能源技术,降低了海上可再生能源技术和经济成本。这些前沿的产学研合作体系的形成,促使科技成果转化走向了可持续发展之路,带动了英国产业和经济的快速发展。2011 年,英国政府在制定出台《促进增长的研究与创新战略》的同时,提出了在 5 年内投资 2 亿英镑,由英国技术战略委员会具体负责,建立不同领域的技术创新中心的计划。

20 世纪 70 年代初期, 英国政府为了促进科技的更大进步和促进科技对发展社会生产发挥更大作用,采取了一些有力措施, 其中影响较大的是下放签订研究合同的权力,大力推行"用户—承包者" 的合同研究方式。近些年,为了及时转移研究成果、研究高技术、开发新技术以及培养高级管理人才,在英国出现了一些科学园、开发研究中心和教学公司等新形式。英国大力推进科技成果产业化,主要提出并实施了两大举措:成立了英国国家技术创新中心和构建了高校产学研创新体系。英国促进科技成果转移转化的主要路径有:

(1)以政府为主导,实现国家关键领域的重大产业攻关;

(2)以高校为本,实现创新高地的科技成果与经济相结合;

(3)坚持功能联动,注重人才培养与激励,实现科技成果有效转化。

英国教学公司是最好的实例,其创建于1975年,由英国贸工部、英国环境部、英国科学与工程研究委员会、英国经济发展部及英国经济与社会研究委员会共同筹办,它名义上是一家公司,但实际上是一个非营利性的半官方机构。英国教学公司模式的实践在加强产学研结合方面做了有益的探索并取得了一定成绩。政府牵头以"项目"形式构建产学研合作信息平台,通过财政上的利益来促使产学有效配对。发挥政府的主导性,消除产学研之间的人为壁垒,激励创新行为并促进创新行为的协同,有效促进产学研合作。

英国技术创新与高校产学研创新体系的核心目标在于集聚产业界、科技界和政府力量,改变科技与产业结合不紧、研究机构与企业合作不深、科技人才与产业发展相脱离的弊端,促进科技创新向世界科技前沿和产业前沿转变,提升科技成果转化速度、广度和规模,发展有世界影响力的前沿产业,增强英国在全球市场的未来竞争力。英国技术创新与高校产学研创新体系运行,其具有高标准、宽路径、重实效等特征,为出色完成构建产学研合作体系和科技成果转移转化的目标奠定了坚实的基础。

4. 注重人才的培养和激励

一直以来,英国都非常重视从事成果转化工作的人才培养,着力将那些有知识和经济头脑的创新型人才培养成为成果转化方面的专业人才。这一点从国家技术创新中心的建设和高校产学研体系的搭建就可以看出。在校企合作过程中,培养了大批专业称职的成果转化人才,这些人才除了具备一定的专业知识,还精通经济和法律等方面的知识,具有高度的市场敏感性和市场洞察力。为了更大程度地激励这些人才的科技创新和成果转化的积极性,早在2001年,英国政府就创立了"高等教育创新基金",用以无偿支持大学的技术转移工作。除此之外,还设有"技术转让奖""科学与工程合作奖""工业与学术界合作奖"等奖项,用于激发科研人才的热情。英国皇家学会和科教部研究会共同设立了"工业研究基金",资助高校教师和企业的科研人员到对方单位从事半年至两年的研究工作,期满后再回原单位。

英国教学公司是学院和公司之间为了培养人才的一种联合形式。一些学院与公司为了有目的地培养一些在生产和管理方面有解决实际问题能力的人才,他们共同制订培训计划。计划的目的是发展大学和工学院与工业、企业和公司在促进生产方面的积极关系,以便达到有效利用学术知识和研究能力提高工业、企业与公司的竞争能力,有效地采用先进技术以改进工业生产和方法，培训有能力的大学毕业生作为工业、企业和公司的后备力量，发展和保持现有公司的研究人员，提供研究人员跟工业、企业和公司一种广泛和直接的联系，以获得研究与教学的基础知识。英国教学公司的计划是通过下面一些途径进行管理的。

首先，计划的管理是通过一个大学或工学院加入教学公司计划来实现。计划要求适应各种变化，欢迎在所有方面、所有水平上的技术与经营活动进行研究合作。第二，参加计划的较持久的研究人员是由较高能力的大学毕业生组成的，经大学或工学院同公司协商同意，作为公司合作者，研究合同两年。第三，合作者在公司进行全日制工作，要求他们与公司合作以及与从事教学公司计划的研究人员进行合作。第四，合作者的任用可以是较高学衔的，但基本上是与公司一些部门的主要责任和报酬相应的职位。第五，英国科学工程研究协会和贸工部通过教学公司计划向研究合作者提供基本工资与研究费用的资助。实践表明，这种教学公司形式及其计划活动，好处是多方面的，对研究合作者、公司和学院三者均有好处。研究合作者能学习公司生产和管理的实际经验，能与高级研究人员以及公司经理围绕真正的商业、社会和临时因素要求的任务一起工作，学到真正的管理经验，为以后进入公司的领导阶层或是获得较高的学位奠定良好的基础条件。公司在英国教学公司计划活动中，效益大小首先来自于学院和研究合作者的努力，取决于他们帮助公司应用新技术解决问题的程度，也来自于有能力和远大胆略的合作者，他们对新技术的任何一种开发或是将其研究成果向公司转移所带来的生产工艺和方法的变革，公司获得的效益是难以估价的。学院或工学院可以借助公司的生产设施条件扩大研究活动的效果，选派有能力的大学毕业生、研究生或是教学研究人员在公司有关专业领域内进行合作，同时在课外或实验室外进行一定的咨询活动，对提高他们的实际研究工作能力、提高学院有关专业领域的教学水平、提高他们的学术研究水平以获得更高的学位，无疑是很有益处的。这种教学公司计划之所以能得到英国政府的支持和资助，因为执行计划的良好结果对国家也是有益的。这种效益来自于把短期的乃至长期的研究成果应用到工业生产方面。另外，可以为高级的、有才能的青年提供自我提高的机会，使社会获得更多能解决生产实际问题、有管理现代化工业生产能力的人才。

5. 通过科技咨询公司开展科技成果转化活动

英国的咨询业较发达，有技术咨询公司近千家，咨询范围涉及多个专业。既有综合性的大型咨询公司，也有相当多的专业咨询公司。有的咨询公司是大型企业或机构的附属组织，这类公司基本上是由工程师开设，个人经营，以出售技术、知识为主，其咨询范围主要是设计新产品，改进老产品，对产品进行技术性能评价、试验与研究，培训人员，提供技术服务等。类似功能的成果转化组织还有各种行业的工程师协会和独立的合同研究公司等。

6. 设立科技成果转化基金

缺乏资金支持是科技成果转化初期的一大障碍。为此，从 2002 年开始，英国政府支持全国五大区（英国共划分为英格兰、威尔士、苏格兰、北爱尔兰和大伦敦 5 个大区，每个大区又划分为若干个郡或分区）设立科技成果转化"早期成长基金"或"风险基金"，用于支持成果转化的起步工作。"早期成长基金"用于支持单个成果转化项目的平均投资为 5 万 ~ 10 万英镑。2006 年，英国政府又设立了 9 个"企业资本基金"（Enterprise Capital Fund，ECF），主要面向中小企业。政府对每个基金投入 2500 万英镑，共投入 2.25 亿英镑，支持企业将最新的科技成果应用到企业生产中。政府采取招标的方式让企业申请 ECF，竞标企业须自行配套与 ECF 每次投资相等的资金，ECF 对每个成果应用项目的投资金额在 100 万 ~ 200 万英镑，投资周期最长不超过 10 年，ECF 自设立以来，已先后资助了 100 多家中小企业。

英国坚持由政府出资设立成果转化基金的政策。英国"研究伙伴投资基金"（UK Research Partnership Investment Fund，UK RPIF）是在 2012 年由英国政府设立的，当时的政府投资为 1 亿英镑，用于支持长期的科研基地资本性项目，主要是能吸引私人投资的大型项目。计划中，产业界和各类基金会将匹配至少两倍的投资。私人投资通过相关项目，能经由"最短距离"与第一流的科研力量合作，利用科技资源优势实现经济效益。经过追加，整个基金目前实际规模为 3 亿英镑的政府投资和 8.55 亿英镑的私人投资，总额高达 11.55 亿英镑，用于支持企业研发新技术和应用新成果。目前已资助了 14 项涉及生命科学、信息科学、材料科学、医疗与制药业、先进制造业等领域的新技术研发和新成果应用。UK RPIF 的目标是加强承担世界领先技术研究工作的科研机构（大学）的基础设施，鼓励科研机构和其他组织间的战略性合作研究，拉动对英国科研活动的额外投资，加强科研工作对经济增长的贡献等。

3.3 德国科技成果转化经验

1. 严格的知识产权法律保护制度

德国是最早实施知识产权保护的国家之一，有着完整知识产权保护法律，除了《专利法》《版权法》等与科技直接相关法律之外,其他很多法律也都涉及促进科技成果应用和保护的条款。德国在司法层面对知识产权保护的力度非常大,在知识产权侵权案件中,司法部门更倾向于优先采取保护措施,德国的专利制度不断完善,规定高校或科研机构有权获得其科研人员的发明,有权申请专利。政府在科技进步及成果转化过程中的作用尤为突出,德国对科技成果转化实施的宏观调控主要通过科技立法,即法律导向与政策导向。

2. 公共科研体系为成果转化提供支撑

第二次世界大战后,德国对国家公共科研体系进行了重塑,围绕创新链逐步建立了差异化功能定位的科研系统布局,紧密匹配互补形成从基础前沿探索到应用技术研究再到工业技术开发环环相扣的研发链条,有效推动了科技成果按照创新链逐步走向成熟。在联邦层面,四大国家级科研机构功能定位清晰,职能衔接互补。马普学会(Max-Planck-Gesellschaft, MPG)侧重基础研究,亥姆霍兹联合会(Helmholtz-Gemeinschaft Deutscher Forschungszentren,HGF)从事大科学研究,莱布尼茨联合会(Leibniz-Gemeinschaft,WGL)主要从事面向应用的基础研究,夫琅和费协会(Fraunhofer-Gesellschaft,FHG)则直接面向产业从事应用技术研发。在州层面,各州聚焦本地产业发展需求,建立了一批完全面向产业的应用型技术开发机构。另外,高等教育机构也有类似的功能区分,研究型大学侧重基础前沿研究,还有一大批面向产业的应用技术院校,如亚琛应用技术大学,为产业提供应用型技术开发和人才培养。

3. 产学研互补及企业具备强大的技术吸收能力

德国企业积极开展产、学、研的合作与互补,促进知识产权成果的应用及产业化和市场化。德国企业根据自身技术创新和发展需要,注意招聘高校、科研机构的研究人员作为雇员,或在高校、科研机构设立研究中心、实验室,提供科研项目和经费,进行关键领域或者核心技术的专题研发。对于科研机构已经开发并且取得了专利的技术成果,企业注重多方评估,凡具有市场潜在价值的,就果断向科研机构购买专利技术或专利许可,直接用于生产应用,利用企业自身的条件,尽快将专利成果转化为现实生产力,从而在企业内部以及企业与研究机构之间形成了研发和产业化的良性循环机制。

为了在竞争中取胜,德国大型企业高度重视知识产权投入。在2005年全球研发投入前十名企业中,德国梅赛德斯-奔驰公司以57.5亿英镑名列首位,德国西门子股份公司、德国大众汽车集团也名列前茅。还如德国拜耳集团(Bayer)2005年重点用于生物和新材料开发的科研费用达18亿欧元。

根据欧盟创新调查,德国企业中创新型企业(调查期内有创新活动)占比为67%,处于世界领先水平。企业采用新技术的积极性和主动性非常强。德国企业高度重视创新,持续进行研发和创新活动,形成了强有力的技术吸收能力,能有效吸纳和转化来自公共科研体系的科技成果。德国企业特别是中小企业,其创新活动很大程度上依赖同公共科研部门的合作,这种合作成为德国创新竞争力的一个重要优势。

4. 科技成果数据库助力产学研合作

高等学校接受企业的科研任务,与企业进行"合作研究",为企业的生产需要服务。如亚深高等工科学校的机床研究所,每年都能从工业部门取得不少科研经费。德国的柏林工业大学建立了比较完善的数据库,工业界若对该大学的某项技术感兴趣,可以直接找相关教授联系,进行合作。

德国已经建立了完整的数据库。德国是联邦政府,政府无权干涉科技成果工作。但联邦政府在科技进步的发展和转型中发挥了有效的引导作用。政府借鉴美国硅谷模式的经验,建立了完善的数据库,以促进科技发展,支持科技成果转化。大学也通过建立数据库促进产学研合作,学校建立完善的数据库,企业如果对此感兴趣,可以提供资金与高校合作,促进科技成果转化。

5. 建立多层次的专业化科技成果转化服务机构和体系

德国技术中介组织可以分为知识生产类技术中介和知识转移类技术中介两类。德国有德国技术转移中心、德国工业研究联合会等知识转移类技术中介。德国夫琅和费协会属于知识生产类技术中介。这类知识生产类技术中介开发了具有前瞻性的产业共性应用技术,并通过各种方式向企业提供技术转移服务。

德国科技成果转化体系最显著的特征是在科研体系内部建立了专业化的成果转移转化服务机构。高等院校尤其是工科大学,普遍建立了专业化科技成果转移转化中心。四大国立科研机构都高度重视科技成果转化,探索出各具特色的科技成果转化模式。马普学会成立了拥有独立法人地位的全资子公司——马普创新公司,专业化开展研究成果商业化运作;亥姆霍兹联合会不仅在各研究中心建立了技术转移机构,另外还引入社会资本成立促进成果转化的基金会,开展技术熟化和孵化工作。在德国各级政府以及欧盟的扶持下,各类协会、基金会、转化网络等都开展科技成果转化相关工作,比如德国技术转移联合会、创新驿站等。包括德国在内的欧盟国家建立多个部门参加的"技术创新服务机构合作网”,其目的是推广欧盟的科研成果,通过网络中各国的代理机构和技术转让公司,将科研成果介绍给欧洲各国的中、小型企业,以促进欧洲范围内的科技成果转化。德国科技成果转化的重要模式是采用中介服务机构形式及高技术园区。中介服务机构帮助各行业的中小企业与高校共同开展研发活动,促进研究成果尽快在实际中应用。中介机构特别注重专利成果的转化,专利发明人也可以从中获得利益(如发明成果转化可以获得30%的提成)。德国的中介机构在科技成果转化中牵线搭桥,发挥了不可替代的作用,一方面,中介机构为高校和科研院所的研究成果寻找市场;另一方面,中介机构将企业的课题、需求和经营动态推介给高校或科研院所。德国完善的风险资本市场也为科技成果转化提供了资金保证。

在高校和科研机构外,德国还有很多市场化的独立科技成果转化机构。其中,最有代表性的就是史太白技术转移中心(Steinbeis Transferzentrum,STZ),它是全世界最成功的科技成果转移转化机构之一。STZ 成立于 1971 年,是一个成熟的纯市场化转移机构,奉行“企业的伙伴、促进创新的信息和咨询源泉、技术和知识的中心”的宗旨。经过近 50 年的发展,史太白技术转移中心已经由州立技术转移机构发展成为全球化、综合性的技术转移服务提供商,并招揽了一大批志同道合且愿意致力于成果转化的专家、学者,其业务直接面向全球并提供技术与知识转移服务。史太白技术转移中心由总部与各地的史太白专业技术转移中心共同组成,其两大重点业务部门分别为:具有公益性的史太白经济促进基金会和具有营利性质的史太白技术转移有限公司(Steinbeis Technologietransfer GmbH),后又延伸出作为技术转移人才库的史太白大学(Steinbeis-Hochschule)。

史太白经济促进基金会注重公益性,职能主要是制定统一的服务原则和标准,指导和督促加盟的史太白专业技术转移机构按其规范流程提供服务。史太白技术转移有限公司对各项商务活动、股权变更、扁平化管理、工作效率提升起协助作用。公司负责搭建政产学研联系平台,致力于科技创新的全过程、各阶段监督,向不同客户提供多方位的技术转移服务。史太白大学成立于 1998 年,是德国史太白经济促进基金会的延伸产物,其理念为“通过对人的创新创业能力培养实现知识和技术转移转化为商业价值”,即“双元制教育”模式,目的在于为企业培养优秀人才。史太白大学要求学生必须在毕业前利用所学知识为企业做技术转移项目,只有成功把高校、科研院所的成果转移到企业,为企业带来利润的学生才能拿到学位证。

6. 营造有利于科技成果转化的政策环境

一是法律层面强化激励。2002 年,德国修改《雇员发明法》,将发明所有权从科研人员转到科研机构，所有权调整的同时，明确规定大学等公共科研机构应当向职务发明人支付专利实施产生纯收入的30%作为报酬。二是对应用型科研院所采取与其产业合作绩效挂钩的经费资助政策。三是持续实施促进产学研结合的创新集群政策。德国政府资助科学界同产业界联合促进特定区域、特定产业的集群创新发展。四是推行产学研结合的"双元制教育"，高校与企业联合进行人才培养。

德国政府对德国企业技术创新和知识产权工作的支持首先体现在重视资金投入上。德国每年在科学研究和科技发明创新上的投入是全世界比例最高的国家之一。这其中，由政府直接投入的占1/3，主要是对大学、政府科研机构和国家实验室，以及企业重大共性技术、前沿技术的发展予以支持。德国尤里希研究中心（Forschungszentrum Jülich，FZJ）是由联邦政府投资90%和北威州政府投资10%共同设立的有限责任公司，政府每年拨付该中心的预算达上亿欧元。欧洲先进研究与研发中心（Center of Advanced European Studies and Research，CAESAR）是在1991年东、西德统一迁都柏林时，为了保证波恩的经济发展，利用国家专项基金设立的财团法人研究机构，基金资本达3.83亿欧元，政府每年还给予巨额资金支持。

德国政府还建立了鼓励发明人设立公司，促进知识产权成果产业化的一系列制度。如CAESAR通过"新技术"孵化器制度，鼓励引导发明人设立公司实施专利技术。该中心为发明人提供公司法律事务服务，负责组织专利出资入股谈判、专利评估作价，联络风险投资，提供公司管理人员和经理人员，甚至为新公司提供实验室、设备出租服务。德国的科研组织机构都有专门的实验室管理、财务管理、法律事务律师或专利事务律师，主要工作就是为发明人和研究机构提供服务。

此外，德国政府为鼓励企业和研究机构的技术创新，在税收方面也给予了很多优惠政策。例如，CAESAR得到地方财政的优惠，其利润不用交税，得到企业的赞助也不用交税。

7. 分阶段开展科研机构绩效评价工作

德国科学委员会（Wissenschaftsrat，WR）分阶段对科研机构开展权威评价。2000年，德国科学委员会成立由不同科研领域专家及政府代表构成的评价委员会，按分阶段评价原则进行科研机构绩效评价工作：第一阶段，由评价委员会组建专家组，专家对科研机构提出专业评价意见；第二阶段，评价委员会根据专家的专业评价意见等信息提出科研机构评价意见及科学政策建议；第三阶段，按照专业评价和政策意见分离原则，将上述两份意见提交给科学委员会，科学委员会对其进行裁决审核。

德国企业具有科学的知识产权申请评估体系。德国企业对研究成果进行价值评估，以最合理的成本，选择最有效的知识产权保护策略。一项研究成果在申请专利之前，企业要先进行价值评估。根据价值大小，选择是否公开、是自用还是许可别人使用、是申请专利还是作为商业秘密加以保护。在获得专利授权后，企业则要适时评估每项专利的价值，如果有价值就每年按时缴费维持，没有价值就定期放弃。凡具有巨大价值或者涉及企业核心利益、技术公开后其他竞争者很容易掌握而本企业又难以维权的，德国企业往往将其作为商业秘密加以严格保护；如果对一项发明创造企业难以有效保密的，他们则及时申请专利。

3.4　亚洲部分国家科技成果转化经验

1. 完善相关法律法规促进科技成果转化

随着科学技术对社会影响的加大，日本政府对科技的关注度越来越高，科技法律法规的制定也越来越受到重视。在科技研发方面，法律法规主要包括《科学技术基本法》《科研机构法》《研究开发管理法》等。在成果管理和应用方面，相关法律有《知识产权法》《大学技术转移促进法》《产业活力再生特别措施法》《产业技术力强化法》等。在推进产学研合作方面，日本政府也建立了一系列相关配套制度，制定了一些相关的法律法规，如制定《大学等技术转化促进法》《产业技术力量强化法》《产业活力再生特别措施法》等，建立相关共同研究制度、研究室制度、新产业创造技术开发支援制度。日本采取“官、产、学”协同的研究开发体制，由政府通过国家计划、经费、法律、税收等手段对科技事业发挥引导和调节作用，加强对科技事业的宏观管理。

2018 年数据显示，日本企业、大学、科研院所累计的专利申请量占全体专利数量的 97%，构成了日本持有科研成果的主体。日本长期以来形成了以企业为主导的研发模式，2019 年度企业研发经费投入约 14 万亿日元，约占全社会研发经费总额的 73%。其中持有专利 100 件以上的企业中，大企业占比约 60%，2018 年日本前 10 大企业的营业收入占全国 GDP 的 24.6%，可见大企业的科技成果转化对总体经济的影响是举足轻重的。

韩国建立了比较完善的科技成果转化法律体系，出台了《产业教育促进与合作法》《科技成果转化促进法案》等促进科技成果转化的相关法律法规，为科技成果转化提供了制度保障。

2. 发挥中介机构的载体作用

日本的科技成果转化中介机构也被称为“高科技市场”，是大学、科研机构和企业之间的桥梁纽带。科技成果转化中介机构多种多样，主要包括政府认定的事业法人机构、民间的科技中介机构以及金融系统的大型咨询机构等。它们能够有效地促进高校和科研机构的研究成果向企业转移，实现科技成果的产业化。为应对美国对日本的技术出口限制，20 世纪 90 年代初日本将技术立国战略修改为技术创新立国战略。

作为科技情报机构，日本科技振兴机构（Japan Science and Technology Agency，JST）在日本国家科技成果转化体系中发挥着重要作用，也是亚洲最具活力的科技成果转移转化机构。JST 有效地聚集政府、大学、企业等资源，建立了从基础研究、技术研发、工程化研究、产业孵化到技术推广完成的科技成果转移转化链条，实现无缝衔接。JST 的网络遍及全国大学，大学可以免费使用其网络资源，并发挥自身的技术和信息优势，为企业提供从样机制造、产品测试、可行性研究、新技术研发与推广、专利保护等服务。作为非营利性质的科研机构，JST 在其建设初期和发展过程中都得到日本政府强有力的政策支持和资金投入，保障其从事世界级的科学研究。JST 采用了现代管理模式，并经过多年的发展，成为世界公共研究机构政府资助企业化运行的典范。JST 技术转移的最大特点是合同科研，同时针对客户技术创新过程中不同环节的不同需要提供解决方案，并形成了多元化的技术转移方式。

日本《科学技术振兴事业法》(1996 年)鼓励大学、研究机构及时将政府资助项目所获得的技术成果转移给产业部门进行商业化。

韩国高校的科技成果转化模式以产学研居多，很多高校成立了产学研合作基金会，取代了先前的科技成果转化办公室。基金会成立后，履行了科技成果转化办公室的职能，同时对产学研合作和科技成果转化的组织与资源进行了有效的整合，新的模式更关注与产学研的深度合作。韩国应用比较多的科技园模式，如韩国庆北科技园，通过调整原有机构的职能或设立新的机构，使得创新活动的每个环节都能得到政府的帮助和支持。

3. 充分发挥政府的职能，加大政策和资金支持

在日本，“产学研”合作又被称为“官产学”合作。日本政府在产学研合作中起着宏观管理和组织协调作用。为了加强对科技发展和成果转化的宏观管理，日本政府制定了一系列政策措施，对企业开发和成果转化进行引导。这些政策措施的制定使产学研合作有理有据,为产学研合作提供了诸多便利,为科技成果转化提供了更多可能。

第二次世界大战后,日本非常重视产学研合作模式,加强学校和企业的合作,如联合研究、大学接受企业委托进行研究、高校教师到企业进行技术指导、高校接纳企业研究人员在学校进行科研活动、在高校设立联合研究中心等,同时政府为促进科技成果产业化制定了相应的制度。

日本政府通过税收调整和优惠的方式支持科研机构的技术成果转移。2015年,日本科学技术振兴机构经费总收入为1189.4亿日元。其中,政府拨款1133.7亿日元,所占比重为95.3%。

3.5　发达国家科技成果转化的经验启示

发达国家科技成果产业化服务业已经走过近百年的历程,积累了丰富的经验,也有过许多教训。本章通过分析发达国家的经验和教训,希望对我国的科技成果产业化服务工作起到一些借鉴作用。

市场、技术、政策就像是三根杠杆,可以促进某项技术的发展,需要做的就是朝着同一个方向努力。政府出台的某项政策可以引导行业内的企业朝着相应的方向努力,使市场、技术、政策协同发挥作用,以帮助推动新技术的开发,塑造市场体系,进而让数百万人受益。这个过程也可以反过来,政策也可以受到所开发技术的影响。比如,科研院所或企业发明了某项突破性的技术,政策聚焦于投资和融资策略,把它推广到市场。同样,某项技术在前期看不到获得收益的前景,在企业(或私人投资者)因看不到获利方式而不愿开展研发活动时,就需要政府的政策引导,进行研发投资和科研课题的政府投入,直到技术研发到一定程度,再以科技成果转化的形式推向市场。一旦获利前景明朗,企业(或私人投资者)就会接过政府的投资接力棒。在我们所看到的重大技术和产品几乎都是这么来的,如互联网、计算机技术等。大部分科研院所和大学进行的前瞻性与基础性研究的意义也在于此。

适应市场需求是实现科技成果转化的基础。在发达国家,科技发展和科技成果转化主要靠市场机制,市场引导科研向应用研究倾斜。市场需求是高技术产业化发展的基本驱动力。高校、研究机构与企业的产学研合作是科技成果转化的主要形式。企业的技术开发能力相对来说比较薄弱但有资金的优势,高校、科研机构拥有科技开发人才、实验设备、仪器等优势,企业依托高校实现了强强联合、优势互补。

1. 加大政府的法律法规、标准规范等政策支持力度

1) 制定专门法律法规,为科技成果转化保驾护航

国家制定科技政策和颁布科学技术法律,以国家意志干预和促进高新技术的工业应用是一种国际性趋势。实践表明,为战略性新兴行业的产业化创造良好的法律环境,建立和完善相应的法律法规体系,可以保障战略性新兴行业的产业化快速健康发展。如发达国家促进交通运输领域的电动汽车产业发展相关法律法规的主要类别有:限制排放超标汽车的生产销售和使用方面的法规、强制性要求各汽车公司电动汽车的销售量达到总销售量一定比例方面的法规、财政税收优惠方面的法规等。

在法律法规中明确公共资助研究成果的归属。许多国家和地区的一些专门法律或行政条例中有关公共资助研究成果的归属条款都经历了由"归国家所有"到"归项目承担者所有"的转变,为政府、科研机构、产业界三方共同致力于公共资助研究成果的商业运用提供了有效的制度激励,并加快了技术创新成果产业化的步伐。

2) 开展技术标准研究,为科技成果转化提供技术标准和规范

技术标准是科技成果转化为生产力的桥梁,是技术创新的重要基础,是市场竞争的重要手段,已成为高科技成果产业化的根本。技术标准化贯穿于新产品的研究、设计、开发、应用和产业化的全过程。其作用表现为:可以大幅度缩短新产品的研制周期,节省大量研制经费,改进产品质量,提高产品的安全性和可靠性,提高生产效率等。战略性新兴产业技术创新成果,通过制定标准可以促进其转化为生产力。

3) 制定专项战略规划,引领科技成果转化的产业发展方向

战略性新兴产业具有战略性、创新性、先导性和市场需求不确定等特征,涉及国家根本竞争力、国家安全、国家战略目标的实现。为此,政府要牵头联合各方面力量,编制产业发展的长远规划和近期发展计划以及各个具体路线图,为其发展提供行动指南,以加速该产业科技成果转化及产业发展。

4) 加强基础研究及政府支持力度

多措并举促进基础研究的转化应用。基础研究成果向应用转化涉及多个环节和多个创新主体,是一个系统工程,需要分阶段和采取多种方式开展。从国内外经验看,促进基础研究转化为创新型的应用产品,必须采取包括基础研究推介、合作研发、应用转化、孵化可商业化技术等多种方式。既要发挥政府科技计划等政策的作用,科研院所技术创新作用,又要发挥资本市场的作用,依靠政策、技术和市场的力量,调动各方的积极性。加强各类科技计划的衔接,促进基础研究成果的进一步开发、利用和转化。建立针对基

础研究的应用转化类的科技计划，加强基于基础研究的应用研究，促进基础研究成果的开发利用。

加强科技的宏观管理，建立健全相关的政策法规，确保政策支持力度。“机制环境”在国外科技成果转化过程中占据着至关重要的地位，能够为成果转化保驾护航。从这一层面来说，科技成果转化政策的制定对一个国家成果转化工作的顺利进行就显得尤为重要。我国科技成果转移转化“三部曲”虽夯实了成果转化的法律保障基础，但在一些细节方面（如科技立项、成果认定与产业化等）还需继续完善。

政策支持和资金投入是科技成果转化的重要保障。科技成果转化既有技术难度、市场风险，又面临许多非市场竞争的压力，它具有明显的外部效应，由此带来市场失灵，造成资源配置低效。因此，政府有必要对科技成果转化过程进行干预，而干预的主要手段就是财税政策。美、日、欧等发达国家（地区）采用财税政策推动科技成果转化的主要形式包括专项资金资助、财政补贴、税收支持、信贷资助等。

在经济发达国家，政府在科技成果转化中发挥着重要的作用。许多国家都专门通过立法成立相应的政府职能部门，对科技成果转化进行管理、指导和协调。

实行税收优惠法律制度。对高新技术产业提供税收优惠实际上就是增加高科技投入，它是各国政府推动科技成果转化的有效法律手段之一。

2. 重视产学研合作，加强科技成果转化过程中科技与经济的融合

目前产品生命周期缩短，技术投资风险加大，增加了公司获取利润的难度。近年来，许多发达国家的公司通过联合研究加速产品开发、节省投资、减少风险，这已成为一种新的竞争方式。

促进科技成果的转化，重要的就是实现科技与经济的一体化，而产学研合作则被认为是当今世界各国科技与经济结合的一种有效形式。在科技与经济一体化过程中，企业与大学、科研院所在风险共担、互利互惠、优势互补、共同发展的机制下开展合作。因此，产学研合作的实质是促进技术创新所需的各种生产要素的有效组合，而其内容和方式则是多方面的。比如技术转让、合作研究、合作开发、共建实体（研究所、中试基地、科工贸实体）、人才交流与培训、信息交流、设备仪器共用、技术服务与咨询等。美国的“硅谷”“128 号公路”“苏格兰电子工业中心”，日本的“硅岛”“筑波科学城”，加拿大的“北硅谷”，法国的“索菲亚安蒂波利斯科学城”等科技工业园区的兴建，加速了科技成果的实用化和产业化，促进科技与生产相结合，成为产学研合作成功的典范。

欧美国家高度重视科研机构科技成果转化，在项目立项初期就充分考虑与成果转化的对接,积极推动产学研协作,以各种形式和方法推动成果落地转化。从项目遴选阶段起,欧美国家的科研机构就重视研发方向与经济社会的实际需求结合度,在项目组织、实施阶段重视产学研的结合,充分利用各界现有资源降低研究成本,并结合市场需求及时调整乃至更换项目。在成果转化的最终阶段,大部分科研院所都设有技术转移部门或机构,对接具体转化事宜,进一步推进科研院所的研究成果产业化。

进行科技成果转化关键是要正确处理好各创新主体之间的关系,即科技成果的开发、转化和应用之间的关系。

采用多种形式支持科研单位与企业合作。充分利用计划和市场两种手段, 搞好科技成果转化工作。支持企业建立科研和产品开发机构,增强企业的科技开发能力。鼓励科研单位以多种形式参与企业科技产品的研究与开发,通过企业了解市场需要,使科研选题更加贴近市场。激励企业、科研机构、高校在技术创新中的合作与协同,使高校与科研机构的科研成果在企业中得到更广泛的开发和推广。

3. 加强转移转化体系建设，提升转化服务能力

建立科技成果转移转化体系主要有以下途径:一是鼓励和引导科研院所和高校建立专业化技术转移机构,打通技术转移通道;二是引导发展若干全国性的专业化科技服务机构,打造网络化科技成果转移转化平台,着重加快完善全国技术交易市场体系;三是鼓励中介服务机构向企业化方向发展,建立科学权威的成果鉴定、评估、定价等方面的中介机构,为科技成果对接提供信息服务、建议咨询等有效解决方案,为企业发展营造良好氛围,中介机构还可参与科技成果转化的前期投入、中期的监督实施及后期的收益评估等,促进科技成果快速“孵化”;四是加强科技服务人才的培养和引进,培养职业化技术转移人才队伍。

技术引进是提高技术水平、加速转化为生产力的捷径。很多发达国家也是靠技术引进“起家”的,如日本等国是世界公认的技术引进成效最大、受惠最多的国家,它的经验值得深思和借鉴。在“二战”后多年中,日本的技术进步几乎完全依靠引进技术,加以消化、吸收、创新后,实现国产化。

工业发达国家为提高竞争能力,促进科研成果尽快转化为生产力,加快技术转让步伐。以美国为例,它加快了大学对工业界的技术转让,使科研成果转化为商品的周期大大缩短,给大学和工业部门都带来了极大的好处。

4. 设立管理和中介机构，为成果转化提供组织领导和服务功能

科技成果转化是一项多阶段、多角色参与的技术创新活动,其过程比较复杂,因此,

政府要设立高层次的产业发展管理组织机构，以加强领导和协调。另外，政府还需成立各种各样的中介服务机构，为企业的科技成果转化提供支持服务，包括技术、资金、管理、市场营销、人才、法律在内的创新支持服务。中介机构在科技成果转化过程中扮演着重要角色，其能否有效发挥作用直接决定科技成果转化率的高低。

进行科研项目管理模式创新。美国、德国等欧美国家的科研机构采用更突出创新绩效的科研项目管理机制，采取并行资助、分阶段资助等竞争性支持模式，突出成果产出，推动颠覆性创新成果的产出。

5. 建立科学的成果评估和绩效评价机制，为科技成果转化提供技术支撑

技术成果评估一直是技术交易中的难点问题之一，也是科技成果转化的必经程序。科学而完善的技术成果评估体系，是发达国家的科技成果得以顺利转化而不产生纠纷的重要保障。国外许多知名的技术贸易机构都有自己完善的技术成果评估办法和丰富的经验，而且专门服务于技术贸易的技术成果评估体系也很发达，如美国、英国、德国等都有数百到数千家从事技术成果评估的机构。

欧美等发达国家全面开展分阶段定期科研机构绩效评价。美国、德国等欧美国家均注重开展科研机构绩效评价工作，督促及指导科研机构提升发展水平，由专门机构（如德国科学委员会）或科研机构等组织开展定期、分阶段评价，注重发挥同行专家评议的作用，形成较为完善的绩效评价方法体系，指导监督科研机构发展，并及时根据评价情况对科研机构采取合并、调整、撤销等举措。

6. 开展示范运营，为科技成果转化提供商业运作经验

通过启动示范运营，从中发现问题、积累经验，以便为实现成果转化的规模化、产业化、商业化和市场化打下基础。例如在促进电动汽车市场发展过程中，电动汽车示范运营就是电动汽车科研成果转化的一个重要环节，通过示范运营，让人们充分了解电动汽车产品的性能和优势，引导人们的环保意识和使用电动汽车的消费观念，推动产品走向市场。

7. 大力宣传推广，为成果转化提供强大的助推力

科技成果转化的重要条件是成果信息的公开化。一项科技成果只有对外公开，被社会所了解、被用户所熟悉，才能被人们接受，而被了解和熟悉的途径便是宣传推广。在最早的时间让最广泛的受众了解成果信息，会有效地提高科技成果的转化效率。加大对科

技成果的宣传推广力度,是科技成果转化不可或缺的助推力,是加速推进科技成果转化的重要手段。

8. 注重专业技术人才教育培训,为科技成果转化提供充足的智力支持

高素质的专业技术人员是科技成果转化为现实生产力的重要渠道,离开了这些专业技术人员,再好的科技成果也只能躺在图纸上,转变不成现实生产力,创造不了经济效益。专业技术人员是在研发、生产、运输、营销服务等领域岗位的第一线,熟练掌握专门知识和技术,具备精湛的操作技能,并在工作实践中能够解决关键技术和工艺操作性难题的人员。专业技术人员素质的提高在于教育培训,因此,注重专业技术人才的教育培训,是加速科技成果转化的重要措施。部分发达国家对研究人员实行固定岗与流动岗相结合的管理方式,对研究人员实行合同雇佣制管理,鼓励科研人员流动,允许科研人员兼职。

9. 加强国际合作,为科技成果转化提供广阔的发展平台

科技成果转化不仅具有形式上的多样化、投资上的多元化、服务上的专业化、区域上的集群化等特点,还具有人才成果上的国际化特点。要提高科技成果的转化率,一方面要在目标上紧紧瞄准世界科技发展的前沿,努力跟踪国际高、新、尖科技成果;另一方面,要在方法上深入开展国际学术交流与合作,通过建立多层次、多渠道的科技合作体系,形成强大合力,以推进科技成果向生产应用型转化,达到最佳的社会与经济效益。

CHAPTER FOUR

第4章

交通运输科技成果转化的理论基础

4.1 科技成果转化相关概念解析

4.1.1 科技成果转化的定义

"科技成果"是我国科技管理的专有名词。在西方国家的科技管理相关词汇中，没有类似我国"科技成果"的统称，而一般以论文、论著、科技报告、专利、技术标准等作为科研项目研发所取得的具体结果。2015 年修订的《中华人民共和国促进科技成果转化法》对"科技成果"的定义为：科技成果，是指通过科学研究与技术开发所产生的具有实用价值的成果。"科技成果转化"的定义为：科技成果转化，是指为提高生产力水平而对科技成果所进行的后续试验、开发、应用、推广直至形成新技术、新工艺、新材料、新产品，发展新产业等活动。简言之，科技成果转化就是将科技成果转化为现实生产力并产生倍增放大效益的过程，是一种带有科技性质的经济行为，是科技与经济的融合。我国科技成果转化路径如图 4. 1-1 所示。

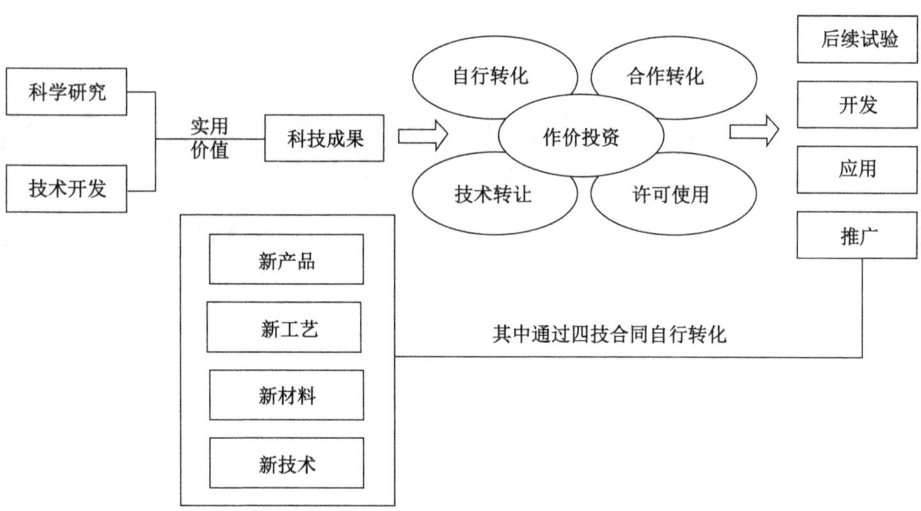

图 4. 1-1 我国科技成果转化路径

科技成果转化的主要方式包括：自行投资实施转化；向他人转让该科技成果；许可他人使用该科技成果；以该科技成果作为合作条件，与他人共同实施转化；以该科技成果作价投资，折算股份或者出资比例；其他协商确定的方式。

技术开发、技术咨询和技术服务属于单位自行投资实施转化，是对单位科技成果进行的"后续试验、开发、应用、推广"等活动，也是技术转移转化的重要方式。《实施〈中华人民共和国促进科技成果转化法〉若干规定》（简称《实施规定》）中规定，应该按照规定报送科技成果转化情况的年度报告，并应包括推进产学研合作情况，签订技术开发合同、技术咨询合同、技术服务合同情况。对科技人员在科技成果转化工作中开展技术开发、技术咨询、技术服务等活动给予的奖励，可按照促进科技成果转化法和本规定执行。

1987 年出台的《中华人民共和国技术合同法》(1995 年 10 月 1 日起废止)规定技术范围为技术开发、技术转让、技术咨询和技术服务。该法第六条规定，单位应当根据使用和转让该项职务技术成果所取得的收益，对完成该项职务技术成果的个人给予奖励。《中华人民共和国技术合同法实施条例》(国家科委令 1989 年第四号，以下简称《实施条例》，已于 2001 年废止)对此作出了具体的解释。从《实施条例》的规定看，实施奖励的范围从技术转让扩大到使用职务技术成果和"四技"合同。根据《实施条例》第一百二十八条规定，单位使用职务技术成果，即单位自行转化职务技术成果，通过履行技术开发合同、技术转让合同、技术咨询合同、技术服务合同所获得的收益，均应发给技术成果完成者奖金。这一范围的扩大，就是要激发科技人员加强对所取得科技成果的应用推广活动。自 2021 年 1 月 1 日起施行的《中华人民共和国民法典》对技术合同相关条款作了适当修改，区分了技术转让合同和技术许可合同，从原来的"四技"合同变成了"五技"合同。2021 年修订的《中华人民共和国科学技术进步法》把成果转化摆在更加重要的位置给予突出强调，并用较多篇幅作了规范；新增的成果转化相关内容延续了《中华人民共和国促进科技成果转化法》《促进科技成果转移转化行动方案》《关于实行以增加知识价值为导向分配政策的若干意见》等相关法规政策的思路和举措，并在此基础上进行了有效拓展，强调利用财政性资金设立的科学技术研究开发机构和高等学校的科学技术人员从事技术开发、技术咨询、技术服务等活动的奖酬金提取，按照科技成果转化有关规定执行；技术开发、技术转让、技术许可、技术咨询、技术服务活动等，按照国家有关规定享受税收优惠。

依据《中华人民共和国民法典》，技术合同是当事人就技术开发、转让、许可、咨询或者服务订立的确立相互之间权利和义务的合同。《中华人民共和国民法典》及《技术合同认定规则》中对"五技"合同给出了定义及认定标准。

技术开发合同是当事人之间就新技术、新产品、新工艺、新品种或者新材料及其系统的研究开发所订立的合同。技术开发合同包括委托开发合同和合作开发合同，其客体是尚不存在的有待开发的技术成果，其风险由当事人共同承担。技术开发合同的认定条件包括：(一)有明确、具体的科学研究和技术开发目标；(二)合同标的为当事人在订立合同时尚未掌握的技术方案；(三)研究开发工作及其预期成果有相应的技术创新内容。

技术转让合同是合法拥有技术的权利人，将现有特定的专利、专利申请、技术秘密的相关权利让与他人所订立的合同。技术转让合同包括专利权转让、专利申请权转让、技术秘密转让等合同。技术许可合同是合法拥有技术的权利人，将现有特定的专利、技术秘密的相关权利许可他人实施、使用所订立的合同。技术许可合同包括专利实施许可、技术秘密使用许可等合同。《技术合同认定规则》尚未对技术转让和技术许可进行区分，其对技术转让合同的认定条件包括：（一）合同标的为当事人订立合同时已经掌握的技术成果，包括发明创造专利、技术秘密及其他知识产权成果；（二）合同标的具有完整性和实用性，相关技术内容应构成一项产品、工艺、材料、品种及其改进的技术方案；（三）当事人对合同标的有明确的知识产权权属约定。科技部火炬中心正在组织修订《技术合同认定登记管理办法》和《技术合同认定规则》。

技术咨询合同是当事人一方以技术知识为对方就特定技术项目提供可行性论证、技术预测、专题技术调查、分析评价报告等所订立的合同。技术咨询合同的认定条件包括：（一）合同标的为特定技术项目的咨询课题；（二）咨询方式为运用科学知识和技术手段进行的分析、论证、评价和预测；（三）工作成果是为委托方提供科技咨询报告和意见。

技术服务合同是当事人一方以技术知识为对方解决特定技术问题所订立的合同，不包括承揽合同和建设工程合同。技术服务合同的认定条件包括：（一）合同的标的为运用专业技术知识、经验和信息解决特定技术问题的服务性项目；（二）服务内容为改进产品结构、改良工艺流程、提高产品质量、降低产品成本、节约资源消耗、保护资源环境、实现安全操作、提高经济效益和社会效益等专业技术工作；（三）工作成果有具体的质量和数量指标；（四）技术知识的传递不涉及专利、技术秘密成果及其他知识产权的权属。

从《中华人民共和国促进科技成果转化法》关于科技成果转化的定义来看，没有明确技术开发、技术咨询和技术服务属于科技成果转化，因为这三者都是应委托方的要求，利用技术知识、能力、条件等开展的技术活动。但是，如果是为科技成果转化而进行的技术开发、技术咨询和技术服务，就是“后续试验、开发、应用、推广”等活动，属于科技成果转化活动。《实施规定》第（六）条第 4 项规定，对科技人员在科技成果转化工作中开展技术开发、技术咨询、技术服务等活动给予的奖励，可按照《中华人民共和国促进科技成果转化法》和本规定执行。这一规定的前提是科技成果转化，如果科研院所是基于科技成果转化而为企业、其他组织提供技术开发、技术咨询、技术服务等取得的收益，就可以界定为科技成果转化收益。离开了科技成果转化这个前提，就属于一般的“四技”服务，高等院校和研究开发机构一般都将其列入横向收入的范畴。在交通运输部、农业农村部、教育部、自然资源部、卫健委、中科院等发布的科技成果转化管理相关文件中均明确了基于科技成果转化而开展的技术开发、技术咨询、技术服务等活动是科技成果转化的范畴。

科研院所中普遍存在的技术开发、技术咨询和技术服务为内容的横向研发活动，是产学研合作的重要成果，也是科研院所的主要经费来源形式，而这些研发活动大部分是科技成果转化而进行的"后续试验、开发、应用、推广"活动，在这些技术开发、技术咨询和技术服务中，直接使用和应用了前期科研活动研发的科技成果。

技术开发、技术咨询和技术服务是我国科技成果转化的主要形式。根据《中国科技成果转化年度报告 2020（高等院校与科研院所篇）》，2019 年科技成果转化总合同数达 432907 项，合同金额合计 1085.9 亿元。其中，技术开发、技术咨询和技术服务成交合同额为 933.5 亿元，占总成交额的 86.0%。以转让、许可、作价投资方式转化科技成果合同 15035 项，合同金额为 152.4 亿元，占科技成果转化总合同金额的 14.0%。

4.1.2 国外科技成果转化的概念

国外没有一个完全与科技成果转化对等的概念存在，与之相近的有技术转化（technical transformation）、技术转移（technology transfer）、技术推广（technology diffusion）。"技术转移"明确表示"科研成果的所有权或者使用权在不同的主体之间转移"这一本质内涵。美国颁布了《联邦技术转移法》《国家竞争技术转移法》《联邦技术转移法》等，其中《联邦技术转移法》主要针对联邦实验室等联邦科研机构，建立了区别于大学职务发明报酬分配制度的技术转移权利金奖励制度。在欧美发达国家，政府主要通过政策杠杆鼓励技术发明，很多政府都提供税收优惠激励公司企业向科技投资，而成果产生后形成现实的社会生产力的过程更多地依赖于市场机制的调节。"技术转化"这一概念偶尔在国外文献中出现，其使用者主要是从事技术转化业务的中介公司，一般认为是把实验室水平或者中试水平的技术转化成可以大规模生产应用的工艺。"技术转移"这个学术用语应用的更多，这与国内普遍应用的"科技成果转化"有较大的区别，它主要是指技术成果在空间上的扩散，包括技术贸易、技术引进，其中包括具有高科技含量的设备进口。国内外对"技术推广"这一概念的定义基本相同。

4.1.3 科技成果转化方式

《中华人民共和国促进科技成果转化法》第十六条规定，科技成果持有者可以采用下列方式进行科技成果转化：

（1）自行投资实施转化；

（2）向他人转让该科技成果；

（3）许可他人使用该科技成果；

(4)以该科技成果作为合作条件,与他人共同实施转化;

(5)以该科技成果作价投资,折算股份或者出资比例;

(6)其他协商确定的方式。

各种转化方式有不同的特点,具体分析如下:

自行投资实施转化。这种转化方式是科技成果所有人与科技成果转化人重合,不发生知识产权转移,科技成果所有人取得全部的转化收益,承担全部的转化风险,一般会组织科研人员进行后续研究开发,且享有后续开发成果的所有权。

科技成果转让。是指科技成果所有人将科技成果的知识产权,包括专利权、软件著作权等,转让给科技成果转化人,交易标的是科技成果中的知识产权,一般通过成果所有人与成果转化人之间签署转让协议来实施。科技成果转让既可充分发挥高校院所的科研优势,也可发挥企业的生产优势和市场优势,比较适用于技术成熟度和市场成熟度均比较高的科技成果。

科技成果许可。即被许可人(科技成果转化人),通过与科技成果所有人订立合同,获得实施科技成果知识产权的权利,不必转移科技成果的所有权。科技成果所有人收取许可使用费。双方交易的标的是科技成果知识产权的实施权,所体现的是科技成果所有人对其实施权的处分。这种方式的好处是程序简便,交易成本比较低,风险也较小。

合作转化。即科技成果所有人与合作方订立合作转化协议,发挥各自的优势,共同转化科技成果,并就收益共享、风险共担的办法达成共识。主要做法是,由高校院所提供不太成熟的科技成果,并负责后续研发,由企业等合作方提供小试、中试等设备,以及生产线、实验场地等条件,围绕目标客户的需求,配合高校院所对科技成果进行后续试验、产品试制与定型、工艺开发,负责产品的市场推广。

作价投资。是指科技成果所有人将科技成果知识产权作为资本投入到企业,取得该企业的股权(份),并参与该企业的经营管理,分享经营收益,分担经营风险。科技成果作价投资以后,由被投资企业取得科技成果所有权,并被纳入其无形资产进行经营管理。这种方式对科技成果所有人、被投资企业,以及投资人都具有吸引力。对科技成果所有人而言,可继续对该成果进行研究开发,并分享其转化收益,而且不受知识产权的保护期限的限制。对于被投资企业的其他投资人而言,无须支付现金就可获得对科技成果所有权的控制及其转化收益,是一种成本低、风险小的交易方式。对于被投资企业而言,将科技成果所有人的利益与企业的经营业绩绑定在一起,科技成果所有人会全力支持该成果的转化及后续研发,因而更有利于该成果的转化。

4.1.4　科技成果转化的各参与方

政府。在科技成果转化过程中，政府的作用必不可少，是制定相应政策的引导者。我国科技体制的弊端体现为，大量的科研机构长期独立于企业之外，形成了科技与经济相分离的局面，因而产生大量的科技成果转化问题。政府应当在科技成果转化和推广过程中营造有利于科技成果转化的良好环境。

企业。企业是科技成果转化和推广过程中的核心主体。企业的生存和发展，本质上取决于企业的技术创新能力、吸纳科技成果能力和经营能力，而不是仅靠资金、人力的投入规模来实现量的扩张及效益的提升。企业要不断提高自身的科技成果转化主体的认识，寓科技成果于产品开发和发展生产之中。企业可以自行发布信息或者委托技术交易中介机构征集其所需的科技成果，或者与研究开发机构、高等院校等合作，联合实施科技成果转化。

高校及科研院所。高校及科研院所等科研单位是科技成果的供给主体，已发展成为基础研究的主力军、应用研究的重要方面军和高新技术产业化的生力军，是国家科技创新体系的重要组成部分。在国家的大力支持下，高校及科研院所承担建设了一大批科技创新基地、平台，承担了国家科技攻关计划、863计划、973计划、国家自然科学基金等一系列科研任务，总体科技实力、自主创新能力大大增强，知识贡献与社会服务能力大大增强。

中介机构。科技中介主要有科技部和各地科委成果推广机构、技术成果交易会、技术开发公司、大学科技园、创业园、孵化器、生产力促进中心等形式。自技术市场开放后，科技中介服务机构大量涌现。它们存在于技术市场化全过程的各阶段，帮助技术供给方与需求方建立沟通联系，是技术与经济结合的切入点，是技术进入市场的重要媒介，对于技术市场化的进程有很大的推动作用。

4.2　交通运输业属性分析

根据《交通大辞典》(上海科学技术文献出版社，2008)的释义，交通运输指使用运输工具和设备，运送人和物的生产活动。按运输工具可分为铁路运输、公路运输、水路运输、航空(航天)运输及管道运输。交通运输业指从事运送旅客和货物的社会生产部门。

4.2.1 交通运输业的多重属性

1）交通运输业属于物质生产部门

从直接生产过程来看，生产所需的原材料的运输和半成品以及零部件在各个部门之间的流通都需要运输的支持。在生产过程中，运输劳动和其他的工人劳动共同参与了价值的创造，因此运输劳动是物质生产劳动；从流通过程来看，运输工人的劳动也参加了价值的创造。在运输劳动过程中，劳动对象和商品确实发生了某种变化，它的位置改变了，从而它的使用价值也起了变化。在社会再生产的过程中，生产以交通运输为起点又以交通运输为终点，交通运输是联系生产与消费的桥梁和纽带，贯穿于生产和流通的全过程。《资本论》指出交通运输也是生产过程在流通过程内的继续，是除了开采业、农业和加工制造业以外的"第四个物质生产领域"，既具有物质生产的共性，又具有区别于一般物质生产的特性，是特殊的生产部门❶。

2）交通运输业属于第三产业

1986 年国家统计局已经把交通运输业的经济指标列入了第三产业，第三产业别称服务业。第三产业包括：交通运输、仓储和邮政业，信息传输、计算机服务和软件业，批发和零售业，住宿和餐饮业，金融业，房地产业，租赁和商务服务业，科学研究、技术服务和地质勘查业，水利、环境和公共设施管理业，居民服务和其他服务业，教育、卫生、社会保障和社会福利业，文化、体育和娱乐业，公共管理和社会组织，国际组织等行业。第三产业主要是由服务性活动组成，交通运输业被划在第三产业，主要是由于其服务性功能。分析交通运输业性质的时候应从两个不同的角度分析，从社会再生产的角度分析，它是物质生产部门，从产业层次划分的角度来看，它属于第三产业。服务是交通运输的本质属性。

3）交通运输业是网络型的基础产业之一

从另一个角度来看交通运输业，它又是经济和社会的基础结构。经济学家认为一个国家的经济与社会的发展，一般需要一些基础结构的支持，其中最重要的有三个系统：一是交通运输系统；二是能源与动力系统；三是通信与信息系统。交通运输业是网络型基础产业之一，是整个国民经济中最为庞大和重要的基础产业群。

4.2.2 交通运输业的特殊性

1）运输劳动并不产生有形产品

交通运输不像工农业生产有形的产品，它不改变劳动对象的物理、化学或生物属性，

❶ 引自人民出版社 1975 年版《剩余价值学说史》第一卷（郭大力译本）466 页。

它只改变对象的空间位置。交通运输虽然创造了新价值，但这部分新价值不是通过使用价值去体现，而是追加到对象原有的使用价值中去，使劳动对象的交换价值增加了。

2）运输过程是生产过程和消费过程同时进行

交通运输不创造有形的产品，其运输生产过程也是消费过程，对于运输供给者它是生产过程，对于运输需求者它是消费过程。

3）交通运输业具有资本密集型特征

因为交通运输不产生有形的产品，所以构成交通运输业的成本和其他产业不同，交通运输业中的固定资本所占比重非常大，资本的有机构成比一般产业要高。

4）交通运输业具有网络经济型特征

交通运输业的网络经济是指在一定的条件下，随着交通运输总产出的扩大引起平均运输成本下降的现象。

5）交通运输业具有外部性特征

交通运输业的外部性表现在，交通运输业的发展会促进相关地区的经济发展，它带来的利益会超过其支付的费用。同时，也会带来环境污染、气候变化等负面问题，这些带来了交通运输的外部成本。然而，交通运输业所产生的效益和成本并没有由交通运输经营企业承担，这就使得交通运输业具有显著的外部性特征。

4.3　交通运输科技成果转化的概念

2022 年 5 月，交通运输印发的《交通运输部促进科技成果转化办法》中所称科技成果为职务科技成果，是指科技人员执行单位工作任务或主要利用单位的物质技术条件，开展科学研究、技术开发所产生的具有实用价值的技术成果。本研究关于交通运输科技成果转化的界定参考《交通运输部促进科技成果转化办法》中对科技成果转化的定义：指为提高生产力水平而对科技成果进行后续试验、开发、应用、推广直至形成新技术、新工艺、新材料、新产品，发展新产业等活动。对科技人员在科技成果转化工作中开展技术开发、技术转让、技术许可、技术咨询、技术服务等活动给予的奖励可按照本办法执行。

研究院所、高校科技成果转化的过程大致包括前期对科技成果的发掘与策划、以专利为载体的技术开发与保护、以技术营销为抓手的成果实施与转化这三个主要阶段。发掘与策划阶段大致包括科学研究、成果披露、价值评估三个环节，是科研人员将科学研究形成成果进行披露，由研究院所、高校的科技成果转化机构或部门对披露成果的潜力和市场价值进行评估,甄选出有转化前景科技成果的过程。在完成价值评估,确认科研人员披露的科技成果权属明确、具有潜在商业价值之后,就可以根据价值评估确定的技术培育路线和知识产权保护策略,开始具体的培育与保护阶段工作。通过技术培育提高技术的成熟度和适用范围,提升其商业价值,使科技成果更容易实现转化。知识产权保护则可以在构筑技术保护体系的同时,为技术培育路线提供引导。实施与转化是科技成果商业价值实现的最重要阶段,一般由技术营销、技术许可转让、技术开发与商业化、获得实施收益四个环节构成。

4.4 交通运输科技成果的特征

在我国学科分类中,关于交通的一级学科为“交通运输工程”,下属二级学科包括:“58010 道路工程”“58020 公路运输”“58030 铁路运输”“58040 水路运输”“58050 船舶、舰船工程”“58060 航空运输”“58070 交通运输系统工程”“58080 交通运输安全工程”“79061 交通运输经济学”“58099 交通运输工程其他学科”。从学科分类看,交通运输工程是一个涉及交通运载工具设计开发、生产制造、试验检测、技术服务、管理等方面的综合性学科。其中,运输运载工具的生产制造属工信部管辖范畴。交通运输部主要负责运输管理工作。我们通常所指的交通运输业是指使用运输工具将货物或者旅客送达目的地,使其空间位置得到转移的业务活动,包括陆路运输服务、水路运输服务、航空运输服务和管道运输服务。在我国产业结构划分中,交通运输业属于第三产业,因而,交通运输业并不生产有形产品,该领域的科技成果不是新装备、新材料的研发,而是多以提高交通运输装备性能、提高运输效率、提升运输服务水平的集成创新、技术应用为主。交通运输行业的特点使得所进行的科技活动也主要以技术服务、技术咨询为主。

CHAPTER FIVE

第5章

交通运输科技成果转化政策及执行现状

5.1 交通运输科技成果转化政策

5.1.1 交通运输部科技成果转化政策分析

为全面落实创新、协调、绿色、开放、共享发展理念，深入贯彻全国科技创新大会精神，推动《国家创新驱动发展战略纲要》和交通运输"十三五"相关规划重点任务落实，以科技创新引领交通运输全面创新，促进"四个交通"全面健康发展，2016 年 10 月交通运输部出台了《关于深化体制改革落实创新驱动发展战略的意见》。该文件提出了行业科技改革和科技创新的总体目标任务，更多体现了目标导向，是一个顶层设计文件。国家颁布的《实施〈中华人民共和国促进科技成果转化法〉若干规定》，要求国务院相关部门要按照法律规定和事业单位分类改革的相关规定，研究制定符合所管理行业、领域特点的科技成果转化政策。交通运输部为加快推动中央科技改革精神在行业落地，结合交通行业特点和工作实际，组织工作组深入学习中央有关政策文件精神，认真听取行业科技人员心声，借鉴了其他部委和省市出台的政策文件，于 2017 年 4 月印发了《交通运输部关于印发促进科技成果转化暂行办法的通知》(以下简称《暂行办法》)，该办法于 2017 年 5 月 1 日起正式施行，有效期 5 年。《暂行办法》从科技成果的转化方式和技术权益、成果转化机制建设、成果转化收益分配和激励、科技成果转化经费投入、科技人员兼职兼薪和离岗创业等方面，提出了 44 条政策措施。其中的政策要点如下：

《暂行办法》所称科技成果转化，是指为提高生产力水平而对科技成果进行后续试验、开发、应用、推广直至形成新技术、新工艺、新材料、新产品，发展新产业，以及面向企业或其他社会组织委托所开展的技术开发、技术咨询、技术服务、技术转让、技术培训等活动。

单位对其持有的科技成果，可以自主决定转让、许可或者作价投资，但应当通过协议定价、在技术交易市场挂牌交易、拍卖等方式确定价格。

科技成果完成单位未规定、也未与科技人员约定奖励和报酬的方式和数额的，按照下列标准对完成、转化科技成果做出重要贡献的人员给予奖励和报酬：

(1)将该项科技成果转让、许可给他人实施的，从该项科技成果转让净收入或者许可净收入中提取不低于 50% 比例；

(2)利用该项科技成果作价投资的，从该项科技成果形成的股份或者出资比例中提取不低于 50% 比例；

(3)在研究开发和科技成果转化中作出主要贡献的人员(一般不超过 3 人)，获得奖励的份额不低于奖励总额的 50%；

(4)将该项科技成果自行实施或者与他人合作实施的，应当在实施转化成功投产后连续 3 至 5 年，每年从实施该项科技成果的营业利润中提取不低于 5% 比例。

科技人员面向企业或其他社会组织委托所开展的技术开发、技术咨询、技术服务、技术转让、技术培训等合作活动，应依据合同法和科技成果转化法管理，经费支出按照合同或协议约定执行，净收入中提取不低于 50% 的比例，按照单位制定的科技成果转化奖励和收益分配办法对完成项目的科技人员给予奖励和报酬。

科技成果转化的奖励和报酬的支出，计入单位当年工资总额，不受单位当年工资总额限制，不纳入单位工资总额基数。

未担任领导职务的科技人员在履行岗位职责、完成本职工作的前提下，经单位批准可以兼职和兼薪，兼职收入不受本单位绩效工资总量限制，但须如实将兼职收入报单位备案，按规定缴纳个人所得税。

单位要研究制定科技人员离岗创业管理办法，科技人员经征得单位同意，可以离岗创业，原则上在不超过 3 年时间内保留人事关系。

《暂行办法》明确了部属研究开发机构、高等院校及具有研究开发能力的单位(以下简称“单位”)面向企业或其他社会组织委托所开展的技术开发、技术咨询、技术服务、技术转让、技术培训等活动，是科技成果转化的重要形式，活动净收入中提取不低于 50% 的比例对完成的科技人员给予奖励和报酬。科技成果转移转化的奖励和报酬的支出，计入单位当年工资总额，不受单位当年工资总额限制，不纳入单位工资总额基数。科技人员依法取得的科技成果转化奖励和报酬收入，不纳入绩效工资。科技人员兼职和离岗创业收入不受本单位绩效工资总量限制。《暂行办法》亮点多，好落地，得人心，操作性强，是对一线科技人员的重大利好，极大地鼓舞了交通运输部属科研院所进行科技创新和成果转化的工作热情。

《暂行办法》实施五年来，部属研究开发机构、高等院校及具有研究开发能力的单位在《暂行办法》的指引下，建立健全成果转化工作体系、工作机制，细化管理制度，在稳定科研人才队伍、激活单位及科技人员活力、促进科技创新成果向现实生产力转化等方面取得了积极成效。一是各单位结合实际建立了配套制度文件，细化科技成果转化管理制度，建立工作机制，规范工作程序。二是各单位积极推动成立技术转化机构，建设专业人员队伍，提高成果转化能力。部分单位还与专业转化机构合作成立成果转化平台，大力促进成果转化工作。其中交通运输部公路科学研究院于 2018 年组建技术转移转化中心，专职从事成果转化工作，获批成为北京市科委、中关村管委会的“中关村科技服务平台(技术转移类)”和北京科技成果转化平台建设专项支持单位，并与中国技术市场协会、中国技术交易所等建立了长期合作关系，丰富了行业科技成果转化平台资源和渠道。三是规范了管理流程。交通运输部加强对各单位科技成果转化的工作指导，建立科技成果转化年度报告制度，定期收集年度报告并开展评估工作。成果转化实施单位加强对科技成果转化的管理、组织和协调，严格按照《暂行办法》要求建立完善成果转化工作流程，规范科技成果转化的过程管理。四是科技成果转化规模稳步增长。有效促进了部系统单位科技创新工作，带动行业成果转化规模稳步增长，收到了预期效果。并提升了科技人员的获得感和幸福感，对于稳定行业科技人才队伍、激发创新活力发挥了重要作用。

《暂行办法》实施五年来，交通运输部部属各单位深入领会文件精神，结合自身实际，制定实施细则、健全组织机构、规范过程管理，在激发科技人员创新积极性、促进科技成果转化方面开展了一系列富有成效的工作。

2022 年 5 月 24 日，交通运输部发布关于印发《交通运输部促进科技成果转化办法》的通知，开始执行新的办法，《暂行办法》废止。

为促进交通运输科技成果转化，支撑交通强国建设，2018 年 3 月，交通运输部印发了《交通运输部办公厅关于建立交通运输重大科技创新成果库的通知》，就建立交通运输重大科技创新成果库，面向全行业评选、培育交通运输重大科技创新成果有关事项作出规定。科技成果库是交通运输科技创新支撑交通强国建设的重要举措，是交通运输部统筹管理行业科技创新成果的重要抓手，是行业重大科技创新成果汇集和展示的部级平台，是交通运输部推荐各类国家级奖项的成果储备库，是交通运输部协调推进各项科技创新工作的有力措施。入库科技成果主要包括四类：科技项目、专利、科技论文和科技专著。交通运输部还组织实施了发布年度《交通运输建设科技成果推广目录》，出版交通运输科技丛书，组织实施科技示范工程等加快科技成果推广与应用的举措。

5.1.2 交通运输行业研究单位科技成果转化政策分析

《暂行办法》的适用对象为交通运输部直属研究开发机构、高等院校及具有研究开发能力的单位。交通运输行业重点科研院所、高校，为推动科技创新、促进科技成果转化，结合单位实际情况，制定了本单位科技成果转化管理办法或实施细则，对管理机构、转化方式、收益分配、考核评价等内容作出了详细规定。

交通运输部各直属研究院所科技成果转化管理办法中对“科技成果”的定义，均与《暂行办法》中一致，特指职务科技成果。成果类型因各单位主营业务的差别而异，主要包括技术与产品、专利、软件著作权等。

管理机构方面,部分单位成果转化的实施和管理由单位原有的市场开发管理部门负责,也有单位增设了专职的部门负责组织实施科技成果转化工作,更有利于培养专业的技术经纪人,促成科研院所和技术需求企业之间的对接,提升成果转化效率和质量。

收益分配方面,各单位对完成、转化职务科技成果作出重要贡献的人员给予奖励和报酬的比例均高于科技成果转化法中的标准,对激发科研人员创新创业积极性更有利。交通运输行业某高校还针对授权专利成果的转移转化收益分配给予了更高的奖励比例。

在作出主要贡献的人员收益占比方面,多数单位规定,对研究开发和科技成果转化中作出主要贡献的人员(一般不超过 3 人),获得奖励的份额不低于奖励总额的 50%。

科技成果转让采用协议定价方式的,多数单位要求需将定价模式、交易对象、拟交易价格等事项进行公示,部分单位要求委托第三方对科研产出成果进行评估作价。

在绩效评价方面,各单位均规定院属科研部门/院(系、部)完成的科技成果转化业绩纳入院/校绩效考核管理体系,但对于科技成果转化业绩在职称评定、岗位聘用与晋级中的考量均未做详细规定。

为提升科技成果转移转化能力,部分单位利用事业发展基金、成果转化净收入、投资回报和科研条件资产盘活收益等设立科技成果转移转化基金,引导和支持科技成果的转移转化。转化基金主要用于二次开发再创新、集成创新应用、工程应用示范、产业产品孵化、“四新”技术引进与推广,以及新技术和产品的市场化技术标准制定等科技成果转移转化工作。

5.2 交通运输科技成果转化现状分析

5.2.1 科技成果转化现状总体情况

1)科技成果转化总体情况

总体上看,交通运输行业科研单位成果的存量较大,但实施转化比例仍较低,未来成果转化潜力较大。从转化方式看,成果转化以技术开发、技术咨询、技术服务类为主导,技术转让(包括转让、许可、作价投资)仍在发展阶段。根据《中国科技成果转化年度报告 2020(高等院校与科研院所篇)》的统计数据,2019 年全国科研院所以技术转让(包括转让、许可、作价投资)、技术开发、技术咨询、技术服务方式转移转化科技成果合同金额前 100 名中,有 7 家交通运输行业研究单位上榜,合同金额及排名详见表 5.2-1。

2019 年排名靠前的交通运输行业研究单位科技成果转化合同金额 表 5.2-1

排 名	单 位 名 称	合同金额(万元)
19	交通运输部天津水运工程科学研究院	34214.43
23	交通运输部公路科学研究院	31969.62
31	湖南省交通科学研究院有限公司	25347.65
38	交通运输部科学研究院	21036.30
64	交通运输部水运科学研究院	14813.41
75	交通运输部规划研究院	13419.80
83	山东省交通科学研究院	12379.95

2)收益及分配

科技成果转化率较低,科研人员的转化收益所得仍偏低。从转化收益结构来看,以技术开发、咨询、服务项目转化所得为主。根据《中国科技成果转化年度报告 2020(高等院校与科研院所篇)》的统计数据,2019 年研究开发机构奖励个人现金和股份总金额前 100 名中,交通运输行业仅两家单位上榜。从成果转化收益的分配情况来看,虽然各单位出台的科技成果转化办法均规定了对转化科技成果作出重要贡献的人员可参与收益分配,但绝大多数科研单位的转化机构管理人员并未参加转化收益分配。

3)成果转化工作机制

交通运输部大力推进科技成果推广应用。为推动交通运输建设科技成果的推广应用,促进科技成果向现实生产力转化,交通运输部每年组织编制发布《交通运输建设科技成果推广目录》,详细技术信息均可在交通运输科技信息资源共享平台中查询。为增强交通运输部对行业科技创新成果的统筹管理能力,2018 年 3 月,交通运输部办公厅发布了《关于建立交通运输重大科技创新成果库的通知》,面向全行业评选、培育交通运输重大科技创新成果。建设重大科技创新成果库是促进交通运输科技成果转化的重要抓手。

科技成果转化机构和专职人员设置仍需不断健全。目前,交通运输部所属科研单位中,大多数单位成果转化人员以兼职为主,少数单位设置了专职成果转化岗位。某研究院设立了技术转移转化中心,为该院科技成果转移转化提供对接、评估、经纪等中介服务;发布该院科技成果转移转化目录,编制科技服务能力手册,组织实施应用示范工程等加快科技成果的转化。对于科技成果转移转化实施较多的单位,设立专业的中介服务机构,有利于促成科研院所和技术需求企业之间的对接,提升成果转化效率和质量,是值得推广的做法。交通运输部所属科研单位与企业共建研发机构、转移机构、转化服务平台偏少,研究单位与企业的研发合作仍不够紧密,产学研创新体系尚未形成。科研人员创新创业还处于探索阶段,仅有个别科研人员在外兼职从事成果转化或离岗创业。少数单位设立了科技成果转移转化基金,引导和支持科技成果的转移转化。科研单位设立科技成果转化引导基金,有利于科技成果的深度培育。

4)评估定价机制

交通运输部所属科研单位已开展的成果转化中,大多采用甲乙双方协商定价方式,仅少数单位引入了第三方评估定价机制,要求在以转让、许可、作价投资三种方式转化科技成果时,通过协议定价的,由单位技术转移转化中心委托第三方对科研产出成果进行评估作价。

5)绩效评价

部分单位将科技成果转化情况纳入绩效考核管理体系中。对于科技成果转化业绩在职称评定及岗位晋升中的考虑,多数单位在管理办法中规定,将成果转化业绩作为职称评定、岗位聘用及晋升的重要依据,但在执行中多数单位缺乏政策衔接。交通运输行业某高校将获得国家授权并已转化或应用的发明专利数、专利转化金额等科技成果转化相关指标纳入评教授和副教授的条件。

5.2.2　科技成果转化典型案例

交通运输部所属科研单位成果转化的典型案例,见表 5.2-2 ~ 表 5.2-6。

案例一:技术开发典型案例　　表 5.2-2

单位名称	研究院所 A
成果名称	某液化天然气(LNG)码头工程防波堤断面物理模型试验研究
成果转化类型	☑技术开发;☐技术咨询;☐技术服务
成果应用领域	☐公路运输;☑水路运输;☐城市交通;☐综合交通;☐其他
成果转化简要说明	采用波浪水槽断面试验对码头防波堤典型结构断面进行了研究,验证其在波浪作用下的越浪量、波浪力和稳定性,并对设计方案进行了优化。研究成果应用于工程设计,提高了工程安全水平
成果转化的经验	工程设计方案受工程地点、项目规模、环境条件的影响而变化。因此,每个具体项目的设计方案均不是常规定型产品,需要针对具体结构进行完整的模型设计、加工制作和研究分析,转化成果应用于工程建设,往往可发挥几十倍到上百倍的经济效益

案例二：技术咨询典型案例　　表 5.2-3

单位名称	研究院所 B
成果名称	促进某港集装箱水水中转研究
成果转化类型	□技术开发；☑技术咨询；□技术服务
成果应用领域	□公路运输；☑水路运输；□城市交通；□综合交通；□其他
成果转化简要说明	依托项目组成员长期的水运（港口、航运）经济运行、发展战略和产业政策研究专业积累，对某港腹地经济、集疏运体系进行定量、定性的个性化研究，提出针对性地提高某港国际、国内集装箱水水中转量的措施建议
成果转化的经验	将行业发展规律、国家发展形势和政策，与客户个性化需求相对接，提出具备可操作性的、能够转化为生产力和效益的研究报告，不但提升客户效益，也为区域经济发展作出贡献

案例三：技术服务典型案例　　表 5.2-4

单位名称	研究院所 C
成果名称	某港泊位撞损检测、修复及后评估
成果转化类型	□技术开发；□技术咨询；☑技术服务
成果应用领域	□公路运输；☑水路运输；□城市交通；□综合交通；□其他
成果转化简要说明	成果内容：①对撞损区域及邻近的混凝土结构进行检测，评估撞损对结构产生的安全性影响；②编写修复方案，并依据方案进行维修加固施工；③对施工后的结构进行再次检测，评估施工质量。 采用“一种用于工程检测设备的固定结构”提出的结构来固定设备并对撞损部位进行检测。由于撞损程度较严重，需要对桩帽进行加固维修，桩帽凿除会导致上方梁构件搭接长度不足，因此采用“高桩码头的临时支桩”中提出的方法，对上部结构进行临时支护

案例四：技术许可典型案例　　表 5.2-5

单位名称	研究院所 D
成果名称	一种水下不分散的水泥基自密实材料施工方法实施许可
成果转化类型	□自行转化；□技术转让；☑技术许可；□合作转化；□作价投资；□其他
成果属性	☑有证技术成果（专利、软件著作权等）；□无证技术成果
成果评估定价	□定价机构；☑甲乙双方协商定价；□其他
成果转化简要说明	水下不分散的水泥基自密实材料施工技术是某大学自有成果，获得水利部先进适用技术推广证书。已授权研究院所 D 应用该技术，在水运工程领域进行推广、研究和完善。本次某码头过渡段加固工程涉及混凝土体积约 1000 立方米
成果知识产权情况	知识产权归属为某大学和某科技有限公司，已授权研究院所 D 可向第三方在水运工程领域实施许可
成果转化的经验与建议	跨专业交叉学科的成果转化前景广阔，但前期投入较大，建议加大转化支持力度

案例五:作价投资典型案例　　　　表 5.2-6

单位名称	高校 E
成果名称	高品质航海模拟器及其开发平台系统
成果转化类型	□自行转化;□技术转让;□技术许可;□合作转化;☑作价投资;□其他
成果属性	☑有证技术成果(专利、软件著作权等);□无证技术成果
成果评估定价	☑定价机构;☑甲乙双方协商定价;□其他
成果转化简要说明	发明专利团队向学校提出专利转化申请,拟以作价入股方式与一家民营企业合资成立一家新企业。校科技处委托第三方评估机构对项目进行评估。校科技处牵头,法务办和投资管理公司提前介入公司注册组建和股权分配的谈判中。“高品质航海模拟器及其开发平台系统”发明专利作价投资取得的股权的 80% 奖励给成果完成人,20% 作为学校收益,由大学投资管理有限责任公司代持
成果知识产权情况	“高品质航海模拟器及其开发平台系统”国家发明专利
成果转化的经验	①稳步推进成果转化,确保各个环节依法依规。积极投入成果转化工作的同时,一定要严格按照国家各级法律法规,首先制定好本单位的实施办法,严格按照规定流程和时间要求逐一进行,避免因国有资产流失、知识产权侵权等带来不必要的风险。 ②搭好成果转化平台,提供优质高效的服务。包括成果与市场的对接、知识产权的评估、资金筹措、公司运营管理咨询等。让教师沉下心来做研究,让专业团队做服务,让企业家做市场

交通运输部部属研究院所承担着行业科技创新、推动行业转型升级的重任,具有行业特色鲜明、应用场景聚焦的特点,且单位具有一定对外投资实力。参照发达国家公司化运作模式,由部属研究院所对行业急需的科研成果予以投资支持,协助科研人员将研究成果进行孵化,待产品市场成熟时,科研院所择机退出。这种由科技人员研发,科研院所出资孵化的模式,符合国家政策要求,可以有效引导科研人员的研究导向,促使更多的科研项目对接市场,既可以实现调动科研人员创新、创业的积极性,又有利于科研成果的行业应用,推动社会进步。研究院所 A 的成果转化就是采用这种投资孵化科技成果模式的成功案例。

研究院所 A 是公路设计、建设、养护领域的主要研究单位,在公路检测、养护等领域具有很强的技术实力,也形成了很多科技成果及专利。研究院所 A 以自有资金与技术团队发起设立某科技公司,作为研究院所 A 公路检测与养护技术推广的市场化平台,研究院所 A 出资 65% ,科研及管理团队出资 35% 。公司成立以后,专注于公路检测及养护技术的研发与市场推广。经过产品的快速产业化及多次增资扩股,公司的资产实力不断增强,截至 2016 年底,公司资产规模达到 4 亿元,净资产达到 3 亿元,营业收入达 1.7 亿元,净利润达到 5500 万元。公司经营业绩逐年提升,科研投入也大幅攀升,其中 2014—2016 年,公司每年研发投入超过 1500 万元。大量的科研开发使公司积累了很多科技成果,2016 年底,公司已取得专利 29 项,其中发明专利 22 项,实用新型专利 7 项。公司致力于建设成为国内领先、国际一流的公路养护技术创新基地、成果转化基地、产业化示范推广基地。伴随公司的快速发展,业务规模逐步扩大,需要大量资金投入到技术研发及生产活动中,以保持公司的竞争优势。2017 年 8 月,公司在上海证券交易所挂牌上市,以每股15.62元公开发售 1668 万股,筹集 2.6 亿元。在公司上市之后,研究院所 A 持有的股权市值上升,国有资产实现了较大幅度的增值。

研究院所 A 投资孵化科技成果的成功案例说明:通过搭建研究院所、科研人员及社会资本的合作平台,共同通过公司治理模式,推广并迭代科技成果,可以迅速形成产业基础,实现科技创新创业与推动社会进步的双赢局面。首先,研究院所通过财政资金资助科研开发,由技术人员组成课题研究,形成市场需要的科技成果;其次,拥有的科研成果是独创的,处于行业领先水平,研究成果具有较强的市场前景;第三,研究院所作为事业单位,在科研成果转化过程中,可以直接出资成立企业,由企业推广科技成果;第四,将研发团队(包括后续专业人才)纳入股权激励计划,研发团队对公司投资,将研究院所及个人的利益同公司捆绑,可以极大地调动科研人员产品开发及市场推广的积极性;第五,研究院所在公司的投资过程中获得了很大的估值溢价,收益颇丰,这些经济产值可以为下一步科研开发、成果孵化提供资本支持。

5.3　存在主要问题

交通运输科技成果转化虽然取得了一定成绩,但仍存在一些问题,必须深入探讨,分析其产生的根源,找出制约成果转化的因素,才能构建有效的交通运输科技成果运行机制,加快成果转化效率。本节分别从科技成果转化政策环境及运行机制、科技成果转化供给方、科技成果需求方、科技成果转化中介四个方面进行问题分析。

1. 科技成果转化政策环境及运行机制存在的问题

1)政策要求有待进一步落实,科技成果转化工作存在思想顾虑

各单位对《交通运输部关于印发促进科技成果转化暂行办法的通知》中的“五技”类

科技成果转化的适用范围、净收入核定、分配方式等关键具体环节政策要求的认识有待进一步提高。在成果转化过程中，不少单位存在思想顾虑，成果转化力度仍不够大。各单位的市场开发项目合同额较大，但实际进行科技成果转化的项目不多。

2）缺乏交通运输行业科技成果转化专项实施方案

国务院、教育部及一些地方为系统推进科技成果转化工作，发布了促进科技成果转化行动方案。目前，交通运输行业尚未发布科技成果转化专项实施方案，成果转化体系的建设缺乏顶层设计，在成果转移转化平台建设、产学研合作、科技成果评估及管理、科技成果转化专业人才队伍建设等方面工作的系统性、计划性有待加强。

3）科技成果信息汇交不足

交通运输行业建立的科技成果信息汇交平台的社会公开化程度还不够，科技成果与市场需求之间脱节，科技成果转化供需信息不畅。同时，技术市场在成果转移转化中的作用尚未得到有效发挥，需培育和发展交通运输技术交易市场。

4）产学研协同的成果转化网络尚未形成

虽然国家鼓励产学研协同开展科技成果转移转化，但事企合作仍不够紧密，产学研协同的成果转化网络尚未形成。研究院所与企业间缺乏有效沟通，对终端市场的需求信号不敏感，共同申报科研课题较少。科技成果转化仍处于成果供给方拿科技成果找市场的单向模式。

5）科研转化经费有限

技术开发类科技成果从开始到最终市场化一般需经历技术研发、中试、产业化 3 个阶段。一些科研项目虽然已取得了重大成果，为了实现产业化应用，仍需进行二次投入，再通过工程试验、应用研究等使科技成果熟化，才能真正应用于交通运输建设实际中。然而行业目前尚未建立科技成果转化基金，成果熟化过程缺乏经费支持。

6）科技成果转化人员激励机制尚不完善

目前，部属高校、科研单位在科技人员成果转化收益分配方面的政策已落实到位，且科研人员成果转化收益分配提取比例普遍高于修订后的《中华人民共和国促进科技成果转化法》中提出的不低于 50% 的要求。但对于《中华人民共和国促进科技成果转化法》中提出的“将科技成果转化情况作为对相关单位及人员评价、科研资金支持的重要内容和依据之一”“国家设立的研究开发机构、高等院校应当建立符合科技成果转化工作特点的职称评定、岗位管理和考核评价制度，完善收入分配激励约束机制”等要求，各单位仍停留在制度上的原则性要求，尚未在职称评定、岗位管理、考核评价工作中具体落实。

7) 缺乏科技成果转化工作交流研讨渠道

科技成果转化新政实施后，各科研单位在成果转化的实践中可谓是摸着石头过河，交通运输行业尚未出版科技成果转化典型案例汇编等成果转化指导性书籍，也未形成定期召开科技成果转化工作交流会的机制。研究单位缺乏可参考的转化典型案例资料，以及业务交流和学习的平台。

2. 科技成果转化供给方存在的问题

1) 高质量的科技成果供给不足

科技项目的立项及研发不能和市场需求紧密结合，造成很多技术面临"有成果、无市场"的局面，难以被转化实施，且多数成果的成熟度不高，理论性较强，操作性有待验证，还需进行后续的再研究和再投入。专利等知识产权类成果不少，但知识产权类成果通过转让、许可使用、作价投资等形式进行转化的数量偏少。不少专利申请是出于项目结题验收、报奖、评职称等目的，只要专利获得授权，就可以得到科研院所、高校的奖励，并不考察其实际实施与转化情况，客观上催生了一些没有实施价值的科技成果。

2) 现有成果的梳理和挖掘需进一步加强

各研究单位对现有成果从成果转移转化角度的评价和梳理还不够系统、深入，对科技成果的先进性、成熟度、产业适用性、市场前景、预期寿命等状况把握程度不高。目前，科技成果评价体系尚未建立，行业也尚未发布科技成果的评价指南或评价指标体系等指导性文件。

3. 科技成果需求方存在的问题

1) 企业承接科技成果意愿不强

大企业通常研发实力较强，拥有自己的研发中心和创新团队，能够自主开发高度契合本企业实际的核心技术，经营者对引进科研院所、高校的科技成果往往兴趣不高。中小企业仍依靠价格和成本优势生存，大多为低端产业，一般以对现有成果的模仿、仿制为主，对成果转化"有心无力"，也缺乏通过引进创新成果实现经营转型的主观意愿，研发投入偏低。科研院所、高校合作门槛高、科研成果适用性差等问题也在一定程度上打击了企业引进科技成果的积极性。企业对于专利类科技成果转化的承接意愿也不强。

2) 企业科技成果吸收能力不足

科技成果从研究院所、高校走向企业一般需要经历小试、中试等技术开发过程，实施周期长，风险大，对技术人才、资金投入等都有较高的要求，对企业的技术水平、学习能力、经济承受能力都是巨大的挑战。目前，多数交通企业没有足够的技术吸收能力，企业吸收技术尤其是高新技术的能力与动力不足已成为科技成果转化的短板之一，企业在科技成果转化中的主体作用还需要进一步增强。

4. 科技成果转化中介存在的问题

科技成果转化专业服务机构与专业人才队伍缺乏。成果转化是技术、法律、市场、政策等各方面知识系统运用的复杂过程，其中的具体项目对接，需要靠科技中介机构的技术经纪人与买卖双方面对面沟通，了解买卖双方的诉求，识别供方技术新颖性和成熟度，以及需求方的吸纳能力，调解双方利益和矛盾等诸多因素，才能促成项目落地。而目前，科技成果转化专业服务机构为数不多，专注交通运输行业的更少，且机构的专业服务能力偏弱。行业内的多数研究单位未设立专门的成果转化机构，多由从事科研项目管理的人员兼职负责科技成果转化工作，在成果转化对接中起到的促进作用有限，缺乏既懂技术，又懂投资、法律、管理等的综合型人才。

CHAPTER SIX

第6章

交通运输科技成果转化机制创新探讨

6.1 组织管理机制

《中华人民共和国促进科技成果转化法》第十七条规定"国家设立的研究开发机构、高等院校应当加强对科技成果转化的管理、组织和协调,促进科技成果转化队伍建设,优化科技成果转化流程,通过本单位负责技术转移工作的机构或者委托独立的科技成果转化服务机构开展技术转移。"下文将从技术转移转化工作机制、产学研协同创新机制、成果转化专业化机构建设、人才队伍建设四个方面探索如何进一步完善交通科技成果转化组织管理机制。

6.1.1 技术转移转化工作机制

1. 形势与要求

《中华人民共和国促进科技成果转化法》第十条规定"利用财政资金设立应用类科技项目和其他相关科技项目,有关行政部门、管理机构应当改进和完善科研组织管理方式,在制定相关科技规划、计划和编制项目指南时应当听取相关行业、企业的意见;在组织实施应用类科技项目时,应当明确项目承担者的科技成果转化义务,加强知识产权管理,并将科技成果转化和知识产权创造、运用作为立项和验收的重要内容和依据。"第十一条规定"国家建立、完善科技报告制度和科技成果信息系统,向社会公布科技项目实施情况以及科技成果和相关知识产权信息,提供科技成果信息查询、筛选等公益服务。"国家及各部委现行政策中关于技术转移转化工作机制的条款(节选)见表6.1-1。

国家及各部委现行政策中关于技术转移转化工作机制的条款(节选)　　表6.1-1

文件名称	条款相关内容
《实施〈中华人民共和国促进科技成果转化法〉若干规定》	●国家设立的研究开发机构、高等院校应当建立健全技术转移工作体系和机制,完善科技成果转移转化的管理制度,明确科技成果转化各项工作的责任主体,建立健全科技成果转化重大事项领导班子集体决策制度,加强专业化科技成果转化队伍建设,优化科技成果转化流程,通过本单位负责技术转移工作的机构或者委托独立的科技成果转化服务机构开展技术转移
《促进科技成果转移转化行动方案》	●发布转化先进适用的科技成果包 ●建立国家科技成果信息系统 ●建立健全各地方、各部门科技成果信息汇交工作机制,推广科技成果在线登记汇交系统,畅通科技成果信息收集渠道 ●加强科技成果数据资源开发利用

续上表

文件名称	条款相关内容
《国务院关于印发国家技术转移体系建设方案的通知》	●强化信息共享和精准对接。建立国家科技成果信息服务平台,整合现有科技成果信息资源,推动财政科技计划、科技奖励成果信息统一汇交、开放、共享和利用。以需求为导向,鼓励各类机构通过技术交易市场等渠道发布科技成果供需信息,利用大数据、云计算等技术开展科技成果信息深度挖掘。建立重点领域科技成果包发布机制,开展科技成果展示与路演活动,促进技术、专家和企业精准对接
《中共中央办公厅国务院办公厅印发〈关于深化项目评审、人才评价、机构评估改革的意见〉》	● 建立分类评价指标体系和评价程序规范。基础前沿研究突出原创导向,以同行评议为主;社会公益性研究突出需求导向,以行业用户和社会评价为主;应用技术开发和成果转化评价突出企业主体、市场导向,以用户评价、第三方评价和市场绩效为主
《国务院办公厅关于完善科技成果评价机制的指导意见》	●全面准确评价科技成果的科学、技术、经济、社会、文化价值。根据科技成果不同特点和评价目的,有针对性地评价科技成果的多元价值 ●健全完善科技成果分类评价体系。基础研究成果以同行评议为主,实行定量评价与定性评价相结合。应用研究成果以行业用户和社会评价为主,注重高质量知识产权产出,把新技术、新材料、新工艺、新产品、新设备样机性能等作为主要评价指标。不涉及军工、国防等敏感领域的技术开发和产业化成果,以用户评价、市场检验和第三方评价为主,把技术交易合同金额、市场估值、市场占有率、重大工程或重点企业应用情况等作为主要评价指标 ●大力发展科技成果市场化评价。健全协议定价、挂牌交易、拍卖、资产评估等多元化科技成果市场交易定价模式 ●引导规范科技成果第三方评价。发挥行业协会、学会、研究会、专业化评估机构等在科技成果评价中的作用 ●创新科技成果评价工具和模式。用大数据、人工智能等技术手段,开发信息化评价工具
《生态环境部关于促进生态环境科技成果转化的指导意见》	●生态环境部直属单位、国家环境保护重点实验室和国家环境保护工程技术中心,应建立健全科技成果转化工作机制,围绕国家和地方生态环境保护中心工作,积极推动科技成果转化与应用 ●构建科技成果转化综合服务平台。整合生态环境领域成果转化综合服务资源,建设集成果汇聚、信息发布、供需对接、咨询交易、金融投资等功能为一体的、国家与地方相结合的平台 ●建设科技成果转化示范区。结合国家科技成果转移试验示范区建设,选择污染防治重点区域、典型园区、典型行业,建设生态环境科技成果转化示范区 ●健全科技成果评估体系。积极推行第三方技术评估,制订不同类型科技成果评估规范与方法,开展环境技术评估、环境技术验证以及环境治理绩效评估等评估工作并发布技术评估报告。鼓励有条件的单位建设科技成果转化技术评估机构

续上表

文件名称	条款相关内容
《水利部印发关于促进科技成果转化的指导意见的通知》	●定期编制发布水利先进实用技术指导目录 ●依托需求强烈、特色明显的典型地区，综合集成一批先进实用技术，建设水利科技成果推广转化示范区，推进区域水问题的解决，形成可推广、可复制的技术模式，打造集开发、中试、熟化、成果转化及产业化于一体的科技成果孵化平台 ●加强水利科技成果宣传与信息共享。加快水利科技成果信息数据库建设，建立水利科技成果信息发布平台，定期编制、发布水利科技年报 ●推进水利科技成果分类评价。建立科学的分类评价指标体系，对应用技术类成果，突出应用效益，更加注重获得技术专利、成果转化、技术标准研制等评价，不断加强技术成熟度评价，促进技术成果规模化应用。加强评价结果的应用，将评价结果作为推动科技成果转化的重要依据，提升科技成果转化成功率
《教育部 科技部关于加强高等学校科技成果转移转化工作的若干意见》	●建立健全科技成果转移转化工作机制。高校要加强对科技成果转移转化的管理、组织和协调，成立科技成果转移转化工作领导小组，建立科技成果转移转化重大事项领导班子集体决策制度；统筹成果管理、技术转移、资产经营管理、法律等事务，建立成果转移转化管理平台；明确科技成果转移转化管理机构和职能，落实科技成果报告、知识产权保护、资产经营管理等工作的责任主体，优化并公示科技成果转移转化工作流程

2. 机制创新探讨

为保障科技成果的转移转化，需要一套科学的，覆盖成果评价、信息汇交、转化实施工作流程整个过程的工作机制。成果转化工作体系健全、制度完善、流程清晰且不断优化，可以为加强科技成果转化打好基础。

(1)制订合理的科技计划。科技项目立项时就要与市场紧密结合。应用性科技项目在立项时就要树立科技成果转化导向，鼓励产学研合作模式。

(2)建立科学的交通科技成果分类评价体系。科技成果评价是促进科技成果转化的前置关键环节，通过发现高质量成果、判断应用前景、支撑转化决策等，可进一步提高科技成果转化效率。党的十八大以来，党中央系统部署推进科技评价体系改革，聚焦“四个面向”的科技成果评价导向逐步确立。习近平总书记在2018年两院院士大会上强调，“要改革科技评价制度，建立以科技创新质量、贡献、绩效为导向的分类评价体系，正确评价科技成果的科学价值、技术价值、经济价值、社会价值、文化价值。”2021年8月，国务院办公厅发布《关于完善科技成果评价机制的指导意见》(以下简称《指导意见》)，围绕科技成果“评什么”“谁来评”“怎么评”“怎么用”完善评价机制，作出明确工作安排部署。《指导意见》提出了健全完善科技成果分类评价体系，坚决破解科技成果评价中的“唯论文、唯职称、唯学历、唯奖项”问题，坚持科技创新质量、绩效、贡献为核心的评价导向，坚持科学分类、多维度评价等基本原则，解决分类评价体系不健全以及评价指标单一化、标准定量化、结果功利化的问题。与此同时,鼓励发展科技成果市场化评价,充分发挥金融投资在科技成果评价中的作用,引导规范科技成果第三方评价。建议交通运输主管部门结合行业特点,在《指导意见》的基础上,积极开展行业科技成果分类评价实施细则、评价程序规范、行业科技成果评价指标体系等相关研究。

科技成果评价应科学判断成果科学价值、技术价值、经济价值、社会价值、文化价值等。评价内容需覆盖创新程度、先进程度、成熟程度、应用条件、推广前景、预期经济社会效益、文化影响等。针对不同类型的科技成果,在评价中各有侧重。对基础研究类成果,以科技成果鉴定为主,更加注重研究的原创性、研究质量。对应用技术类成果,重点评价新技术、新方法、新产品、关键部件等的创新性、成熟度、稳定性、可靠性,突出成果转化应用情况及其在解决经济社会发展关键问题、支撑引领行业产业发展中发挥的作用。更加注重获得技术专利、形成技术标准、实现成果转化等评价。推进建立应用技术类成果的评价规范,科学评价科技成果的先进性、成熟度、产业适用性、市场前景、预期寿命等,提高科技成果筛选的有效性,提升科技成果转化成功率。

(3)建立科技成果披露与管理制度。目前,不少科研院所、高校的科研管理能力仍有待提高,主要履行推荐项目、签订合同、科研项目管理等职能,对项目研究取得的科技成果信息掌握不全,不清楚成果的转化价值,在科技成果转化中难有作为,只能配合科技成果完成人实施科技成果转化,处于较为被动的局面。应当建立科技成果披露与管理制度,全面掌握科技成果情况,才能主动作为,更好地组织实施科技成果转化,将科研、科研管理、成果转化三者结合起来。

(4)发布重点领域科技成果包。围绕《交通强国建设纲要》《"十四五"现代综合交通运输体系发展规划》及《交通领域科技创新中长期发展规划纲要(2021—2035 年)》中提出的重点领域,如城市综合交通协同管控技术、智能航运、自动化码头、智能仓储和分拣系统、清洁能源运输装备等,以需求为导向发布一批符合产业转型升级方向的科技成果包。

(5)构建行业科技成果转化服务平台。在平台上集成科研院所、高校、企业、中介服务机构等科技成果转化主体,依托平台实现技术信息高度共享,推动主体间的互动,促进科技成果的对接与转化。一种形式为实体机构平台,如技术转移中心、产学研合作办公室等。建议设立交通运输行业科技成果转移转化中心,为交通运输行业科研院所、高校的科技成果转移转化提供对接、评估、经纪等中介服务。转移转化中心一方面为科技成果寻找市场,另一方面将企业的技术需求、自主研发动态等信息传递给行业研究人员,起到"牵线搭桥"的作用。另一种形式为促进科技成果转化网络信息平台建设,建设行业技术交易市场。建议充分利用交通运输科技信息资源共享平台,进一步提高平台的开放程度，向企业、中介服务机构、金融资本等主体开放。分领域建立科技成果数据库，解决科技成果供需之间信息不对称、缺乏畅通联系渠道的问题，推动科技成果与产业、企业需求有效对接。在实际发展中，线上和线下两种模式呈现出融合发展的趋势。建议推广技术经理人全程参与的科技成果转化服务模式。以技术交易市场为依托，技术经理人全程参与成果转化，将技术供给方、技术需求方、技术中介整合在一起，集成技术、人才、政策、资金、服务等创新资源，帮助高校、科研院所提高成果转化效率和成功率。

6.1.2 产学研协同创新机制

1. 形势与要求

协同创新的本质内涵是组织创新相关要素有机结合，通过相互作用产生单要素所无法实现的整体协同效应的过程。协同创新是通过国家意志的引导和机制安排，促进企业、大学、科研机构发挥各自能力优势、整合互补性资源，加速技术推广工作和产业化，协同开展技术创新和科技成果产业化活动，是当今科技创新的新模式。

《中华人民共和国促进科技成果转化法》第二十六条规定"国家鼓励企业与研究开发机构、高等院校及其他组织采取联合建立研究开发平台、技术转移机构或者技术创新联盟等产学研合作方式，共同开展研究开发、成果应用与推广、标准研究与制定等活动。"除科技成果转化法外，国务院及各部委关于促进科技成果转化的政策文件中均提出了推进产学研协同创新的主要任务。国家及各部委现行政策中关于产学研协同创新机制的条款（节选）见表6.1-2。

国家及各部委现行政策中关于产学研协同创新机制的条款（节选）　　表6.1-2

文件名称	条款相关内容
《促进科技成果转移转化行动方案》	●推动企业加强科技成果转化应用。以创新型企业、高新技术企业、科技型中小企业为重点，支持企业与高校、科研院所联合设立研发机构或技术转移机构，共同开展研究开发、成果应用与推广、标准研究与制定等。围绕"互联网+"战略开展企业技术难题竞标等"研发众包"模式探索，引导科技人员、高校、科研院所承接企业的项目委托和难题招标，聚众智推进开放式创新。市场导向明确的科技计划项目由企业牵头组织实施 ●构建多种形式的产业技术创新联盟。围绕"中国制造2025""互联网+"等国家重点产业发展战略以及区域发展战略部署，发挥行业骨干企业、转制科研院所主导作用，联合上下游企业和高校、科研院所等构建一批产业技术创新联盟，围绕产业链构建创新链，推动跨领域跨行业协同创新，加强行业共性关键技术研发和推广应用，为联盟成员企业提供订单式研发服务。支持联盟承担重大科技成果转化项目，探索联合攻关、利益共享、知识产权运营的有效机制与模式 ●强化科技成果中试熟化。鼓励企业牵头、政府引导、产学研协同，面向产业发展需求开展中试熟化与产业化开发，提供全程技术研发解决方案，加快科技成果转移转化

续上表

文件名称	条款相关内容
《国务院关于印发国家技术转移体系建设方案的通知》	●促进产学研协同技术转移。发挥国家技术创新中心、制造业创新中心等平台载体作用，推动重大关键技术转移扩散。依托企业、高校、科研院所建设一批聚焦细分领域的科技成果中试、熟化基地，推广技术成熟度评价，促进技术成果规模化应用。支持企业牵头会同高校、科研院所等共建产业技术创新战略联盟，以技术交叉许可、建立专利池等方式促进技术转移扩散。加快发展新型研发机构，探索共性技术研发和技术转移的新机制。充分发挥学会、行业协会、研究会等科技社团的优势，依托产学研协同共同体推动技术转移
《科技部关于印发国家科技成果转移转化示范区建设指引的通知》	● 建设科技成果中试熟化与产业化基地。建设产学研相结合的技术研发应用基地，构建面向产业需求的研发机制，提供技术研发与集成、中试熟化与工程化服务，支撑行业共性技术成果扩散与转化应用
《交通运输部关于印发促进科技成果转化暂行办法的通知》	●支持企业联合有关科研院所、高等院校、具有研究开发能力的单位建立协同创新平台、技术转移机制和产业技术创新战略联盟，共同开展研究开发、成果应用与推广、标准研究与制定等活动
《生态环境部关于促进生态环境科技成果转化的指导意见》	●鼓励科研机构、高等院校、企业与金融机构、社会团体等相结合，采取联合建立研究开发平台、技术转移机构或者创新联盟等产学研用合作方式，发挥科技中介服务机构桥梁纽带作用，促进科技成果转化信息交流与合作，共同开展科技成果转化
《水利部印发关于促进科技成果转化的指导意见的通知》	●建水利技术创新转化联盟。充分发挥各级工程技术研究中心、学会和行业协会等作用，联合高校、科研院所和上下游企业等组建一批水利技术创新转化联盟或产学研协同创新共同体，围绕产业链构建创新链，推动跨领域、跨部门协同创新，加强行业共性关键技术研发和转移转化。支持成员单位依托联盟或共同体承担科技示范项目，探索联合攻关、利益共享、知识产权运营的有效机制与模式
《教育部 科技部关于加强高等学校科技成果转移转化工作的若干意见》	●加大产学研结合的力度，支持科技人员面向企业开展技术开发、技术服务、技术咨询和技术培训
《教育部办公厅关于印发〈促进高等学校科技成果转移转化行动计划〉的通知》	●加强产学研协同创新。联合有实力的企业承担重点研发计划等国家重点科研任务，加强成果产业化示范工作；围绕“互联网＋”战略开展企业技术难题竞标等“研发众包”模式探索。推动建设高校新兴产业技术创新网络，组织高校创新资源与地方政府、行业骨干企业开展合作，建成若干领域产业技术创新协作组织，为相关领域产业向国际价值链高端攀升提供服务

2. 国外经验借鉴

自主创新是当今世界各国综合国力竞争的核心和关键所在,良好的产学研协同创新机制是提升创新效率的重要环节。各国的产学研协同创新机制各有特色。

美国鼓励产学研直接面对市场化的自由合作,政府通过建立制度和政策体系促进产学研合作。在政府的鼓励和引导下,高校和科研院所制订措施推动科研人员同产业密切合作,硅谷地区斯坦福大学的产学研创新体系是全球闻名的产学研合作典范。美国政府促进产学研合作的具体措施包括完善政策环境、项目支持、建设技术转移机构等。

(1)以完善的政策法规为产学研合作奠定制度基础,制定《拜杜法》《史蒂文森法》等,支持大学和科研机构与企业的技术转移和人员交流。

(2)以项目为载体搭建产学研合作平台,美国的先进技术计划(Advanced Technology Program,ATP)向企业与科研机构的联合体提供启动资金,进行高新技术的研发与应用。

(3)美国还通过建立技术转移机构促进产学研合作,美国国家科学基金会(National Science Foundation,NSF)资助大学建立"大学—工业合作研究中心""工程研究中心""科学技术中心"等机构,为产学研合作提供固定场所。

加拿大政府更加注重运用科技计划手段对产学研合作给予直接支持,并通过建立相关部门和机构,促进大学和产业之间的联合创新和成果转化。主要措施包括:通过实施大学—产业联合创新基金、联合研究伙伴计划等战略计划促进产学研之间的联合创新;通过拨款委员会的知识产权管理计划、自然科学与工程技术研究理事会的概念—创新计划等战略计划资助科研成果的商业化;政府还投入资金促进相关政府部门的国家科研机构、大学、企业建设区域创新联合体;鼓励高校创立创新基金会或其他技术转化机构,积极推动技术成果向产业界转移。

日本的产学研合作模式由官方主导,以企业为主体,是强调政府行为的产学研合作模式。20 世纪 90 年代日本泡沫经济破灭后,日本希望通过立法和制度建设快速推动大学和国立研究机构的技术成果向中小企业转移,以促进中小企业创新。政府聚焦国家支柱产业或重点发展产业的重大关键技术,组织产学研力量集成创新。日本政府对产学研合作的主导调控作用表现在,政府通过立法强化产学研合作的制度建设。日本制定了科学技术基本法、大学技术转移促进法、产业活力再生特别措施法等法规政策,加速技术成果向企业转移;针对国民经济支柱产业或战略产业中的关键技术,政府采取委托式、联合式和重点资助式支持产学研联合攻关,形成政产学研结合的创新制度;建立共同研究和委托研究制度。在大学建立共同研究中心,为产学合作提供固定的场所和必要的研究条件;

实施产业群计划和知识集群事业。

英国政府通过科研计划投入和基金投入支持大学和产业之间的联合创新，此外，政府还出台措施促进高校与企业之间的成果转化。主要措施有：实施“知识转移合并计划”“法拉第合作伙伴倡议计划”，并制定对产学研合作的评估与评价方法；出台措施促进研发能力较弱的企业开展产学研合作创新，促进共担风险合作模式的形成与发展；设立机构促进高校成果转化，在全国各地建立起了 240 个地区性“企业联系办公室”，以转化和推广科技成果。

各国的科技创新机制总体表现出趋同的特征，即以企业为创新主体，以市场为导向，政、产、学、研协同创新，但因各国宏观管理体制和文化背景的差异，其创新机制又各具特色。分析比较不同国家在产学研合作方面的做法和经验可以发现，政府在支持产学研合作的方式上表现总体趋同的特点：营造产学研协同创新的政策环境；政府运用科技计划手段对产学研合作给予直接支持；搭建产学研合作平台；以获取产业关键技术和共性技术作为产学研创新的主要目标。

虽然政府在支持产学研合作上的总体趋势相同，但在产学研结合中发挥的作用又各有不同，主要表现在：美国政府在产学研合作中干预较少，而日本的产学研则是政府主导的，加拿大和英国注重运用科技计划直接推动产学研合作；美国、英国、加拿大的科研成果转化率较高，这与其重视中小企业和高科技企业创新有关，因为大学和科研机构的成果转化对象多是中小企业，而日本长期以来关注大企业创新，中小企业创新活力仍然不足。

3. 机制创新探讨

从目前交通行业科技成果转化的现状来看，真正意义的成果转化，即科研院所以技术转让、许可、作价投资方式转化科技成果的项目相对较少，科技成果市场化的主要渠道是科研院所面向企业开展技术服务和技术咨询项目。这反映出科技创新尚未成为引领交通行业发展的强大动力。产学研融合，可使研究、开发、成果转化、产业化无缝连接，使供需双方相互借力，进而使研发与成果转化进程加快，消除因信息不对称产生的不讲诚信、合作不紧密、风险收益不匹配等问题，不断提高科研院所、高校在增强创新能力方面的源头作用。为切实加快科技成果的市场化和产业化，交通行业需进一步落实产学研协同创新的举措，加强科技成果转化供给端和需求端的紧密联系。

产学研合作要求企业（产业）、高校、科研院所建立更加紧密的联系。产学研合作内容广泛，一般来说，有以下几种方式：合作研发，人员交流，技术转让，技术许可，科研资源的共享共用，形成研究与开发联合体，共建经济实体，共建实验室等。其中，中短期合作一般采用项目合作、人员交流等形式，中长期合作一般采取共建经济实体、共建实验室等载体形式。

(1)科研单位与企业合作。

鼓励交通行业科研院所、高校与专业领域内的骨干企业、创新型企业、高新技术企业、科技型中小企业等联合设立研发机构、技术转移机构、创新型企业等产学研合作方式，探索建立联合攻关、利益共享、知识产权运营的有效机制与模式，开展技术研发、科技成果中试、熟化等，加快科技成果应用及产业化发展。探索“定向研发、定向转化、定向服务”的订单式研发和成果转化机制。以高校所在地的研究院所、高校为平台，有针对性为企业设计和实施研发项目，研发团队全程参与企业技术攻关和成果转化，帮助企业突破发展急需的关键技术，提高科研院所和高校科技成果供给的有效性。鼓励科研院所、高校与地方共建院士合作站、中试基地等平台，组织开展与地市的专家技术交流论坛及科技成果展会等，促进其与高新区、地方政府以及大型企业建立不同层次的成果转化长效机制。

(2)科研单位与科研单位合作。

每个科研院所、高校有其各自的优势，单个科研机构的科技成果转化能力和资源都较为有限，为应对复杂多样的技术需求，研究机构之间可以建立起长期战略合作伙伴关系，通过成立技术转移联盟，在联盟内部实现资源和信息共享，为地方和企业提供形式更为多样的科技成果转化服务，更好促进科技成果转化。如由北京大学、清华大学、北京理工大学等联盟成员组成的覆盖近 40 所高校的北京高校技术转移联盟，支持联盟承担重大科技计划项目，集合产学研力量突破产业发展的核心共性关键技术。

(3)充分发挥社团、学会、行业组织等在科技成果转移转化中的纽带作用，建立学会联系企业的长效机制，开展科技信息服务，实现科技成果转移转化供给端与需求端的精准对接。

(4)鼓励高校、科研院所与企业之间基于科技成果转化的人才流动。支持高校、科研院所科研人员到国有企业或民营企业兼职开展研发和成果转化，或选聘企业专家兼任高校、科研院所的“产业教授”等。

6.1.3 成果转化专业化机构建设

1. 形势与要求

科技中介机构是以专业化的知识和技能为创新主体提供科技咨询、科技认证、成果转化、金融投资等服务的组织。科技中介机构贯穿在整个产学研链条之中，借助其中间作用发挥专业平台的优势为创新主体提供相关科技服务，使创新资源得以实现高度融合，在推动科技创新和科技成果转化的过程中发挥着不可替代的作用，是科技服务业的重要组成部分，也是国家创新体系的重要内容。

《中华人民共和国促进科技成果转化法》第三十条规定"国家培育和发展技术市场，鼓励创办科技中介服务机构，为技术交易提供交易场所、信息平台以及信息检索、加工与分析、评估、经纪等服务。科技中介服务机构提供服务，应当遵循公正、客观的原则，不得提供虚假的信息和证明，对其在服务过程中知悉的国家秘密和当事人的商业秘密负有保密义务。"国家和多个部委发布的政策均对培育和发展成果转化专业化机构给予了高度重视。国家及各部委现行政策中关于成果转化专业化机构建设的条款（节选）见表6.1-3。

国家及各部委现行政策中关于成果转化专业化机构建设的条款（节选）　表6.1-3

文件名称	条款相关内容
《实施〈中华人民共和国促进科技成果转化法〉若干规定》	●鼓励研究开发机构、高等院校在不增加编制的前提下建设专业化技术转移机构
《促进科技成果转移转化行动方案》	●引导有条件的高校和科研院所建立健全专业化科技成果转移转化机构，明确统筹科技成果转移转化与知识产权管理的职责，加强市场化运营能力 ●强化科技成果转移转化市场化服务：健全区域性技术转移服务机构；完善技术转移机构服务功能 ●构建国家技术交易网络平台。支持各类服务机构提供信息发布、融资并购、公开挂牌、竞价拍卖、咨询辅导等专业化服务
《交通运输部关于印发促进科技成果转化暂行办法的通知》	●鼓励在不增加编制的前提下建立负责科技成果转化工作的专业化机构或者委托独立的科技成果转化服务机构开展科技成果转化
《水利部印发关于促进科技成果转化的指导意见的通知》	●发挥市场作用。充分发挥市场在科技成果转化中的主体地位，整合技术、资金和人才，搭建水利科技产学研协同创新平台，大力发展技术市场，培育中介服务机构，不断拓展新技术、新产品的市场应用空间 ●畅通科技成果转化渠道。与第三方转移转化机构组建联盟，明确利益分配机制，加快科技成果转化
《关于加强卫生与健康科技成果转移转化工作的指导意见》	●发展科技成果转移转化的专业化服务。大力培育和发展卫生与健康科技中介服务机构。开展科技成果转化评估评价、知识产权和专利服务等科技创新服务，为科技创新提供成果转化、创业孵化、知识产权、科技咨询、科技金融、技术交易等专业化服务

续上表

文件名称	条款相关内容
《教育部 科技部关于加强高等学校科技成果转移转化工作的若干意见》	●鼓励高校在不增加编制的前提下建立负责科技成果转移转化工作的专业化机构或者委托独立的科技成果转移转化服务机构开展科技成果转化，通过培训、市场聘任等多种方式建立成果转化职业经理人队伍
《教育部办公厅关于印发〈促进高等学校科技成果转移转化行动计划〉的通知》	●加强技术转移机构建设。整合校内各类技术转移、转化机构，促进高校技术转移机构与市场化第三方技术转移机构在信息、人才、孵化空间、技术转移平台载体等方面的共享、共建力度，形成集对接市场需求、促进成果交易、投融资服务等为一体的科技成果转移转化服务体系
《科技部 教育部印发〈关于进一步推进高等学校专业化技术转移机构建设发展的实施意见〉的通知》	●在不增加本校编制的前提下，高校可设立技术转移办公室、技术转移中心等内设机构，或者联合地方、企业设立的从事技术开发、技术转移、中试熟化的独立机构，以及设立高校全资拥有的技术转移公司、知识产权管理公司等方式建立技术转移机构 ●技术转移机构要建立高水平、专业化的人员队伍，其中接受过专业化教育培训的技术经理人、技术经纪人比例不低于70% ●鼓励有条件的高校开设科技成果转移转化相关课程
《中国科学院促进科技成果转移转化专项行动实施方案》	●联合专业机构对科技成果信息做进一步筛选和分析，提供更加专业的咨询与评价，促进知识产权投资和科技成果转移转化

2. 国外经验借鉴

美国、德国、日本等国家和地区高度重视技术转移服务机构的发展。美国具有较强科研实力的大学、国立科研机构相继设立了专门的机构负责技术转移工作，美国国会还通过立法建立了国家技术转移中心（NTTC）、联邦实验室技术转移联合体（FLC）和国家技术信息中心（National Technical Information Service，NTIS）等国家级非营利性技术服务机构。目前，美国形成了以 160 家非营利组织、240 家技术转移办公室及研究技术应用办公室、500 多家民间中介、顾问机构为主干的技术转移服务系统，推动了美国技术转移服务业的飞速发展。德国技术转移服务机构数量大、实力强，具有代表性的有德国技术转移中心、史太白技术转移中心和夫琅和费协会，三者在定位和服务侧重点上有明显的层次和分工。德国技术转移中心是国家级的公共技术转移信息平台，为全国性非营利公共组织，主要提供技术交易服务业、咨询服务和专利及信息服务，并引导企业和科研机构开辟技术创新方向且提供各方面帮助；史太白技术转移中心则为完全市场化运作，成为政府、学术界和企业之间的联系平台，提供更加深层次的咨询服务（一般咨询、专家咨询、管理咨询等）、研究开发、国际技术转移和人力培训等；夫琅和费协会为半官方半企业性质的全球性应用科学研究推广机构，协会凭借自身的物质基础，包括实验室、仪器设备等资源，直接为德国各中小企业提供技术创新和研发的服务，具有重视合作研究、建立战略合作平台及为企业提供技术发展方向等特点。高等院校尤其是工科大学，普遍建立了专业化科技成果转移转化中心。

根据技术转移机构的属性差异，国外将其分为依托政府的非营利技术转移机构、依托高校和研究机构的非营利技术转移机构及依托企业的营利性技术转移机构三种类型。

依托政府的非营利技术转移机构，这类机构数量少，但在整个技术转移服务机构中占据相当重要的地位。如美国国家技术转移中心（NTTC）、国家技术信息中心（NTIS）、联邦实验室技术转移联合体（FLC）、联邦实验室研究与技术应用办公室（Office of Research and Technology Applications，ORTA），德国的夫琅和费协会和德国技术转移中心，日本的科学技术振兴事业团（JST）和日本中小企业事业团（JASMEC）都是以政府为背景的技术转移机构。依托高校和研究机构的技术转移机构，也以非营利形式存在。以美国为例，美国很多大学与研究机构都设立了技术转移机构，经过实践探索，美国大学技术转移机构创造了威斯康星校友研究基金会（Wisconsin Alumni Research Foundation，WARF）模式、麻省理工学院首创的第三方模式和斯坦福大学首创的技术许可办公室（Office of Technology Licensing，OTL）模式三种运行模式。营利性技术转移服务机构，是以获取利润为目标，以股份合作制形式进行公司化经营的机构。这些机构服务专业、质量较高，已经成为技术转移的中坚力量。如英国技术开发和技术转移的核心机构——英国技术集团（BTG）。

类型多样的国外技术转移机构，创造了各种不同的成功运行模式，其中，最为典型的是美国大学技术转移机构创造的三种运行模式。此外，还有美国国家技术转移中心（NTTC）、英国牛津大学创新公司（Oxford University Innovation，OUI）等机构的运行模式，也是国内技术转移机构学习借鉴的标杆。

麻省理工学院首创的第三方模式。1912年，加州大学伯克利分校教授弗雷德里克·科特雷耳（Frederick Cottrell）发起成立了美国首家专门面向大学的校外专利管理公司——研究公司（Research Corporation，RC）。RC独立于所有大学。1937年，麻省理工学院与RC签署协议，将学院的发明提交给RC，由RC负责专利申请和许可事宜，收入与麻省理工学院四六分成，从而开创了大学技术转移的第三方模式。第三方模式下，学校既完成了技术转移，获得了专利许可收入，又不会影响学校名声，因此，许多大学纷纷与 RC 签订协议。

斯坦福大学首创的 OTL 模式。斯坦福大学成立技术许可办公室(OTL)亲自管理专利事务,即出面申请这些发明的专利,再把专利许可给企业界,引来众多大学的仿效。麻省理工学院引入 OTL 模式之后,学院的技术转移工作很快便有了起色。OTL 模式现已成为当代美国大学技术转移的标准模式。

美国国家技术转移中心运行模式。美国国家技术转移中心从联邦实验室和部分大学的技术机构获取信息,再通过自身的网络以及与 6 个地区技术转移中心的信息网在全国范围内寻找企业,并由中心介绍实验室和企业接触,促使企业和研究机构达成技术合作意向。在这一过程中,中心的专家网络会参与技术评估的工作,同时,中心会视具体情况收取一定费用。中心在整个技术转移过程中是一个信息交换的场所,并充当了“介绍人”和“担保人”的角色。

英国牛津大学有限公司模式。英国牛津大学主要通过其下属牛津大学创新公司,把大学的学术研究活动与商业运作有机结合起来,创造了大学科技成果转化的“有限公司模式”。其运行模式为:牛津大学所有的科研成果,首先由大学研究服务部通过许可的方式转让给牛津大学创新公司,公司根据不同类型科研成果商业化的特点,选择采用特别许可、衍生公司或联合投资的方式将其商业化,完成科研成果的转化工作。对成果转化后产生的属于牛津大学的经济效益,全部回馈到牛津大学、研究人员、学院(系)以及英国牛津大学有限公司等。

3. 机制创新探讨

近十多年,我国技术转移专业服务机构取得了快速发展。国家技术转移示范机构建设取得显著成效。科技部择优选定的六批国家技术转移示范机构起到了很好的示范带动作用。跨区域技术转移协作网络逐渐形成,目前已建立区域性、行业性技术转移联盟 30 余个。区域性技术转移服务体系初步建立,各省市已建有技术(产权)交易机构 30 多家,技术交易服务平台 10 余个。在机构类型上,主要可划分为高校技术转移机构、科研院所技术转移机构、独立第三方技术转移机构、政府所属技术转移机构、技术交易所、技术产权交易所 6 种类型。

虽然技术中介机构是推动技术市场顺畅运行的润滑剂,但是目前我国技术中介机构的发展状况相对于发达国家来说仍然处于较落后的状态,存在较多的问题。科技中介机构普遍发展规模小,大部分科技成果转移转化专业服务机构的服务功能较为单一,并且业务面较窄,大部分机构仅停留在培训、对接等浅层次服务上。从业人员较少,且业务水平不高。服务定位不准确，专业化程度不高。

对交通行业技术中介服务机构建设提出如下建议：

(1)鼓励培育和发展交通运输行业专业化科技中介服务机构。目前部属科研院所、高校的科技成果管理部门或科技成果转化部门主要以行政管理方式运行，在科技成果转化方面普遍缺乏专业能力，而科技成果转化专业能力提升是一个漫长的渐进过程。因此，建议部属科研院所、高校联合成立交通行业的专业化科技中介服务机构，集聚资金、人才、信息等资源，汇集各单位高质量科技成果，为科技创新提供成果转化、创业孵化、知识产权、科技咨询、科技金融、技术交易等专业化服务。有条件的单位可独立设立科技中介服务机构，或者选择与第三方专业机构合作，通过购买服务或服务外包方式，快速实现科技成果转化。现阶段市场上科技中介服务机构在专业化、规范性方面良莠不齐，建议探索由交通运输部组织建立交通行业科技中介服务机构库的可行性，筛选服务水平、质量较高、经验丰富的机构，便于部属科研单位、高校获得可靠的科技中介服务。

(2)挖掘潜力，转变服务模式。科技中介服务机构本身应转变思想，改变仅提供简单牵线搭桥的服务方式，找准服务行业定位，提供精准、深层次、专业化的服务。

(3)加快推进科技中介机构协作交流。科技中介机构服务水平和质量的提升，需要优秀经验的分享、培训工作的开展以及组织机构间的协作。建议强化行业协会的作用，不定期组织交通行业科技中介机构之间的交流学习，参与国外技术转移机构年会，逐步提升业务水平。鼓励与国际知名的技术转移机构间的交流与合作，引进国外先进的管理经验和标准化、规范化的运营方式。

(4)营造有利发展环境。对于非营利性中介机构，保证科技中介机构的独立性，避免产生对政府过多依赖的现象，引入市场化运作机制，允许民间资本、社会机构参与科技中介的运作，强化非营利性中介机构的服务意识，考虑建立绩效考核制度加强其管理。针对营利性中介机构，努力营造公平竞争的环境，制定相关服务规范，加强监督管理，推动其有序、规范化运作。

6.1.4 人才队伍建设

1.形势与要求

《中华人民共和国促进科技成果转化法》第十七条规定"国家设立的研究开发机构、高等院校应当加强对科技成果转化的管理、组织和协调，促进科技成果转化队伍建设。"《国务院办公厅关于印发促进科技成果转移转化行动方案的通知》(国办发〔2016〕28

号）和《国务院关于印发国家技术转移体系建设方案的通知》（国发〔2017〕44 号）中均对技术转移人才的培养作出了明确的规定。国办发〔2016〕28 号文中提出"'十三五'期间，专业化技术转移人才队伍发展壮大"的目标和"培养 1 万名专业化技术转移人才"的定量指标，并提出了相应的重点任务和工作。国发〔2017〕44 号文将技术转移人才与技术转移机构定位在国家技术转移体系布局中处于"基础架构"层面，而且是技术转移体系的重要支撑。国家及各部委现行政策中关于人才队伍建设的条款（节选）见表 6.1-4。

国家及各部委现行政策中关于人才队伍建设的条款（节选） 表 6.1-4

文件名称	条款相关内容
《促进科技成果转移转化行动方案》	●建设一批技术转移人才培养基地；推动有条件的高校设立科技成果转化相关课程，打造一支高水平的师资队伍；加快培养科技成果转移转化领军人才；畅通职业发展通道；鼓励和规范高校、科研院所、企业中符合条件的科技人员从事技术转移工作；与国际技术转移组织联合培养国际化技术转移人才
《国务院关于印发国家技术转移体系建设方案的通知》	●完善多层次的技术转移人才发展机制。加强技术转移管理人员、技术经纪人、技术经理人等人才队伍建设，畅通职业发展和职称晋升通道；支持和鼓励高校、科研院所设置专职从事技术转移工作的创新型岗位 ●加强技术转移人才培养。吸引海外高层次技术转移人才和团队；鼓励有条件的高校设立技术转移相关学科或专业，与企业、科研院所、科技社团等建立联合培养机制；将高层次技术转移人才纳入国家和地方高层次人才特殊支持计划
《人力资源社会保障部关于进一步支持和鼓励事业单位科研人员创新创业的指导意见》	●事业单位根据开展"双创"活动需要，可根据人事综合管理部门备案后的岗位设置方案，在专业技术岗位中自主设置创新岗位。现有岗位设置方案难以满足创新工作需求的，可以按规定申请调整岗位设置方案，也可以按规定申请设置特设岗位，不受岗位总量和结构比例限制 ●事业单位可根据开展"双创"活动需要自主设置流动岗位，不纳入人事综合管理部门备案后的岗位设置方案，用于引进高层次紧缺人才
《教育部办公厅关于印发〈促进高等学校科技成果转移转化行动计划〉的通知》	●推动组织高校技术经纪人联盟；引入国外先进的技术经理人培训课程体系；加强技术转移机构管理人员的专题培训
《水利部印发关于促进科技成果转化的指导意见的通知》	●鼓励有条件的科研机构建立专门的科技成果转化队伍，设置专职从事技术转化工作的创新型岗位，探索建立技术经理人市场化聘用制 ●鼓励科研机构中符合条件的科技人员从事技术转化工作，畅通职业发展通道，制定培养与考评标准

科技成果转化是一项技术含量高、专业性强，同时涉及法律、管理等一系列问题的工作。一项科技成果的转化从最初的信息采集、技术和市场评估，到专利申请管理和专利授权后的权利维护、信息服务，以及技术贸易服务、许可谈判、许可费管理和再投资等，需要全方位、高水平、专业化和系统化的技术经纪人、技术经理人来推动。由于专业化科技成果转化人员的缺失，使得成果转化的责任通常落到了科研人员的头上，能力的欠缺、收益分配机制的模糊以及职称评定机制未配套等种种原因导致了我国科技成果转化率一直处于较低水平。

科研人员懂技术，但不懂法务和商务，而技术转移虽然转移的是技术，但技术转移需要运用法务和商务知识。因而需要有专业的技术经理人全程参与科技成果转化，这有以下好处：一是让科研人员把精力放在科研和成果转化上，不在自己不擅长的商务谈判、法律等领域浪费时间和精力；二是可减除领导干部在科技成果转化过程中的决策责任；三是可提高科技成果转移转化效率和成功率；四是可健全科技成果转化机制。

中国改革开放之初，便已有了技术经理人的雏形。当时，随着科技成果的市场交易行为逐步展开，一些科技人员率先走出研究所、实验室，到市场上推销自己的科技成果，提出建立科技成果有偿转让制度。进入20世纪90年代，技术经纪人制度逐步形成，国家对技术精英和管理人员实行持证上岗制度，在全国范围内，陆续出现技术经纪人培训及经纪机构。2016年4月，国务院办公厅在《促进科技成果转化法行动方案》中首次提出了"技术经理人"一词。2017年12月，教育部举办"首期全国高校高级技术经理人"培训班，这个职业正式被命名为"技术经理人"。

大多数人将技术经纪人和技术经理人从事的业务混淆，认为技术经理人就是技术经纪人。其实二者有很大的区别，从概念上来讲，技术经纪人是指在技术市场中，以促进成果转化为目的，为促成他人技术交易而从事中介居间、行纪或代理等，并取得合理佣金的经纪业务的自然人、法人和其他组织。而技术经理人指的是以科技成果转化为己任，运用专业知识和实务经验，促进科技成果的商品化、商业化和产业化，以科技成果转化工作为职业的从业者。由此可见，技术经纪人和技术经理人都是从事科技成果转移转化活动，技术经纪人主要是居中撮合，达成科技成果交易，从而获取佣金，而技术经理人更加侧重专业知识和实务操作，最终要将技术成果产业化、商品化，其从事完整工作流程，包括了科技成果前期的策划、调研、评估、规划，中期的服务项目跟踪，后期的产业化进程及产品商业化市场调研。

在国家大力实施创新驱动发展战略，加快推动科技成果转化为现实生产力的进程中，技术经理人的作用日益明显，已经成为促成科技成果转移转化成功的关键因子，成为推动科技进步的重要力量，成为技术交易过程中不可或缺的组成部分。然而，目前这个行业也面临着专业人才紧缺、培训体系单调、监管机制不全、收入来源难以保障等诸多问题、困难和挑战。

2. 国外经验借鉴

技术经理人源自 AUTM（Association of University Technology Managers）中的 TM（Technology Managers）。AUTM 的中文翻译是“美国大学技术经理人协会”，因为注册地在美国，故在翻译时加了“美国”二字。1974 年，美国的大学专利管理人社团（SUPA）成立。在其最初创立几年里，规模很小，只有 50 多个会员，但由于其在管理和运营大学专利过程中开创了成功的运营模式，通过会议、路演和媒体，对美国的大学专利技术进行有效地保护和许可，成绩斐然，引人注目。1980 年通过的《拜杜法》，进一步推动和促使美国大学成立专业的技术转移办公室，大学的专利许可数快速增长，SUPA 逐渐意识到其成员的角色和责任大大超出了“专利管理”的范畴，于是在 1989 年更名美国为大学技术经理人协会（AUTM），技术经理人这一社会角色由此诞生。截至今日，AUTM 已有 30 年的历史，为个人会员制，拥有 3000 多名会员，会员来自全球 300 多家机构，网上填表缴纳会员费即成为会员。

技术转移和技术经纪源自国外，在技术经理人的专业要求、培养方式、资格认证及管理等方面有许多值得借鉴学习之处。

（1）职业特点及要求。国外科技中介机构从业者职业素质一般较高，多数拥有市场营销、专业技术、法律专长和企业工作经历。技术经理人大都具有理、工、商、法两种或两种以上的专业特长，相当一部分人拥有博士学位，多数专业人员均能为技术转移项目提供全程服务，包括技术及产品评估、知识产权策略、项目运作监督等。

（2）培养方式。一是融入高等教育。日本及欧美发达国家对技术经理人的教育培养模式是由政府制定职业技术转移人才培养计划，将技术转移的基础知识融入高等教育体系中，要求每个在校的理科、工科和商科大学生必须修完知识产权和技术转移原理两门课程，着力于培养大批的职业技术经理人后备人才，然后由各技术中介机构从中选拔。二是鼓励人员流动。以丹麦、法国、德国为代表的欧洲国家对发展本国技术经理人的培育模式中，很重要的一点就是鼓励和促进人员的流动。技术经理人以离岗、借调或创办企业等形式，在保留原有岗位的前提下进行有序流动交流，包括从事跨国技术转移，是从根本上保障科技创新体系效率的关键所在。发达国家均相继出台政策支持产学研之间人员交叉流动。

(3)资格认证。常见的国外技术经理人资格认证包括:

执业许可专业人士——CLP(Certified License Professional),是美国和加拿大为知识产权许可和商业化专业人士做的专业资格认证。

国际技术转移经理人联盟——ATTP(Alliance of Technology Transfer Professionals),加入 ATTP 必须是国家级机构,目前联盟成员包括美国大学技术经理人协会等十余个外国技术转移机构。

国际注册技术转移经理——RTTP(Registered Technology Transfer Professional),由 ATTP 成员即世界四大技术转移组织北美大学技术经理人协会、英国普雷塞斯技术转移中心、欧盟技术转移经理人协会、澳大利亚知识商品化组织联合认证、考核、颁发证书。

3. 机制创新探讨

(1)优化技术转移人员发展环境。支持和鼓励部属科研院所、高校设置专职从事技术转移工作的创新型岗位。加强技术转移管理人员、技术经纪人、技术经理人等人才队伍建设,畅通职业发展和职称晋升通道,完善激励机制。如北京市在专业技术职称评聘中为参与技术转移、成果转化和产业化的技术经纪人、技术经理人提供一定比例的名额,畅通职称晋升通道。苏州市对科技经纪人促成的成果转让项目和根据企业技术需求开发的成果转让项目,经科技成果转化服务平台审核备案,按不超过技术合同交易额的 1.5% 分段累计方式给予奖励,单个项目奖励最高 10 万元。

(2)多渠道建设技术转移人才队伍。一是,鼓励科研机构中符合条件的科技人员从事技术转化工作,畅通职业发展通道,制定培养与考评标准,建成熟练掌握新科技成果信息、及时了解交通建设需求的高水平、专业化的成果转化人才队伍。二是,通过培训、市场聘任等多种方式建立成果转化职业经理人队伍。三是,与国际技术转移组织联合培养国际化技术转移人才。

(3)支持和鼓励事业单位设置创新型岗位。部属科研院所、高校可根据开展“双创”活动需要,依据人事综合管理部门备案后的岗位设置方案,在专业技术岗位中自主设置创新岗位。现有岗位设置方案难以满足创新工作需求的,可以按规定申请调整岗位设置方案,也可以按规定申请设置特设岗位,不受岗位总量和结构比例限制。创新岗位人选可以通过内部竞聘上岗或者面向社会公开招聘等方式产生。部属科研院所、高校可自主设置流动岗位,不纳入人事综合管理部门备案后的岗位设置方案,用于引进高层次紧缺人才,不与事业单位建立人事关系,其薪酬由双方协商确定。

(4)建立科技成果转化从业人员教育和培训机制。科技成果转化的高质量实施需要依靠专业人才队伍实现。技术转移人才是复合型人才，在其成长过程中，培训与培养是必不可少的。建议依托交通运输部干部管理学院，与高校、科研院所、社会机构等有条件的机构共建交通行业技术转移转化人才培养基地，开展科技咨询、科技创新创业辅导、科技投融资，专利代理、知识产权托管、技术经纪等技术转移专业人才培训，逐步建立一支科学素质高、市场意识强、专业知识精的科技成果转化队伍。

6.2 评估定价机制

1. 形势与要求

要解决科技成果的评估定价问题，关键是建立科技成果的价格形成机制。国家有关规定的要求如下：

(1)《中华人民共和国促进科技成果转化法》。其中第十八条规定“国家设立的研究开发机构、高等院校对其持有的科技成果，可以自主决定转让、许可或者作价投资，但应当通过协议定价、在技术交易市场挂牌交易、拍卖等方式确定价格。通过协议定价的，应当在本单位公示科技成果名称和拟交易价格。”这一规定确定了科技成果市场化定价原则，但未明确科技成果是否需要进行资产评估。

(2)《国务院关于强化实施创新驱动发展战略进一步推进大众创业万众创新深入发展的意见》(国发〔2017〕37 号)。该意见第二部分第(二)条提出“推动科技成果、专利等无形资产价值市场化，促进知识产权、基金、证券、保险等新型服务模式创新发展，依法发挥资产评估的功能作用，简化资产评估备案程序，实现协议定价和挂牌、拍卖定价”。该文件在《中共中央 国务院关于印发〈国家创新驱动发展战略纲要〉的通知》(中发〔2016〕4 号)提出的要素价格市场化形成机制的基础上，提出了依法发挥资产评估的功能作用。为落实国发〔2017〕37 号文，财政部于 2017 年 11 月印发了《关于〈国有资产评估项目备案管理办法〉的补充通知》(财资〔2017〕70 号)，将科技成果资产评估备案工作调整为由主管部门负责。为落实科技成果资产评估备案管理权的下放，教育部办公厅印发了《教育部办公厅关于进一步推动高校落实科技成果转化政策相关事项的通知》(教技厅函〔2017〕139 号)。该通知第 4 条提出“可以由学校技术转移部门开展尽职调查进行价值判断，也可委托专家委员会或具有相应资质的第三方机构对科技成果进行价值评估，作为市场化交易定价的参考依据”。同时，授权部属高校负责科技成果资产评估备案工作。上述文件都强调评估，且都提到备案。按照文件要求，进行了资产评估的，则应进行备案。教育部对于“简化备案”,采取的办法是下放到高校院所负责。这符合《中华人民共和国促进科技成果转化法》第十八条规定的“国家设立的研究开发机构、高等院校对其持有的科技成果,可以自主决定转让、许可或者作价投资”。可以明确的是,资产评估的目的是防止国有无形资产流失,但又要防止因市场化定价周期过长而影响成果转化。

(3)《国务院办公厅关于抓好赋予科研机构和人员更大自主权有关文件贯彻落实工作的通知》(国办发〔2018〕127 号)。该文件第四部分第(三)条提出“请财政部落实《中华人民共和国促进科技成果转化法》,按照对科技成果价值‘通过协议定价、在技术市场挂牌交易、拍卖等方式确定价格’的规定,提出对《国有资产评估管理办法》的修订建议,简化科技成果的国有资产评估程序,缩短评估周期,改进对评估结果的使用方式,研究建立资产评估报告公示制度,同时探索利用市场化机制确定科技成果价值的多种方式。”从该文件规定来看,仍然坚持市场配置资源的决定性作用。成交是目标,评估是手段。

(4)《事业单位国有资产管理暂行办法》。为落实《中华人民共和国促进科技成果转化法》的修订内容,完善科技成果使用、处置、收益管理制度,财政部于 2019 年 3 月 29 日以财政部令第 100 号发布了新修订的《事业单位国有资产管理暂行办法》,明确科技成果转化有关国有资产管理的具体规定,并简化科技成果转化中的资产评估程序。其中,第三十九条第(三)项规定“国家设立的研究开发机构、高等院校将其持有的科技成果转让、许可或者作价投资给国有全资企业的,可以不进行资产评估”;第四十条规定“国家设立的研究开发机构、高等院校将其持有的科技成果转让、许可或者作价投资给非国有全资企业的,由单位自主决定是否进行资产评估”。这两条规定取消了对科技成果资产评估的要求,将科技成果的处置权真正地交给了科研院所、高校。国家及各部委现行政策中关于科技成果定价机制的条款(节选)见表 6.2-1。

国家及各部委现行政策中关于科技成果定价机制的条款(节选) 表 6.2-1

文件名称	条款相关内容
《实施〈中华人民共和国促进科技成果转化法〉若干规定》	●国家设立的研究开发机构、高等院校对其持有的科技成果,应当通过协议定价、在技术交易市场挂牌交易、拍卖等市场化方式确定价格。协议定价的,科技成果持有单位应当在本单位公示科技成果名称和拟交易价格,公示时间不少于 15 日。单位应当明确并公开异议处理程序和办法

续上表

文件名称	条款相关内容
《国务院关于印发国家技术转移体系建设方案的通知》	●健全国有技术类无形资产管理制度，根据科技成果转化特点，优化相关资产评估管理流程，探索通过公示等方式简化备案程序
《国务院关于强化实施创新驱动发展战略进一步推动大众创业万众创新深入发展的意见》	●推动科技成果、专利等无形资产价值市场化，促进知识产权、基金、证券、保险等新型服务模式创新发展，依法发挥资产评估的功能作用，简化资产评估备案程序，实现协议定价和挂牌、拍卖定价
《国务院办公厅关于抓好赋予科研机构和人员更大自主权有关文件贯彻落实工作的通知》	●请财政部落实《中华人民共和国促进科技成果转化法》，按照对科技成果价值"通过协议定价、在技术市场挂牌交易、拍卖等方式确定价格"的规定，提出对《国有资产评估管理办法》的修订建议，简化科技成果的国有资产评估程序，缩短评估周期，改进对评估结果的使用方式，研究建立资产评估报告公示制度，同时探索利用市场化机制确定科技成果价值的多种方式
《教育部办公厅关于进一步推动高校落实科技成果转化政策相关事项的通知》	●高校依法以协议定价、在技术交易市场挂牌交易、拍卖等方式确定科技成果交易价格。高校依据教技〔2016〕3号文精神，要积极推动建立科技成果专业化、市场化定价机制，可以由学校技术转移部门开展尽职调查进行价值判断，也可委托专家委员会或具有相应资质的第三方机构对科技成果进行价值评估，作为市场化交易定价的参考依据
《事业单位国有资产管理暂行办法》	●国家设立的研究开发机构、高等院校将其持有的科技成果转让、许可或者作价投资给国有全资企业的，可以不进行资产评估 ●国家设立的研究开发机构、高等院校将其持有的科技成果转让、许可或者作价投资给非国有全资企业的，由单位自主决定是否进行资产评估

现行政策既肯定了依法发挥资产评估功能作用的价值，又倡导简化资产评估备案程序，符合条件的可不进行资产评估。在政策落实中，既有打通政策衔接，简化科技成果资产评估程序，加速成果转化的案例，也有因无形资产流失等担心，走回评估定价老路上的现象。在办理公司注册登记时，《中华人民共和国公司法》第二十七条规定"对作为出资的非货币财产应当评估作价，核实财产，不得高估或者低估作价。法律、行政法规对评估作价有规定的，从其规定。"根据这一规定，以科技成果作价投资，投资方可以凭协议定价的协议书，或者技术交易市场挂牌交易的交易凭证，或者拍卖人签署的成交确认书，到工商部门办理公司注册登记手续，因处置权下放，也不需要提供主管部门、财政部门的批准文件。上海已经走通了这一程序，即以科技成果作价投资的，可以不出具科技成果的

无形资产评估报告，也不需要出具主管部门的批准文件。另一方面，在实操中也存在从备案要求倒推出必须进行资产评估，将资产评估当成必须委托有评估资质的第三方机构进行价值评估，进而倒推出以评估值定价，导致协议定价变成了评估定价，又回到了评估定价的老路上去的现象。目前，科技成果市场化定价优势还未能有效发挥出来。

2. 机制创新探讨

(1)贯彻落实新修订的《事业单位国有资产管理暂行办法》，下放资产评估决策权。在交通运输部促进科技成果转化办法中贯彻落实2019年修订的《事业单位国有资产管理暂行办法》中关于国有资产管理和资产评估的相关规定。部属科研院所、高校将其持有的科技成果转让、许可或者作价投资给国有全资企业的，可以不进行资产评估。部属科研院所、高校将其持有的科技成果转让、许可或者作价投资给非国有全资企业的，由单位自主决定是否进行资产评估。

如需开展资产评估，具体按《中华人民共和国资产评估法》执行，可由科研院所、高校委托专业评估机构进行无形资产价值评估。但开展资产评估并不等同于科技成果采用评估定价，资产评估与市场定价并不矛盾，应合理应用价值评估值，作为市场化交易定价的参考依据。为落实科技成果资产评估备案管理权的下放，建议交通运输部参考教育部做法，授权部属科研院所、高校负责科技成果资产评估备案工作。若选择不进行资产评估，建议部属科研院所、高校制定科技成果定价内控管理制度，充分的调研、论证、集体决策、公示等环节不可或缺，以保证科技成果定价的公允性。科技成果作价投资形成的国有股权处置或国有股权比例变动等情况，建议仍按相关国有资产评估管理规定执行。

(2)建议研究建立科技成果定价体系。从政策引导方向看，仍然是坚持市场配置资源的决定性作用。成交是目标，评估是手段。技术价格的形成应由供求机制决定，技术的研发成本、第三方评估值、预期收益等只能作为供求双方定价的参考。然而，由于科技成果具有无形资产的独特性，其价值难以准确确定，操作时又缺乏科学合理的评估标准和原则，导致交易价格难以确定，为后期合作方成功转化埋下交易隐患。科研院所、高校形成的科技成果在许可、转让、合资入股过程中如何避免国有资产流失也是科技人员在成果转化中的一大顾虑。因此，建立一套规范的科技成果定价体系，降低评估成本，保证双方的合理利益，有利于科技成果的顺利转化。可将科技成果价值评估，作为市场化交易定价的参考依据。如将无形资产评估值作为协议定价中的出价基础，或将评估值作为在技术交易市场挂牌交易定价的挂牌价、拍卖定价的起拍价。

6.3 收益分配机制

1. 形势与要求

2015年修订的《中华人民共和国促进科技成果转化法》的一个亮点就是对为完成和转化职务科技成果做出重要贡献的人员给予奖励和报酬，以引导和激励科技人员投身于科技成果转化事业，推动经济发展和社会进步。相关的条款规定如下：

第四十三条 国家设立的研究开发机构、高等院校转化科技成果所获得的收入全部留归本单位，在对完成、转化职务科技成果做出重要贡献的人员给予奖励和报酬后，主要用于科学技术研究开发与成果转化等相关工作。

第四十四条 职务科技成果转化后，由科技成果完成单位对完成、转化该项科技成果做出重要贡献的人员给予奖励和报酬。

科技成果完成单位可以规定或者与科技人员约定奖励和报酬的方式、数额和时限。单位制定相关规定，应当充分听取本单位科技人员的意见，并在本单位公开相关规定。

第四十五条 科技成果完成单位未规定、也未与科技人员约定奖励和报酬的方式和数额的，按照下列标准对完成、转化职务科技成果做出重要贡献的人员给予奖励和报酬：

（一）将该项职务科技成果转让、许可给他人实施的，从该项科技成果转让净收入或者许可净收入中提取不低于百分之五十的比例；

（二）利用该项职务科技成果作价投资的，从该项科技成果形成的股份或者出资比例中提取不低于百分之五十的比例；

（三）将该项职务科技成果自行实施或者与他人合作实施的，应当在实施转化成功投产后连续三至五年，每年从实施该项科技成果的营业利润中提取不低于百分之五的比例。

国家设立的研究开发机构、高等院校规定或者与科技人员约定奖励和报酬的方式和数额应当符合前款第一项至第三项规定的标准。

国有企业、事业单位依照本法规定对完成、转化职务科技成果做出重要贡献的人员给予奖励和报酬的支出计入当年本单位工资总额，但不受当年本单位工资总额限制，不纳入本单位工资总额基数。

《中华人民共和国促进科技成果转化法》将科技成果奖励和报酬的最低标准从

20%提高到50%。《国务院关于优化科研管理提升科研绩效若干措施的通知》(国发〔2018〕25号)规定,科研人员获得的职务科技成果转化现金奖励(以下简称“现金奖励”)计入当年本单位绩效工资总量,但不受总量限制,不纳入总量基数。但从绩效工资管理实践来看,很多地方和部门反映,不受绩效工资总量限制的操作办法不具体,接受企业或其他社会组织委托取得的项目是否属于科技成果转化等问题,也给单位发放现金奖励带来困扰,现金奖励政策难以落地。为落实以增加知识价值为导向的收入分配政策,进一步推动科技成果转移转化,2021年2月,人力资源社会保障部、财政部、科技部印发了《关于事业单位科研人员职务科技成果转化现金奖励纳入绩效工资管理有关问题的通知》(人社部发〔2021〕14号),明确了科研人员职务科技成果转化现金奖励纳入绩效工资管理的具体操作办法,界定了单位接受企业或其他社会组织委托取得的项目适用科技成果转化现金奖励政策的范围。2021年8月,国务院办公厅印发《国务院办公厅关于改革完善中央财政科研经费管理的若干意见》(国办发〔2021〕32号),进一步加大科研人员激励力度,提高间接费用比例,对数学等纯理论基础研究项目,间接费用比例可提高到不超过60%。项目承担单位可将间接费用全部用于绩效支出,并向创新绩效突出的团队和个人倾斜;扩大稳定支持科研经费提取奖励经费试点范围;合理核定绩效工资总量,动态调整绩效工资水平;科技成果转化现金奖励不受所在单位绩效工资总量限制,不作为核定下一年度绩效工资基数。国家及各部委现行政策中关于收益分配机制的条款(节选)见表6.3-1。

国家及各部委现行政策中关于收益分配机制的条款(节选)　　表6.3-1

文件名称	条款相关内容
《实施〈中华人民共和国促进科技成果转化法〉若干规定》	●在研究开发和科技成果转化中作出主要贡献的人员,获得奖励的份额不低于奖励总额的50% ●对科技人员在科技成果转化工作中开展技术开发、技术咨询、技术服务等活动给予的奖励,可按照促进科技成果转化法和本规定执行 ●国务院部门、单位和各地方所属研究开发机构、高等院校等事业单位(不含内设机构)正职领导,以及上述事业单位所属具有独立法人资格单位的正职领导,是科技成果的主要完成人或者对科技成果转化作出重要贡献的,可以按照促进科技成果转化法的规定获得现金奖励,原则上不得获取股权激励。其他担任领导职务的科技人员,是科技成果的主要完成人或者对科技成果转化作出重要贡献的,可以按照促进科技成果转化法的规定获得现金、股份或者出资比例等奖励和报酬

续上表

文件名称	条款相关内容
《中共中央办公厅 国务院办公厅印发〈关于实行以增加知识价值为导向分配政策的若干意见〉》	●加大对作出突出贡献科研人员和创新团队的奖励力度，提高科研人员科技成果转化收益分享比例。强化绩效评价与考核，使收入分配与考核评价结果挂钩 ●对于接受企业、其他社会组织委托的横向委托项目，人员经费使用按照合同约定进行管理。技术开发、技术咨询、技术服务等活动的奖酬金提取，按照《中华人民共和国促进科技成果转化法》及《实施〈中华人民共和国促进科技成果转化法〉若干规定》执行；项目合同没有约定人员经费的，由单位自主决定
《人力资源社会保障部 财政部 科技部关于事业单位科研人员职务科技成果转化现金奖励纳入绩效工资管理有关问题的通知》	●职务科技成果转化后，科技成果完成单位按规定对完成、转化该项科技成果作出重要贡献人员给予的现金奖励，计入所在单位绩效工资总量，但不受核定的绩效工资总量限制，不作为人力资源社会保障、财政部门核定单位下一年度绩效工资总量的基数，不作为社会保险缴费基数 ●对于接受企业或其他社会组织委托取得的项目，其中属于科研人员在职务科技成果转化工作中开展技术开发、技术咨询、技术服务等活动的，项目承担单位可根据实际情况，按照《技术合同认定登记管理办法》规定到当地科技主管部门进行技术合同登记，认定登记为技术开发、技术咨询、技术服务合同的，项目承担单位按照促进科技成果转化法等法律法规给予科研人员的现金奖励
《国务院办公厅关于改革完善中央财政科研经费管理的若干意见》	●提高间接费用比例。500 万元以下的部分，间接费用比例为不超过 30%，500 万元至 1000 万元的部分为不超过 25%，1000 万元以上的部分为不超过 20%；对数学等纯理论基础研究项目，间接费用比例进一步提高到不超过 60%。项目承担单位可将间接费用全部用于绩效支出，并向创新绩效突出的团队和个人倾斜 ●加大科技成果转化激励力度。科技成果转化现金奖励计入所在单位绩效工资总量，但不受核定的绩效工资总量限制，不作为核定下一年度绩效工资总量的基数
《交通运输部关于印发促进科技成果转化暂行办法的通知》	●收益分配比例同《中华人民共和国促进科技成果转化法》《实施〈中华人民共和国促进科技成果转化法〉若干规定》规定 ●科技人员面向企业或其他社会组织委托所开展的技术开发、技术咨询、技术服务、技术转让、技术培训等合作活动，应依据合同法和科技成果转化法管理，经费支出按照合同或协议约定执行，净收入中提取不低于 50% 的比例，按照单位制定的科技成果转化奖励和收益分配办法对完成项目的科技人员给予奖励和报酬

续上表

文件名称	条款相关内容
《生态环境部关于促进生态环境科技成果转化的指导意见》	●生态环境部直属单位应制定符合本单位特点、具体可操作的科技成果转化实施细则，并纳入本单位章程或有关规定，保障从事科技成果研发及转化科技人员正当收益。其中，生态环境治理及修复技术成果转化给予奖励和报酬的比例不低于转化净收入的 60%
《水利部印发关于促进科技成果转化的指导意见的通知》	●收益分配比例同《中华人民共和国促进科技成果转化法》《实施〈中华人民共和国促进科技成果转化法〉若干规定》规定
农业部关于印发《农业部深入实施〈中华人民共和国促进科技成果转化法〉若干细则》的通知	●成果转化收益分配应兼顾成果完成人、成果转化人员、专职成果转化机构、研究院所等各方利益，以及相关基础研究和公益性成果研发、转化事业的发展 ●科研院所开展技术开发、技术咨询、技术服务等活动取得的净收入视同成果转化收入 ●收益分配比例同《中华人民共和国促进科技成果转化法》《实施〈中华人民共和国促进科技成果转化法〉若干规定》规定
《教育部 科技部关于加强高等学校科技成果转移转化工作的若干意见》	●收益分配比例同《中华人民共和国促进科技成果转化法》《实施〈中华人民共和国促进科技成果转化法〉若干规定》规定 ●高校科技人员面向企业开展技术开发、技术咨询、技术服务、技术培训等横向合作活动，是高校科技成果转化的重要形式，其管理应依据合同法和科技成果转化法。净收入可按照学校制定的科技成果转移转化奖励和收益分配办法对完成项目的科技人员给予奖励和报酬

地方政府出台的科技成果转移转化政策中，科研人员成果转化收益分配提取比例普遍高于修订后的《中华人民共和国促进科技成果转化法》的 50%，有超过 50% 的省份制定的科技成果转化收益奖励比例为 70% 及以上（图 6.3-1）。广东、江苏、内蒙古等地方出台的促进科技成果转化地方政策中，提出了横向项目结余经费可全部奖励项目组成员，自主分配。

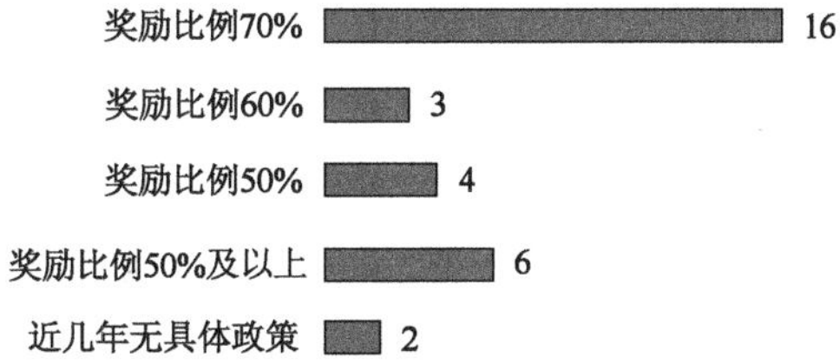

图 6.3-1　对科研人员成果转化收益奖励比例的省（区，市）数量分布图

2. 国外经验借鉴

在研究人员、发明人通过科技成果转化实现收益这一问题上，各国主要都采用提取

一定比例的成果转化收入(如专利许可费)来奖励在完成该项科技成果及其转化中作出重要贡献的人员,具体收益比例以及收益在人员及其所在单位的分配方面则存在较大的差距,主要可分为以下三种情况:

(1)美国、德国与法国国家科研中心规定,有重大贡献的研究人员通过固定的比例从成果转化收入中获得收益,该比例分别为15%、30%与25%,但美国为联邦研发机构人员的年获奖励金额设置了上限15万美元,以控制研究人员的收益过分突出。

(2)韩国设置了奖励比例下限,不低于5%。

(3)日本的大学与英国爱丁堡大学不仅奖励发明人,还同时以固定比例奖励发明人所在院系与大学,日本的比例为扣除40%的中介服务费后按3:3:1分配;爱丁堡大学则以总收益50万英镑为界限,低于界限的比例为5:3:2,高于界限的比例为3.5:3.5:3。

对发明人或有重要贡献研究人员的奖励可有效地刺激其将自主研发的科技成果进行转化,是激发研究人员转化科技成果积极性的重要手段。同时,通过向研究人员所在机构分配收益,有利于机构支持并鼓励员工转化科技成果。

3. 机制创新探讨

科技成果转化的核心与关键是科技人员,科技人员的参与度、积极性发挥、创造潜力释放等,直接关系到成果转化的成败及效果好坏。而科研人员的积极性、创造性发挥与科技成果奖酬金政策的落实力度又紧密相关。实施科学合理的科技成果转化收益分配制度,就是充分尊重科技人员的创造性劳动,使其贡献与收益挂钩,引导和激励科技人员投身到科技成果转化中去,实现名利双收。提高奖酬金比例对激发科研人员积极性有重要的作用,但同时也应认识到,收益分配比例与科技成果转化率之间并非完全的正相关。究其原因,科研人员的积极性是科技成果转化的一个重要影响因素,但并非全部,促进科技成果转化的核心在于,应用性科技项目在立项时就要树立科技成果转化导向。

(1)贯彻落实《人力资源社会保障部 财政部 科技部关于事业单位科研人员职务科技成果转化现金奖励纳入绩效工资管理有关问题的通知》(人社部发〔2021〕14号),对于接受企业或其他社会组织委托取得的项目,其中属于科研人员在职务科技成果转化工作中开展技术开发、技术咨询、技术服务等活动的,按照《技术合同认定登记管理办法》规定到当地科技主管部门进行技术合同登记,认定登记为技术开发、技术咨询、技术服务合同的,项目承担单位按照促进科技成果转化法等法律法规给予科研人员现金奖励。

(2)贯彻落实《人力资源社会保障部 财政部 科技部关于事业单位科研人员职务科技成果转化现金奖励纳入绩效工资管理有关问题的通知》(人社部发〔2021〕14号),职务科技成果转化后，科技成果完成单位按规定对完成、转化该项科技成果作出重要贡献人员给予的现金奖励，计入所在单位绩效工资总量，但不受核定的绩效工资总量限制，不作为人力资源社会保障、财政部门核定单位下一年度绩效工资总量的基数，不作为社会保险缴费基数。

(3)建议加大对交通强国建设有战略意义的重点领域科技成果完成人的奖励力度。新一代信息技术、人工智能、智能制造、新材料、新能源等在交通系统的应用，如智能汽车、自动驾驶、车路协同、智能船舶、新能源船舶、智能高铁、智能道路、智能航运、自动化码头等，是交通强国建设的重要技术支撑，对于这些重点领域的成果转化给予科技人员的奖励和报酬比例建议不低于转化净收入或成果作价投资取得的股权的80%。

(4)建议细化并提高对专利成果转移转化的奖励规定。目前，部属科研院所的专利成果转化率很低，建议在科技成果转化管理办法中细化并提高专利成果转化的奖励，加大对专利发明人的奖励力度，促进专利成果的转化应用。

(5)建议明确科技成果转移转化人员奖酬金提取政策。《中华人民共和国促进科技成果转化法》中并未区分科技成果完成人和对转化科技成果作出重要贡献的人员的收益分配，从法律的落实情况看，不少单位对科技成果转移转化人员并未进行收益奖励。建议部属科研院所、高校进一步完善成果转化收益分配制度，对转化科技成果作出重要贡献的人员可采用明确收益分配比例，或按促成成果转化收益额分档计提奖励等方式。

(6)建议加强对科技成果转化奖酬金政策执行情况的指导和监督。仍有部分单位对基于科技成果转化开展的技术开发、技术咨询、技术服务等活动签订的技术合同，没有按照《中华人民共和国促进科技成果转化法》及其实施规定提取奖酬金。其主要顾虑是政策尺度不好把握、实施不好监管。只有加强政策指导和监督检查，才能督促奖酬金政策落实到位，让科技人员真正得到实惠。

6.4　激励约束机制

《中华人民共和国促进科技成果转化法》第二十条规定"国家设立的研究开发机构、高等院校应当建立符合科技成果转化工作特点的职称评定、岗位管理和考核评价制度，完善收入分配激励约束机制。"《实施〈中华人民共和国促进科技成果转化法〉若干规定》中提出了若干条促进科技成果转化的激励措施；第七条明确允许科研人员兼职及离岗创业，从事科技成果转化活动；第八条提出对担任领导职务的科技人员获得科技成果转化奖励的分类管理；第九条提出鼓励企业建立健全科技成果转化的激励分配机制，充分利用股权出售、股权奖励、股票期权、项目收益分红、岗位分红等方式激励科技人员开展科技成果转化；第十条提出了单位领导的尽职免责条款，解除科技成果转化的“后顾之忧”。

国家层面及许多省份的地方政策中探索了形式多样的成果转化激励约束机制，几个亮点做法包括：转化收益的税收优惠；事前产权激励；允许将成果的处置权下放到团队或个人，成果的完成团队或完成人可在“底价”之上自主处置科技成果；科技成果限期转化；推进科研设施和仪器设备开放共享，允许取得相应租金收益；放宽离岗创业时间等。本研究从个人税收优惠机制、职务科技成果权属混合所有制改革、成果处置权下放、科技成果限期转化、科研设施和仪器设备开放共享以及职称评定及岗位管理改革共六个方面提出创新科技成果转化激励约束机制的建议。

6.4.1 个人税收优惠机制

1.形势与要求

《中华人民共和国促进科技成果转化法》第三十四条规定“国家依照有关税收法律、行政法规规定对科技成果转化活动实行税收优惠。”科技成果转化收入的税收问题一直是科技成果转化过程的难题之一。为扫除科研人员获得科技成果转化收益的税收障碍，国家已发布了现金奖励、股权激励等奖励方式适用的税收优惠政策，详见表6.4-1。

国家及各部委现行政策中关于科技成果转化个人税收优惠的条款（节选） 表6.4-1

文件名称	条款相关内容
《中共中央办公厅 国务院办公厅印发〈关于实行以增加知识价值为导向分配政策的若干意见〉》	●对符合条件的股票期权、股权期权、限制性股票、股权奖励以及科技成果投资入股等实施递延纳税优惠政策，鼓励科研人员创新创业，进一步促进科技成果转化
《财政部 税务总局 科技部关于科技人员取得职务科技成果转化现金奖励有关个人所得税政策的通知》	●依法批准设立的非营利性研究开发机构和高等学校根据《中华人民共和国促进科技成果转化法》规定，从职务科技成果转化收入中给予科技人员的现金奖励，可减按50%计入科技人员当月“工资、薪金所得”，依法缴纳个人所得税 ●科技成果是指专利技术（含国防专利）、计算机软件著作权、集成电路布图设计专有权、植物新品种权、生物医药新品种，以及科技部、财政部、税务总局确定的其他技术成果 ●科技成果转化是指非营利性科研机构和高校向他人转让科技成果或者许可他人使用科技成果。现金奖励是指非营利性科研机构和高校在取得科技成果转化收入三年（36个月）内奖励给科技人员的现金

续上表

文件名称	条款相关内容
《国家税务总局关于科技人员取得职务科技成果转化现金奖励有关个人所得税征管问题的公告》	●明确取得科技成果转化收入的起始计算时间，扣缴个人所得税填报、备案要求等个人所得税征管问题
《财政部　国家税务总局关于完善股权激励和技术入股有关所得税政策的通知》	●企业或个人以技术成果投资入股到境内居民企业，被投资企业支付的对价全部为股票（权）的，企业或个人可选择继续按现行有关税收政策执行，也可选择适用递延纳税优惠政策。选择技术成果投资入股递延纳税政策的，经向主管税务机关备案，投资入股当期可暂不纳税，允许递延至转让股权时，按股权转让收入减去技术成果原值和合理税费后的差额计算缴纳所得税

（1）科技成果转让或许可的个人所得税政策。《关于科技人员取得职务科技成果转化现金奖励有关个人所得税政策的通知》（财税〔2018〕58 号）规定，从职务科技成果转化收入中给予科技人员的现金奖励，可减按 50% 计入科技人员当月“工资、薪金所得”，依法缴纳个人所得税。这一政策扫除了非营利研发机构和高等院校科技人员获得现金奖励的障碍。需要注意的是，财税〔2018〕58 号文只适用于事后科技成果转化收益奖励，即非营利科研机构和高等院校转让或许可职务科技成果，取得现金收入以后，从该收入中提取不低于 50% 的比例，给予为完成、转化该职务科技成果作出重要贡献的人员现金奖励。如果科研人员通过产权激励，获得了科技成果所有权，科研人员转让或许可科技成果所有权取得现金收入，不适用财税〔2018〕58 号文。对于事前国有知识产权所有权奖励，无论科研人员享有科技成果所有权，还是部分所有权，根据《中华人民共和国个人所得税法》规定，科研人员转让或许可其所拥有的科技成果所有权，属于转让财产权所得或财产租赁所得，应当适用的税目是转让财产权所得或财产租赁所得，适用税率是 20%。因而，科技成果通过转让或许可方式转化，科研人员是否获得事前产权激励，个人所得税缴纳额存在差异。以转让或许可转化科技成果的，采取事前产权激励方式，科研人员应缴纳的个人所得税更高些。

（2）以科技成果所有权作价投资的个人所得税政策。高校院所等科研单位以科技成果作价投资，取得股权或出资比例，根据《中华人民共和国促进科技成果转化法》第四十五条规定，应给予科技人员股权奖励。科技人员取得的股权奖励，可适用《财政部　国家税务总局关于促进科技成果转化有关税收政策的通知》(财税字〔1999〕45 号)和《国家税务总局关于促进科技成果转化有关个人所得税问题的通知》(国税发〔1999〕125 号)规定,享受递延纳税优惠,即在取得股权时暂不缴纳个人所得税,在取得现金分红或转让股权时,按取得的现金收入的 20% 缴纳个人所得税。但财税字〔1999〕45 号文和国税发〔1999〕125 号文的适用范围较小,取得股权奖励的科研人员必须是国家设立的高校院所的在编正式职工。

高校院所以事前产权激励方式赋予科技成果所有权,科研人员取得了该成果知识产权部分所有权。该成果作价投资以后,高校院所和科研人员按照该成果所有权的比例享有相应的股权比例。根据《财政部 国家税务总局关于完善股权激励和技术入股有关所得税政策的通知》(财税〔2016〕101 号)第三条规定,科研人员可选择继续按现行有关税收政策执行,也可选择适用递延纳税优惠政策。因而,对于国家设立的高校院所的非在编科研人员,以及不是国家设立的高校院所的科研人员,实行事前产权激励的,可以享受递延纳税优惠政策。

2. 机制创新探讨

建议交通科研院所、高校在单位科技成果转化实施办法中落实财税〔2018〕58 号文等财税部门发布的税收优惠政策。2022 年 5 月发布的《交通运输部促进科技成果转化办法》第二十四条规定"单位可根据有关规定,从科技成果转化收入中给予科技人员的现金奖励,减按 50% 计入科技人员当月'工资、薪金所得',依法缴纳个人所得税。在发放现金奖励时,应当按个人所得税法规定代扣代缴个人所得税,并按规定向税务机关履行备案手续。对符合条件的股票期权、股权期权、限制性股票、股票奖励以及科技成果投资入股等实施递延纳税优惠政策。"

6.4.2　职务科技成果权属混合所有制改革

1. 形势与要求

西南交通大学(简称"西南交大")国家大学科技园 2010 年开始率先探索职务科技成果混合所有制改革工作,把取得专利权的科技成果的职务发明人与学校列为共同专利权人,以知识产权所有权的方式奖励发明人,将"先转化、后确权"改变为"先确权、后转化",以此激励职务科技成果发明人进行科技成果转化。具体做法是西南交大出台政策,明确教师与学校完成的职务科技成果实行混合所有制,学校与职务发明人就专利权的归属和申请专利的权利签订奖励协议，规定或约定按 3:7 的比例共享专利权。职务发明人以团队为单位的，其内部分配比例由团队内部协商确定。学校把知识产权转到国有公司，由公司到国家知识产权局作出有关专利权人的变更，使西南交大的国有公司和职务发明人或团队共同所有业务专利，如果职务发明人愿意将该项职务发明专利评估作价入股，发明人与国有公司对于科技成果享有平等的法律地位。西南交大的职务科技成果混合所有制改革，受到了国家和社会的高度关注。截至 2018 年底，四川省职务科技成果权属混合所有制改革试点单位扩大到 45 个，累计共享确权 400 余项，累计注册成立 60 余家高科技创业公司，带动社会投资 30 亿元。

国务院办公厅于 2018 年 12 月 23 日印发的《关于推广第二批支持创新相关改革举措的通知》（国办发〔2018〕126 号）提出将“以事前产权激励为核心的职务科技成果权属改革”这一改革举措推广至 8 个改革试验区域。赋予科研人员一定比例的职务科技成果所有权，将事后科技成果转化收益奖励，前置为事前国有知识产权所有权奖励，以产权形式作为激发职务发明人从事科技成果转化的重要动力。2020 年 5 月 18 日，科技部等 9 部门印发了《赋予科研人员职务科技成果所有权或长期使用权试点实施方案》，该方案提出分领域选择 40 家高等院校和科研机构，通过 3 年试点，探索建立赋予科研人员职务科技成果所有权或长期使用权的机制和模式，进一步激发科研人员创新积极性，促进科技成果转移转化。

一些地方的科技成果转化政策在科技成果的权属方面已有所突破。《北京市促进科技成果转化条例》第九条规定“政府设立的研发机构、高等院校，可以将其依法取得的职务科技成果的知识产权，以及其他未形成知识产权的职务科技成果的使用、转让、投资等权利，全部或者部分给予科技成果完成人，并同时约定双方科技成果转化收入分配方式。”《广东省人民政府印发关于进一步促进科技创新若干政策措施的通知》中打通科技成果转化“最后一公里”政策措施提出，“试点开展科技成果权属改革，高校、科研机构以市场委托方式取得的横向项目，可约定其成果权属归科技人员所有；对利用财政资金形成的新增职务科技成果，按照有利于提高成果转化效率的原则，高校、科研机构可与科技人员共同申请知识产权，赋予科技人员成果所有权。”湖北、吉林等省份也在促进科技成果转化的地方政策中，提出了事前产权激励举措，鼓励单位与发明人约定发明创造的知识产权归属，赋予科研人员全部或部分知识产权。国家及地方现行政策中关于职务科技成果权属混合所有制改革的条款（节选）见表 6.4-2。

国家及地方现行政策中关于职务科技成果权属混合所有制改革的条款(节选) 表 6.4-2

文件名称	条款相关内容
《中共中央办公厅 国务院办公厅印发〈关于实行以增加知识价值为导向分配政策的若干意见〉》	●对于接受企业、其他社会组织委托的横向委托项目,允许项目承担单位和科研人员通过合同约定知识产权使用权和转化收益,探索赋予科研人员科技成果所有权或长期使用权
《科技部等 9 部门印发〈赋予科研人员职务科技成果所有权或长期使用权试点实施方案〉的通知》	●试点单位可以结合本单位实际,将本单位利用财政性资金形成或接受企业、其他社会组织委托形成的归单位所有的职务科技成果所有权赋予成果完成人(团队),试点单位与成果完成人(团队)成为共同所有权人
《中共四川省委办公厅 四川省人民政府办公厅关于印发〈四川省激励科技人员创新创业十六条政策〉的通知》	●鼓励单位与发明人约定发明创造的知识产权归属,除法律法规另有规定的外,单位可以与发明人约定由双方共同申请和享有专利或相关知识产权
《北京市促进科技成果转化条例》	●政府设立的研发机构、高等院校,可以将其依法取得的职务科技成果的知识产权,以及其他未形成知识产权的职务科技成果的使用、转让、投资等权利,全部或者部分给予科技成果完成人,并同时约定双方科技成果转化收入分配方式
《广东省人民政府印发关于进一步促进科技创新若干政策措施的通知》	●试点开展科技成果权属改革,高校、科研机构以市场委托方式取得的横向项目,可约定其成果权属归科技人员所有;对利用财政资金形成的新增职务科技成果,按照有利于提高成果转化效率的原则,高校、科研机构可与科技人员共同申请知识产权,赋予科技人员成果所有权
《湖北省人民政府关于印发促进高校院所科技成果转化暂行办法的通知》	●授予高校、院所研发团队研发成果的使用权、经营权和处置权
《湖北省关于印发〈湖北省高校院所科技成果转化资产处置与收益分配实施细则〉的通知》	●按照"荣誉权归高校院所,知识产权归属研发团队"的科技成果转化权益分配原则,授予研发团队科技成果知识产权
《吉林省促进科技成果转化股权和分红奖励的若干规定》	●鼓励单位与发明人约定发明创造的知识产权归属。对于利用本单位物质技术条件完成的发明创造,除法律、行政法规另有规定的以外,单位可以与发明人约定由双方共同申请和享有专利权或者相关知识产权,或者由发明人申请并享有专利权或者相关知识产权、单位享有免费实施权

2. 国外经验借鉴

随着时代的变迁,许多国家和地区的一些专门法律或行政条例中有关公共资助研究成果的归属条款都经历了由“归国家所有”到“归项目承担者所有”的转变,为政府、科研机构、产业界三方共同致力于公共资助研究成果的商业运用提供了有效的制度激励,并加快了技术创新成果产业化的步伐。

美国在《拜杜法》制定之前,由政府资助的科研项目产生的专利权一直由政府拥有。政府虽然拥有该发明的权利,但没有动力和能力进行商业化;企业有动力和能力实施商业化,但没有权利。1980 年,《拜杜法》的出台使企业享有联邦资助科研成果的专利权成为可能,从而产生了促进科研成果转化的强大动力。在此之后,世界上许多国家借鉴美国的《拜杜法》,对本国的知识产权法律制度进行了修改和完善。例如,韩国的《技术转移促进法》在 2001 年修订前,规定国立、公立大学和科研机构的科研人员所作出的职务发明归国家或地方政府拥有。2001 年修订后的《技术转让促进法》规定,由国立、公立大学和科研机构建立的技术转移办公室、公司来接受技术转让许可费,从而使国立、公立大学或科研机构获得拥有和使用专利权的权利。

为了鼓励专利发明人进行成果转化的积极性,部分国家还允许将公共资助的研究成果归发明人所有,更加突出了职务发明人的地位和作用。例如,美国的《联邦技术转移法》规定“如果联邦政府机构不对联邦科研成果申请专利,则科研成果的完成人可以申请并拥有科研成果的专利权”;英国的《发明开发法》也规定“公共资助的科研成果不再为政府垄断,而是属于发明机构或发明人”。

3. 机制创新探讨

(1)建议推广以事前产权激励为核心的职务科技成果权属改革经验。职务科技成果混合所有制改革,以产权为纽带,将国有产权、企事业产权和个人产权进行了有效融合,避免科技成果因为闲置而出现国有资产静态流失。同时以产权来激励职务发明人进行科技成果转化,可以极大地调动发明人的积极性。不少地方已实行“事后奖励”+“事前产权激励”并行的科技成果转化激励机制,建议部属科研院所、高等院校推广相关经验措施,进一步调动发明人进行成果转化的积极性。

(2)部属科研院所、高等院校应建立健全职务科技成果赋权的管理制度、工作流程和决策机制,按照科研人员意愿采取转化前赋予职务科技成果所有权(先赋权后转化)或转化后奖励现金、股权(先转化后奖励)的不同激励方式,对同一科技成果转化不进行重复激励。先赋权后转化的,科技成果完成人(团队)应在团队内部协商一致,书面约定内部收益分配比例等事项,指定代表向单位提出赋权申请,试点单位进行审批并在单位内公示,公示期不少于15日。试点单位与科技成果完成人(团队)应签署书面协议,合理约定转化科技成果收益分配比例、转化决策机制、转化费用分担以及知识产权维持费用等,明确转化科技成果各方的权利和义务,并及时办理相应的权属变更等手续。

6.4.3 成果处置权下放

1. 形势与要求

新修订的《中华人民共和国促进科技成果转化法》将科技成果的处置权、收益权和使用权下放到科技成果持有人,即国家设立的科学技术研究开发机构和高等学校有权处置所持有的科技成果,不再需要政府有关部门的审批。这一政策有效推动了科技成果转化的速度和成效。为激励科研人员持续进行研究开发的积极性、主动性,进一步激发科技成果转化活力,国家层面政策探索了赋予科研人员科技成果所有权或长期使用权。在赋予科研人员科技成果长期使用权方面,国家政策呈现了明显放宽适用范围的趋势,《中共中央办公厅 国务院办公厅印发〈关于实行以增加知识价值为导向分配政策的若干意见〉》中首次提出"探索赋予科研人员科技成果所有权或长期使用权",针对的是接受企业、其他社会组织委托的横向委托项目,利用财政性资金形成的科技成果并不适用。2018年7月18日,国务院印发的《关于优化科研管理提升科研绩效若干措施的通知》(国发〔2018〕25号)进一步将试点扩大到"利用财政资金形成的职务科技成果"。随着科技成果赋权改革的进一步深化,2020年科技部等9部门印发《赋予科研人员职务科技成果所有权或长期使用权试点实施方案》,对于赋予科研人员职务科技成果长期使用权,不再有项目类型的限制。该方案提出分领域选择40家高等院校和科研机构开展试点,探索建立赋予科研人员职务科技成果所有权或长期使用权的机制和模式,形成可复制、可推广的经验和做法,试点期为3年,赋权改革进入试点方案实施阶段。2020年10月12日,科技部印发了《赋予科研人员职务科技成果所有权或长期使用权试点单位名单》(国科发区〔2020〕273号),确定了40家单位进行试点。地方层面上,北京、上海、湖北、福建等地方政策在成果处置权下放方面作出了创新突破,允许将成果的处置权下放到团队或个人。国家及地方现行政策中关于成果处置权下放的条款(节选)见表6.4-3。

国家及地方现行政策中关于成果处置权下放的条款（节选）　表6.4-3

文件名称	条款相关内容
《中共中央办公厅 国务院办公厅印发〈关于实行以增加知识价值为导向分配政策的若干意见〉》	●对于接受企业、其他社会组织委托的横向委托项目，允许项目承担单位和科研人员通过合同约定知识产权使用权和转化收益，探索赋予科研人员科技成果所有权或长期使用权
《科技部等9部门印发〈赋予科研人员职务科技成果所有权或长期使用权试点实施方案〉的通知》	●试点单位可赋予科研人员不低于10年的职务科技成果长期使用权 ●科技成果完成人（团队）应向单位申请并提交成果转化实施方案，由其单独或与其他单位共同实施该项科技成果转化
《北京市促进科技成果转化条例》	●政府设立的研发机构、高等院校，可以将其依法取得的职务科技成果的知识产权，以及其他未形成知识产权的职务科技成果的使用、转让、投资等权利，全部或者部分给予科技成果完成人
《上海市人民政府办公厅关于印发〈关于进一步促进科技成果转移转化的实施意见〉的通知》	●高等院校、科研院所可通过签订协议的方式，授予职务科技成果完成团队或个人对该成果的处置权，并协商确定成果转让、许可或作价投资的最低可成交价格。职务科技成果的完成团队或完成人可在最低可成交价格的基础上，通过协议定价或评估定价等市场化方式，确定科技成果转让、许可或投资价格
《湖北省人民政府关于印发促进高校院所科技成果转化暂行办法的通知》	●授予高校、院所研发团队研发成果的使用权、经营权和处置权
《福建省人民政府关于印发福建省进一步促进科技成果转移转化若干规定的通知》	●省属科研机构、高等学校等省级事业单位可通过签订协议的方式，授予科技成果完成团队或个人对该成果的处置权，并协商确定成果转让、许可、合作或作价投资的最低可成交价格。科技成果的完成团队或完成人可在最低可成交价格的基础上，通过协议定价或评估定价等市场化方式，确定科技成果转让、许可或投资价格
《河北省促进高等学校和科研院所科技成果转化暂行办法》	●授予高校、院所研发团队或成果完成人科技成果的使用权、经营权和处置权

2. 机制创新探讨

（1）探索赋予科研团队或个人科技成果处置权。落实《中共中央办公厅 国务院办公厅印发〈关于实行以增加知识价值为导向分配政策的若干意见〉》，对于接受企业、其他社会组织委托的横向委托项目，允许项目承担单位和科研人员通过合同约定知识产权使用权和转化收益，探索赋予科研人员科技成果所有权或长期使用权。落实《科技部等9部门印发〈赋予科研人员职务科技成果所有权或长期使用权试点实施方案〉的通知》，申报试点的单位，可将本单位利用财政性资金形成或接受企业、其他社会组织委托形成的归单位所有的职务科技成果，赋予科研人员不低于10年的职务科技成果长期使用权。科技成果完成人（团队）应向单位申请并提交成果转化实施方案，由其单独或与其他单位共同实施该项科技成果转化。试点单位与科技成果完成人（团队）应签署书面协议，合理约定成果的收益分配等事项，在科研人员履行协议、科技成果转化取得积极进展、收益情况良好的情况下，试点单位可进一步延长科研人员长期使用权期限。

（2）建议推广地方关于科技成果处置权下放的政策创新。科研院所、高校通过签订协议的方式，授予职务科技成果完成团队或个人对该成果的处置权，并协商确定成果转让、许可或作价投资的最低可成交价格。职务科技成果的完成团队或完成人可在最低可成交价格的基础上，通过协议定价或评估定价等市场化方式，确定科技成果转让、许可或投资价格。

6.4.4 科技成果限期转化

1. 形势与要求

利用财政资金形成的职务科技成果的权属归单位所有，《中华人民共和国促进科技成果转化法》中强调“科技成果完成人或者课题负责人，不得阻碍职务科技成果的转化，不得将职务科技成果及其技术资料和数据占为己有，侵犯单位的合法权益。”国家设立的高校院所持有的职务科技成果是国有无形资产，高校院所必须依法处置，这是对国有无形资产的保护，但倘若成果所有单位实施转化的积极性不高，便会造成科技成果浪费的问题。因为，科技成果一般都具有时效性，其价值随着时间的流逝而逐渐降低，直至最后价值消失。这便是科技成果的时效性，即时间价值。科技成果的时滞便是其价值的消耗过程。因此，北京、福建、江苏、四川等地出台的促进科技成果转化地方政策中提出了成果的限期转化条款。地方现行政策中关于科技成果限期转化的条款（节选）见表6.4-4。

地方现行政策中关于科技成果限期转化的条款(节选)　　表 6.4-4

文件名称	条款相关内容
《北京市促进科技成果转化条例》	●单位自职务科技成果在本单位登记后无正当理由超过一年未组织实施转化的,科技成果完成人可以自行投资实施或者与他人合作实施转化,单位应当对科技成果完成人的科技成果转化活动予以支持、配合
《福建省人民政府关于印发福建省进一步促进科技成果转移转化若干规定的通知》	●省级事业单位取得的科技成果一年以上未启动转化的,成果完成人和参加人在不变更职务科技成果权属的前提下,可以根据与成果所有单位的协议进行该项科技成果的转化,并享有协议规定的权益,转化收益的 70% ~90% 归其所有
《安徽省人民政府办公厅关于印发〈安徽省促进科技成果转化实施细则(修订)〉的通知》	●职务发明获得知识产权后,一年内无正当理由未能运用实施的,发明人在不改变权属的前提下,可与单位约定自行运用实施、享有转化收益
《山东省人民政府关于加快科技成果转化提高企业自主创新能力的意见(试行)》	●在鲁高等院校、科研院所职务发明成果一年内未实施转化的,在成果所有权不变更的前提下,成果完成人或团队拥有成果转化处置权,转化收益中至少 70%、最多 95% 归成果完成人或团队所有
《中共陕西省委 陕西省人民政府关于印发〈陕西省促进科技成果转化若干规定(试行)〉的通知》	●科技成果两年内未转化的,采取挂牌交易、拍卖等方式实施转化,将不低于 80% 的转化净收益奖励给成果完成人和为成果转化作出贡献的人员
《内蒙古自治区党委办公厅、自治区人民政府办公厅联合印发〈关于实行以增加知识价值为导向分配政策的实施意见〉的通知》	●财政资金支持形成的科技成果经第三方评估定价有市场需求的,应在两年内转化
《中共江苏省委 江苏省人民政府印发〈关于深化科技体制机制改革推动高质量发展若干政策〉的通知》	●由财政资金支持的科研项目形成的科技成果,具有明确市场应用前景但两年内未转化的,在省技术产权交易市场采取挂牌交易、拍卖等方式实施转化,转让收益 80% 用于奖励研发团队
《四川省人民政府关于印发支持成都高新技术产业开发区创建国家自主创新示范区十条政策的通知》	●一年内未实施转化的职务科技成果,成果完成人或团队拥有成果转化处置权,转化收益中至少 70% 归成果完成人或团队所有

2. 机制创新探讨

建议实施科技成果限期转化政策。取得知识产权的职务发明在单位登记后无正当理由超过一年未实施转化的，科技成果完成人或团队在不变更职务科技成果权属的前提下，可以自行投资实施或者与他人合作实施转化，单位应当对科技成果完成人的科技成果转化活动予以支持、配合。转化收益中至少80%归成果完成人或团队所有。

6.4.5　科研设施和仪器设备开放共享

1. 形势与要求

2014年10月27日，习近平在中央全面深化改革领导小组第六次会议上的讲话中强调“要从健全国家创新体系、提高全社会创新能力的高度，通过深化改革和制度创新，把公共财政投资形成的国家重大科研基础设施和大型科研仪器向社会开放，让它们更好为科技创新服务、为社会服务”。2014年底，国务院印发《关于国家重大科研基础设施和大型科研仪器向社会开放的意见》。近年来，科技部在推动科研设施与仪器开放共享方面开展了大量的工作，加强部门和地方统筹协调，制定一系列政策文件，建立了统一的科研设施与仪器的国家网络管理平台。国务院办公厅于2018年12月23日印发的《关于推广第二批支持创新相关改革举措的通知》(国办发〔2018〕126号)提出将“以授权为基础、市场化方式运营为核心的科研仪器设备开放共享机制”这一改革举措推广至全国实行。在不改变所有权前提下，科研仪器设备所有方与专业服务机构协议约定服务价格，或约定服务收入分配比例，授权专业服务机构对科研仪器设备进行市场化运营管理，提高科研仪器设备使用效率(免税进口的科研仪器设备按有关政策规定执行)。北京、河北、江苏等地也进行了科研设备与仪器共享市场化机制的政策探索。国家及地方现行政策中关于科研设施和仪器设备开放共享的条款(节选)见表6.4-5。

国家及地方现行政策中关于科研设施和仪器设备开放共享的条款(节选)　表6.4-5

文件名称	条款相关内容
《教育部 科技部关于加强高等学校科技成果转移转化工作的若干意见》	●加快推进高校科研设施与仪器在保障本校教学科研基本需求的前提下向其他高校、科研院所、企业、社会研发组织等社会用户开放共享 ●科研设施和仪器设备有偿开放的，严格按国家工商、价格管理等规定办理，收入、支出纳入学校财务统一管理

续上表

文件名称	条款相关内容
《交通运输部关于印发促进科技成果转化暂行办法的通知》	● 盘活闲置的仪器设备、装备、办公用房等资源，为科技成果转化提供便利条件
《中国科学院促进科技成果转移转化专项行动实施方案》	●继续完善“大型仪器区域中心”和“所级公共技术服务中心”两级支撑体系，加大向产业部门的开放力度。打破所与所之间“围墙”，不断提升仪器、设施性能，推动跨所共享的仪器和设施联用，帮助用户共同解决重大产业技术问题
《北京市人民政府办公厅关于印发加快推进高等学校科技成果转化和科技协同创新若干意见(试行)的通知》	● 在满足正常教学科研需要的前提下，探索将高等学校重大仪器设备以租赁费、使用费等方式入股科技型企业等新模式
《北京市人民政府办公厅关于印发〈加快推进科研机构科技成果转化和产业化的若干意见(试行)〉的通知》	●鼓励科研机构将仪器设备、科学数据、科技文献等科技资源向社会开放，根据开放的科技资源量及市场评价的服务业绩给予后补助支持
《河北省促进高等学校和科研院所科技成果转化暂行办法》	● 鼓励高校、院所采用市场机制，向社会开放科研基础设施和大型科学仪器设备等公共科技资源，省级财政科技资金按出租仪器设备年收入的20%给予拥有单位补贴，最高不超过80万元
《湖南省人民政府办公厅关于印发〈湖南省促进高等院校科研院所科技成果转化实施办法〉的通知》	●鼓励高等院校和科研院所采用市场机制，向企业开放科研基础设施和大型科学仪器设备、自然科技资源、科学数据、科技文献、科技报告等公共科技资源
《中共江苏省委 江苏省人民政府印发〈关于深化科技体制机制改革推动高质量发展若干政策〉的通知》	●推进大型科学仪器等科技公共资源开放共享。事业单位性质的资源管理单位提供开放共享获取的服务收入可作为实施绩效工资的经费来源

2. 机制创新探讨

完善科研仪器、设施开放共享共用激励机制。加快推进部属科研院所、高校科研设施与仪器在保障本单位科研基本需求，不改变所有权的前提下，向其他科研院所、高校、科技企业等社会用户开放共享,提高科研仪器设备使用效率。科研设施与仪器有偿开放的,可由单位自行管理,也可授权专业服务机构对科研仪器设备进行市场化运营管理,收入、支出纳入单位财务统一管理,用于支持、奖励科技成果转化。建议探索将科研院所、高校科研设施与仪器以租赁费、使用费等方式入股科技型企业等新模式。

6.4.6 职称评定及岗位管理改革

1. 形势与要求

在科技创新体系改革中,建立以科技创新质量、贡献、绩效为导向的科研人员分类评价体系是其中一项重要内容,因为职称评定、岗位管理中对科技成果转化绩效考虑得多少,会影响科研人员进行成果转化的积极性。国家层面关于人才评价的政策要求,在"6.5 绩效评价机制"小节中将有论述,此处不再赘述。多项地方政策中原则性地提出,建立符合科技成果转移转化特点的岗位管理、考核评价和奖励制度;对在技术转移、科技成果转化中贡献突出、取得重大社会经济效益的,可破格晋升相关专业技术职称;在职称评审中,将科技成果转化业绩与论文、纵向课题指标同等对待等,但仍需出台具体实操层面的实施细则,方能落地。地方现行政策中关于职称评定及岗位管理改革的条款(节选)见表6.4-6。

地方现行政策中关于职称评定及岗位管理改革的条款(节选)　　表6.4-6

文件名称	条款相关内容
《北京市人民政府办公厅关于印发〈加快推进科研机构科技成果转化和产业化的若干意见(试行)〉的通知》	●科研机构中从事科技成果转化和产业化的科研人员可以列入中关村国家自主创新示范区高端领军人才专业技术资格评价试点范围,评价合格人员可以获得高级工程师(教授级)专业技术资格
《湖北省人民政府关于印发促进高校院所科技成果转化暂行办法的通知》	● 高校、院所高级技术职称评聘,参与技术转移、科技成果转化的科技人员必须占有一定比例
《福建省人民政府关于印发福建省进一步促进科技成果转移转化若干规定的通知》	● 完善科技人员职称评审政策,将专利创造、标准制定及成果转移转化等作为职称评审的重要依据。科技人员参与职称评审与岗位考核时,发明专利转化应用情况与论文指标,技术转让成交额与纵向课题指标均应同等对待

续上表

文件名称	条款相关内容
《广东省人民政府关于加快科技创新的若干政策意见》	● 将专利创造、标准制定及成果转化作为职称评审的重要依据之一。科技人员参与职称评审与岗位考核时,发明专利转化应用情况与论文指标要求同等对待,技术转让成交额与纵向课题指标要求同等对待
《内蒙古自治区党委办公厅 自治区人民政府办公厅印发〈关于实行以增加知识价值为导向分配政策的实施意见〉的通知》	●注重考核专业技术人员履行岗位职责的工作绩效、创新成果,增加技术创新、专利发明、成果转化、技术推广、标准制定以及理论创新、决策咨询支撑、社会影响等评价指标的权重,将科技成果取得的经济效益和社会效益作为职称评审的重要依据
《中共四川省委办公厅 四川省人民政府办公厅关于印发〈四川省激励科技人员创新创业十六条政策〉的通知》	● 科技人员的职称评审与考核中,主持研发的科技成果技术转让成交额、承担横向科研项目获得的经费、创办企业所缴纳的税收和创业所得捐赠给原单位的资金等视同纵向项目经费,发明专利转化应用情况与论文指标要求同等对待

2. 机制创新探讨

建议设立有利于促进科技成果转化的人才评价指标、职称评定标准。对于从事应用性研究的科技人员,将科技成果转化业绩、专利转化应用情况与论文、纵向课题指标同等对待,增加科技成果转化业绩、专利发明、标准制定、技术推广、社会和经济影响等评价指标的权重,不将项目获奖、论文、外语、计算机水平作为职称评审的限制性条件。对于技术转移管理人员、技术经纪人、技术经理人等专业从事成果转化的人员,畅通其职业发展和职称晋升通道,明确技术职称管理规定。在人才评价的基础上,还可通过对科技成果转化绩效优秀的科技人员给予额外奖励、配套科研经费、课题申报适度优先等激励措施,加大对科研人员的激励力度。

6.5　绩效评价机制

1. 形势与要求

《中华人民共和国促进科技成果转化法》第二十条规定“研究开发机构、高等院校的主管部门以及财政、科学技术等相关行政部门应当建立有利于促进科技成果转化的绩效考核评价体系,将科技成果转化情况作为对相关单位及人员评价、科研资金支持的重要内容和依据之一,并对科技成果转化绩效突出的相关单位及人员加大科研资金支持。国家设立的研究开发机构、高等院校应当建立符合科技成果转化工作特点的职称评定、岗位管理和考核评价制度,完善收入分配激励约束机制。"《中华人民共和国促进科技成果转化法》及其实施规定对成果转化绩效评价的实施作出了以下规定:一是科研院所、高校应当向其主管部门提交科技成果转化情况年度报告;二是主管部门应对科研院所、高校的科技成果转化绩效作出评价。国家及各部委现行政策中关于科技成果转化绩效评价的条款(节选)见表6.5-1。

国家及各部委现行政策中关于科技成果转化绩效评价的条款(节选)　　表6.5-1

文件名称	条款相关内容
《国务院关于印发国家技术转移体系建设方案的通知》	●推动高校、科研院所完善科研人员分类评价制度,建立以科技创新质量、贡献、绩效为导向的分类评价体系。对主要从事应用研究、技术开发、成果转化工作的科研人员,加大成果转化、技术推广、技术服务等评价指标的权重,把科技成果转化对经济社会发展的贡献作为科研人员职务晋升、职称评审、绩效考核等的重要依据,不将论文作为评价的限制性条件
《中共中央办公厅 国务院办公厅印发〈关于深化项目评审、人才评价、机构评估改革的意见〉》	●改进科技人才评价方式: 科学设立人才评价指标。突出品德、能力、业绩导向,克服唯论文、唯职称、唯学历、唯奖项倾向,推行代表作评价制度,注重标志性成果的质量、贡献、影响。把学科领域活跃度和影响力、重要学术组织或期刊任职、研发成果原创性、成果转化效益、科技服务满意度等作为重要评价指标 树立正确的人才评价使用导向。强化用人单位人才评价主体地位。坚持评用结合,支持用人单位健全科技人才评价组织管理,根据单位实际建立人才分类评价指标体系。按照深化职称制度改革方向要求,分类完善职称评价标准,不将论文、外语、专利、计算机水平作为应用型人才、基层一线人才职称评审的限制性条件 ●完善科研机构评估制度: 建立中长期绩效评价制度。根据科研机构从事的科研活动类型,分类建立相应的评价指标和评价方式。以5年为评价周期,对科研事业单位开展综合评价,涵盖职责定位、科技产出、创新效益等方面
《国务院办公厅关于完善科技成果评价机制的指导意见》	●坚决破解科技成果评价中的"唯论文、唯职称、唯学历、唯奖项"问题。不得把成果完成人的职称、学历、头衔、获奖情况、行政职务、承担科研项目数量等作为科技成果评价、科研项目绩效评价和人才计划评审的参考依据

续上表

文 件 名 称	条款相关内容
《中共中央办公厅 国务院办公厅印发〈关于分类推进人才评价机制改革的指导意见〉》	●改革科技人才评价制度。对主要从事基础研究的人才，着重评价其提出和解决重大科学问题的原创能力、成果的科学价值、学术水平和影响等。对主要从事应用研究和技术开发的人才，着重评价其技术创新与集成能力、取得的自主知识产权和重大技术突破、成果转化、对产业发展的实际贡献等。对从事社会公益研究、科技管理服务和实验技术的人才，重在评价考核工作绩效，引导其提高服务水平和技术支持能力
《中共中央办公厅 国务院办公厅关于深化职称制度改革的意见》	●突出评价专业技术人才的业绩水平和实际贡献。注重考核专业技术人才履行岗位职责的工作绩效、创新成果，增加技术创新、专利、成果转化、技术推广、标准制定、决策咨询、公共服务等评价指标的权重，将科研成果取得的经济效益和社会效益作为职称评审的重要内容
《生态环境部关于促进生态环境科技成果转化的指导意见》	● 推动将科技成果转化纳入生态环境科研项目考核指标及验收，并在项目验收后对成果应用情况不定期进行现场抽查和后评估，对产业化应用前景较好的生态环境污染防治与修复类成果予以进一步支持

2. 国外经验借鉴

日本评价科技成果转化的整体情况主要依据两大指标：工业产权使用费国际收支和专利利用率。工业产权使用费包括发明、实用新型、工业品外观设计等专利授权、实施等产生的费用，包括专利技术指导和咨询的费用。统计口径包括日本申请及使用的全部专利情况。企业和科研机构一方面通过对外转让专利获得一定收入，一方面又通过购买专利获得先进技术。和贸易统计类似，其国际收支的总额反映了日本全社会在科研成果转化和引进领域的活跃程度。日本近年来工业产权收入不断增加，2018 年达到了历史最高峰 3.5 万亿日元，反映了日本社会近些年对科技成果转化的重视和取得的成效。

专利利用率（科技成果转化率）是直接反映科研成果转化的指标，其计算公式为：

$$专利利用率 = 专利使用件数 \div 专利持有件数$$

专利使用件数包括自由专利的实施和向他人的使用授权件数。该指标数据是基于分层抽样调查统计而得的，类似于我国的知识产权交易率，也可以近似地认为是通常意义上的科技成果转化率。日本近年来专利利用率保持稳定水平，平均维持在 50% 左右，考虑未转化部分有约 30% 为防御型专利，日本科技成果转化总体保持较高水平。

日本除了通过专利利用率等对整体科技成果转化情况进行评估外，还针对不同专利持有主体，形成了不同的测度和评价方法。对大学和科研院所科技成果转化情况的主要评价指标有大学或科研机构本身的专利实施的件数与收入情况、企业联合研发或受企业委托研发的件数及相应收入，以及从民间获得研发经费的情况。日本《第五期科学技术基本计划》提出目标：至2020年，大学、科研机构与企业联合研发金额及专利授权使用件数要实现50%增幅。因此，相较于绝对数量的评价标准，日本大学及科研院所的科技成果转化更多的是关注同期比较情况。为与美国进行比较，日本在评价科技成果转化成效时也关注专利申请件数、专利授权件数、新增许可件数、专利许可收入、发明产品化率、校办创投企业数等指标。

3. 机制创新探讨

科技成果转化绩效评价包括两个维度，一是交通运输行业主管部门及科技主管部门对所属科研院所、高校科技成果转化总体情况的绩效评价。科研院所、高校也可利用该绩效评价体系进行自评。评价结果作为对相关单位评价、科研资金支持的重要内容和依据之一，并对科技成果转化绩效突出的相关单位加大科研资金支持。二是对科研人员科技成果转化绩效的评价。评价结果作为科研人员职称评定、岗位管理、科研资金支持、收入分配激励的重要内容和依据之一。

（1）科研单位科技成果转化绩效评价。建议基于科技成果转化年度报告，建立符合“投入—过程—产出—效果”逻辑的科技成果转化绩效评价体系，进行定性评价和定量评价。然后根据评价结果加权计分，得出绩效评价总得分。

定性评价，包括技术转移机构、技术转移人才、科技成果转化制度及其执行、科技成果转化流程、科技人员兼职与离岗创新创业的制度制定与执行、科技成果转化奖励与报酬发放情况及其效果、典型案例等。可由交通运输部组织考核组，依据所属科研院所、高校提交的年度报告进行打分、作出评价，或者由科研院所、高校负责人进行答辩，由考核组作出评价。

定量评价，就是依据科技成果转化相关数据设计评价指标，对指标赋予不同的权重，进行量化评价。评价指标包括专利申请件数、专利授权件数，新增许可件数、专利许可收入，发明产品化率，以转让、许可、作价投资转化科技成果的项目数及总收入，签订技术开发、技术咨询、技术服务合同数及合同金额，产学研合作的机构数，兼职科技人员数，离岗创新创业人员数，创设新公司及参股新公司数，成果转化取得的现金总收入，成果转化取得的股权总数等。

在定量评价指标选取中，“科技成果转化率”是经常提到的一个反映科技成果转化情况的指标。科技成果转化率越高，表示转化情况越好，转化水平越高；转化率越低则表

示转化情况越差,转化水平越低。这个指标可以表示为:

科技成果转化率 = 已转化科技成果数 ÷ 应转化科技成果数

目前有关科技成果转化率能查到的相关人员的提法有两处:一是,2013 年 12 月,国家发展改革委副主任张晓强在“中国经济年会”上透露,中国的科技成果转化率仅为 10% 左右,远低于发达国家 40% 的水平;二是,2020 年 12 月,中国工业经济联合会会长、工信部原部长李毅中出席“2020 凤凰网财经峰会”并发表演讲,李毅中表示,我国的科技成果很多但是转化率不高,最高在 30% 左右,发达国家是 60% ~70% 。

科技成果转化率一直没有统一的计算口径。对于成果的界定也有待明确,如论文是否算是成果,同一个项目产出的专利不同,如何计算成果转化率的问题等。从知识产权局来看,成果转化率就是知识产权交易率。知识产权局在统计科技成果转化率时,一般采用抽样调查的方法。有研究认为,根据国内实际使用“科技成果转化率”的情况,参考美国政府评估机构的相关报告,将科技成果限定为发明专利是一个较为常用的、合理的、可得的口径,即以专利转化率指代科技成果转化率。中国科技成果转化率约为 6% ,而美国科技成果转化率约为 50% 。

在实际应用中,建议谨慎使用科技成果转化率指标。一是,由于科研活动的特殊性,“科技成果”概念的边界并不清晰,“已转化科技成果数”“应转化科技成果数”不仅难以统计,即使统计出来了,也不能保证统计口径一致。二是,科技成果转化率以成果管理为基础,使得其通常只能以成果数量作为统计评估的主要方式,而难以采取以成本收益为主要特征的市场化评价方式。三是,现行的科技成果统计方式,忽视了科研院所、高校中普遍存在且占比较高的以技术开发、技术咨询和技术服务为内容的横向研发活动,存在科技成果转化率低估的问题。

定性评价结果和定量评价结果的加权得分,就是该科研院所、高校科技成果转化绩效评价的总得分。根据评价标准,给出优秀、良好、合格或不合格的结论,也可将行业内科研单位的分值进行排序,以便各科研单位衡量自身科技成果转化工作在同类机构中的位置。

在对科研单位的综合绩效考评中,也应将科技成果转化情况纳入考虑。科技成果转化绩效的评价结果占多大的权重,主要取决于科研单位的功能定位:对于以基础研究为主的科研院所、研究型高校、教学型高校,应以知识创造为主,科技成果转化为辅,科技成果转化绩效的权重可以小些;对于以应用研究为主的科研院所和高校,科技成果转化绩效的权重应该适当加大。

(2)科研人员科技成果转化绩效评价。绩效评价是一根指挥棒,严重影响着科技人员的价值取向和行为方式,特别是在职称评审中的评审导向更是如此。目前,我国科研院所在评价科研人员时,仍主要采取以发表论文的数量及其影响因子、申请专利情况、获得科学技术奖励等情况为指标。这样的评价指标体系势必引导科研人员多申报课题、多发表论文、多申请专利,其后果必然会忽视科研质量和贡献,易滋生学术不端行为。为切实提升科技成果水平,促进成果转化,为产业发展提供更多动能,国家发布了多个关于人才发展体制机制的文件,释放人才创新活力。

建议进一步应落实《中共中央办公厅 国务院办公厅印发〈关于深化项目评审、人才评价、机构评估改革的意见〉》要求,科学设立人才评价指标。突出品德、能力、业绩导向,克服唯论文、唯职称、唯学历、唯奖项倾向,推行代表作评价制度,注重标志性成果的质量、贡献、影响。把学科领域活跃度和影响力、重要学术组织或期刊任职、研发成果原创性、成果转化效益、科技服务满意度等作为重要评价指标。按照深化职称制度改革方向要求,建议分类完善职称评价标准,将科技成果转化业绩作为应用型人才职称评定、岗位管理的重要依据,与学术论文、论著、知识产权同等对待,适当放宽学术论文、论著的要求标准。

6.6 融资和基金机制

1. 形势与要求

《中华人民共和国促进科技成果转化法》第四条规定"国家对科技成果转化合理安排财政资金投入,引导社会资金投入,推动科技成果转化资金投入的多元化。"第三十三条规定"科技成果转化财政经费,主要用于科技成果转化的引导资金、贷款贴息、补助资金和风险投资以及其他促进科技成果转化的资金用途。"第三十七条规定"国家完善多层次资本市场,支持企业通过股权交易、依法发行股票和债券等直接融资方式为科技成果转化项目进行融资。"第三十八条规定"国家鼓励创业投资机构投资科技成果转化项目。国家设立的创业投资引导基金,应当引导和支持创业投资机构投资初创期科技型中小企业。"第三十九条规定"国家鼓励设立科技成果转化基金或者风险基金,其资金来源由国家、地方、企业、事业单位以及其他组织或者个人提供,用于支持高投入、高风险、高产出的科技成果的转化,加速重大科技成果的产业化。"国家及各部委现行政策中关于科技成果转化融资和基金机制的条款(节选)见表6.6-1。

国家及各部委现行政策中关于科技成果转化融资和基金机制的条款(节选)　表 6.6-1

文件名称	条款相关内容
《中华人民共和国科学技术进步法(2021 年修订)》	● 国家鼓励金融机构开展知识产权质押融资业务,鼓励和引导金融机构在信贷、投资等方面支持科学技术应用和高新技术产业发展,鼓励保险机构根据高新技术产业发展的需要开发保险品种,促进新技术应用
《促进科技成果转移转化行动方案》	● 拓宽科技成果转化资金市场化供给渠道。大力发展创业投资,培育发展天使投资人和创投机构,支持初创期科技企业和科技成果转化项目。利用众筹等互联网金融平台,为小微企业转移转化科技成果拓展融资渠道。支持符合条件的创新创业企业通过发行债券、资产证券化等方式进行融资。支持银行探索股权投资与信贷投放相结合的模式,为科技成果转移转化提供组合金融服务
《国务院关于印发国家技术转移体系建设方案的通知》	● 完善多元化投融资服务。国家和地方科技成果转化引导基金通过设立创业投资子基金、贷款风险补偿等方式,引导社会资本加大对技术转移早期项目和科技型中小微企业的投融资支持。开展知识产权证券化融资试点,鼓励商业银行开展知识产权质押贷款业务
《中共中央国务院关于构建更加完善的要素市场化配置体制机制的意见》	● 促进技术要素与资本要素融合发展。积极探索通过天使投资、创业投资、知识产权证券化、科技保险等方式推动科技成果资本化。鼓励商业银行采用知识产权质押、预期收益质押等融资方式,为促进技术转移转化提供更多金融产品服务
《国家发展改革委 科技部关于深入推进全面创新改革工作的通知》	●构建高效运行的科研体系。主要包括:鼓励社会以捐赠和建立基金等方式多渠道投入基础研究,落实科研经费"放管服"改革
《中国科学院 科学技术部关于印发〈中国科学院关于新时期加快促进科技成果转移转化指导意见〉的通知》	● 院设立"科技成果转移转化重点专项资金"和"科技成果转化引导基金",统筹院内相关资源,采取多种方式,支持和引导院属单位探索科技成果转移转化的创新方式

为贯彻落实《国家中长期科学和技术发展规划纲要》,加速推动科技成果转化与应用,引导社会力量和地方政府加大科技成果转化投入,科技部、财政部设立国家科技成果转化引导基金(以下简称"转化基金"),充分发挥财政资金的杠杆和引导作用,创新财政科技投入方式,带动金融资本和民间投资向科技成果转化集聚,进一步完善多元化、多层次、多渠道的科技投融资体系。转化基金遵循"引导性、间接性、非营利性、市场化"原则,主要用于支持转化利用财政资金形成的科技成果,包括中央财政科技计划、地方科技

计划及其他由事业单位产生的新技术、新产品、新工艺、新材料、新装置及其系统等。转化基金的资金来源为中央财政拨款和社会捐赠。转化基金通过设立创业投资子基金的方式支持科技成果转化。设立创业投资子基金是指转化基金与符合条件的投资机构共同发起设立创业投资子基金,为转化科技成果的企业提供股权投资。子基金重点支持转化应用科技成果的种子期、初创期、成长期的科技型中小企业。国家科技风险开发事业中心为国家科技成果转化引导基金的受托管理机构,负责转化基金日常的管理工作以及理事会秘书处的工作。中国科学院为支持和促进中科院体系内科技成果转化工作,设立了中国科学院科技成果转化母基金,母基金以解决我国核心技术领域"卡脖子"问题为己任,以"母基金 + 直投"结合的方式投资,主要投向战略新兴产业及关键"卡脖子"技术的"硬科技""绿科技"领域,以"科技 + 金融"为纽带,搭建面向全国的科技成果转化的平台和投资体系。

知识产权证券化是基于供应链金融、融资租赁、信托等金融形式,以与知识产权质押融资完全不同的形态批量满足科技型中小企业融资需求的金融操作。2017 年,国务院印发的《国家技术转移体系建设方案》提出开展知识产权证券化融资试点,加之国家知识产权局一直推动的知识产权质押融资和保险业务迅速发展,我国知识产权证券化工作开始破冰。2018 年 12 月,"奇艺世纪知识产权供应链金融资产支持专项计划"和"第一创业—文科租赁一期资产支持专项计划"分别在上海证券交易所、深圳证券交易所获批,实现了我国知识产权证券化零的突破。

2. 国外经验借鉴

世界许多国家针对成果转化的经费保障也有所规定,但形式各不相同,总结起来有以下若干种形式:

(1)要求政府机构从研发预算中提取一定比例用于技术转移,如美国要求政府机构从研发预算中提取 0.5% 用于技术转移。

(2)要求设立技术转移专项基金或计划支持转移转化活动,如日本、法国的相关立法中都有类似规定。

(3)通过立法成立开展技术转移工作的专门机构,并由政府出资,如日本《科学技术振兴事业法》规定成立科学技术振兴事业团,面向各类机构开展技术转移工作。

(4)规定政府为设立技术转移部门的机构提供专项资金支持,如韩国《技术转移促进法》规定政府对设立了技术转移办公室的研究机构和大学提供其活动所需的资源。

知识产权证券化对于建设多层次金融市场、发展自主知识产权具有重要意义,其在国外发展得较早,世界范围内最早的一例知识产权证券化实践是音乐版权证券化,即“鲍伊债券”。在美国知识产权证券化发展历程中,“鲍伊债券”具有里程碑意义,是第一个知识产权证券化交易案例。1997 年 1 月,由于短时间内缺少流动资金,美国著名摇滚歌星戴维·鲍伊(David Bowie)通过在美国金融市场出售其音乐作品的版权债券,向社会公众公开发行了为期 10 年、利率为 7.9% 的债券,为自己的音乐发展之路募集资金 5500 万美元,金融界称之为“鲍伊债券”。其采取私募发行方式,由保德信证券投资信托公司全额认购。“鲍伊证券”的发行具有开创性的意义,把传统资产证券化局限于抵押住房贷款、汽车按揭贷款、信用卡贷款、应收账款等方面的应用向前推进了一大步,首次将知识产权纳入证券化范畴,开启了知识产权证券化新纪元。

如今,美国知识产权证券化基础资产范围已扩展至电影、演艺、休闲娱乐、电子游戏及主题公园等与文化产业息息相关的知识产权,以及医药科技产品的专利、时装品牌、半导体芯片技术,甚至与专利有关的诉讼胜诉费用都可纳为知识产权证券化的基础资产。据美国知识产权评估认证中心统计,1997 至 2010 年,美国通过知识产权证券化进行融资的成交金额就高达 420 亿美元,年均增长幅度超过 12%。

日本是亚洲最早发展知识产权证券化的国家。斯卡拉(Scalar)证券化产品是日本首个专利证券化实例。Scalar 是日本一家研发光学镜片的公司。2003 年,该公司将其 4 件光学专利许可给松下电器公司。之后,松下电器公司再将该专利权转移给证券化的特殊目的机构(Special Purpose Vehicle,SPV),由 SPV 以前述专利权利金作担保发行债券筹资。Scalar 经由证券化许可所得的资金为 20 亿日元。日本在知识产权证券化的制度建设上与美国存在较大差异。美国知识产权证券化大都集中于大型高新技术企业,以加快知识产权成果转化速率,尽快收回研发成本,加速资本周转。日本开展知识产权证券化的主要目的在于解决创新型企业及中小企业融资难的问题,满足其以自身知识产权作为基础资产进行融资的需求,同时将金融机构的贷款风险通过市场化手段向不特定多数的投资者分散。日本的知识产权证券化大都采用私募的方式,向投资者或大型投资机构发行,证券的流动性便相应较弱。

3. 机制创新探讨

(1)设立行业科技成果转化引导基金。建议设立行业科技成果转化引导基金,深度培育科技成果,引导和支持科技成果的转移转化。转化基金可用于二次开发再创新、集成创新应用、工程应用示范、产业产品孵化、“四新”技术引进与推广,以及新技术和产品的市场化技术标准制定等科技成果转移转化工作。另一方面,拓宽科技成果转化资金市场化供给渠道，发挥政府和行业引导基金作用，吸收社会资本，充分撬动天使投资基金、创业投资基金等社会资本全面支持科技创新活动，构建多渠道、多层次的科技金融投资体系，多渠道为交通科技成果转化和科技型企业发展提供融资服务，加速推动交通行业科技成果转化。

（2）探索多元化融资渠道。支持符合条件的创新创业企业通过发行债券、资产证券化等方式进行融资。依托知识产权和科技成果产权交易平台，探索知识产权证券化融资。鼓励科技创新企业与银行探索组合金融服务，如股权投资与信贷投放相结合的模式。

（3）创新科技金融支撑平台。将金融服务机构纳入行业科技成果转化服务平台，形成科技信息发布、科技成果交易、科技投融资、科技咨询服务等科技成果交易与融资服务功能，加强资金链与创新链的对接，建立健全科技金融支撑服务体系。建立交通行业科技型企业信用体系，运用“互联网+”技术构建企业大数据信用平台，建立健全科技金融风控体系。

CHAPTER SEVEN

第7章

促进交通运输科技成果转化工作趋势分析

7.1　行业主管部门促进科技成果转化工作建议

1. 转变政府职能，强化政府引导作用

行业主管部门需加快在科技成果转化过程中的职能转变，推进简政放权、放管结合、优化服务，强化政府在科技成果转移转化政策制定、平台建设、人才培养、公共服务等方面的职能，给予科研院所、高校宽松的政策支持，发挥财政资金引导作用，营造有利于科技成果转移转化的良好环境。

2. 开展交通科技成果转化试点示范

参考国家、地方科技成果转移转化试验示范区创建经验，在交通运输行业，以创新资源集聚、工作基础好的地区或单位为试点，汇聚成果、人才、资本、服务等创新要素，创建一批科技成果转化示范区或示范单位，先行开展科技成果转化新机制的探索，形成可复制、可推广的工作经验与模式。

3. 编制发布促进交通运输科技成果转化的专项实施方案

做好交通科技成果转化体系建设的顶层设计，具体部署成果转移转化平台建设、产学研合作、科技成果评估及管理、科技成果转化专业人才队伍建设等方面的工作，增强工作的系统性、计划性。

结合科技成果转化机制研究建议及其他行业、地区成果转化的经验举措，提出了一些行业主管部门推动科技成果转化的成熟度较高、可操作性强的具体工作建议，详见表7.1-1。

行业主管部门推动交通运输科技成果转化的工作建议　　表7.1-1

分　类	具体工作建议
组织管理机制方面	●充分发挥社团、学会、行业组织等在科技成果转移转化中的纽带作用，建立学会联系企业的长效机制，开展科技信息服务 ●制订合理的科技计划。科技项目立项与市场紧密结合，树立科技成果转化导向，鼓励产学研合作模式 ●鼓励增加交通行业科技成果应用场景供给，支持交通建设项目中“四新”技术的应用。加强对重大科技成果和“卡脖子”核心技术成果转化的政策引导和组织实施 ●围绕《交通强国建设纲要》《“十四五”综合交通运输发展规划》及《交通运输科技创新中长期发展纲要（2021—2035年）》中提出的重点领域，以需求为导向发布一批符合产业转型升级方向的科技成果包

续上表

分　类	具体工作建议
组织管理机制方面	●不定期组织部属科研院所、高校及科技中介机构之间的经验交流,交流成果转化成功案例及经验 ●为成果转化专业化机构营造有利发展环境。对于非营利性中介机构,避免对政府的过多依赖现象,引入市场化运作机制。针对营利性中介机构,努力营造公平竞争的环境,制定相关服务规范,加强监督管理,推动其有序、规范化运作 ●依托交通运输部干部管理学院,与高校、科研院所、社会机构等有条件的机构共建交通行业技术转移转化人才培养基地
评估定价机制方面	●贯彻落实新修订的《事业单位国有资产管理暂行办法》,下放资产评估决策权
收益分配机制方面	●加强对科技成果转化奖酬金政策执行情况的指导和监督
激励约束机制方面	●推广以事前产权激励为核心的职务科技成果权属改革经验 ●探索赋予科研团队或个人科技成果处置权 ●提出科技成果限期转化政策要求 ●完善科研仪器、设施开放共享共用激励机制
绩效评价机制方面	●加强对部属科研院所、高校科技成果转化的绩效评价。建议基于科技成果转化年度报告,建立科技成果转化绩效评价体系

国家层面科技成果转化政策落地中,仍面临着一些需要多部门协调,或体制机制上存在工作推进障碍的地方,仍需进一步研究,适时推进相关工作,具体建议如下:

(1)研究建立科学的交通科技成果分类评价体系。结合行业特点,在 2021 年 8 月国务院办公厅已发布《国务院办公厅关于完善科技成果评价机制的指导意见》的基础上,积极开展行业科技成果分类评价实施细则、评价程序规范、行业科技成果评价指标体系等相关研究。

(2)构建行业科技成果转化服务平台,在平台上集成科研院所、高校、企业、中介服务机构等科技成果转化主体,依托平台实现技术信息高度共享,推动主体间的互动,促进科技成果的对接与转化。

(3)设立行业科技成果转化引导基金,深度培育科技成果,引导和支持科技成果的转移转化。

(4)组织部属科研院所、高校联合成立交通行业的专业化科技中介服务机构,集聚资金、人才、信息等资源,汇集各单位高质量科技成果,为科技创新提供成果转化、创业孵化、知识产权、科技咨询、科技金融、技术交易等专业化服务。

(5)支持和鼓励部属科研院所、高校设置创新型岗位。

(6)建议研究建立科技成果定价体系,降低评估成本,保证双方的合理利益。

(7)在入库专家遴选、职称评审中设立成果转化类别,为从事成果转化的工作人员提供晋升渠道。

7.2 科研院所、高校促进科技成果转化工作建议

结合科技成果转化机制研究建议及其他行业、地区成果转化的经验举措,针对交通行业的科研院所、高校提出了一些进一步促进科技成果转化的成熟度较高、可操作性强的具体工作建议,详见表 7.2-1。

行业科研院所、高校促进科技成果转化的工作建议　　表 7.2-1

分　类	具体工作建议
组织管理机制方面	●鼓励交通行业科研院所、高校与专业领域内的骨干企业、创新型企业、科技型中小企业等联合设立研发机构、技术转移机构、创新型企业等产学研合作方式。探索“定向研发、定向转化、定向服务”的订单式研发和成果转化机制,有针对性地为企业设计和实施研发项目,研发团队全程参与企业技术攻关和成果转化 ●研究机构之间建立长期战略合作伙伴关系,通过成立技术转移联盟,在联盟内部实现资源和信息共享,为地方和企业提供形式更为多样的科技成果转化服务,更好促进科技成果转化 ●鼓励高校、科研院所与企业之间基于科技成果转化的人才流动。支持高校、科研院所科研人员到国有企业或民营企业兼职开展研发和成果转化,或选聘企业专家兼任高校、科研院所的“产业教授”等 ●建立科技成果披露与管理制度,全面掌握科技成果情况,将科研、科研管理、成果转化三者结合起来 ●参加行业内科技成果转化交流会,及国外技术转移机构年会,提升业务水平。加强与国际知名的技术转移机构间的交流与合作,引进国外先进的管理经验和标准化、规范化的运营方式 ●交通行业科研院所、高校的成果转化主管部门间加强沟通交流、互鉴,探索形成长效交流机制 ●多渠道建设技术转移人才队伍。一是鼓励科研机构中符合条件的科技人员从事技术转化工作。二是通过培训、市场聘任等多种方式建立成果转化职业经理人队伍。三是与国际技术转移组织联合培养国际化技术转移人才
评估定价机制	●建立科技成果定价的管理制度、工作流程和决策机制。如需开展资产评估,具体按《中华人民共和国资产评估法》执行。若选择不进行资产评估,建议部属科研院所、高校制定科技成果定价内控管理制度,充分的调研、论证、集体决策、公示等环节不可或缺,以保证科技成果定价的公允性

续上表

分　类	具体工作建议
收益分配机制	●建议加大对交通强国建设有战略意义的重点领域科技成果完成人的奖励力度 ●建议明确科技成果转移转化人员奖酬金提取政策
激励约束机制	●按科研院所、高校所在地财税部门关于科技成果转化个人所得税优惠政策的执行要求，合理利用减税政策红利 ●实施科技成果限期转化政策 ●制订科研设施与仪器有偿开放的管理办法
绩效评价机制	●建立科研人员科技成果转化绩效评价指标体系，在绩效评价的基础上，通过采取对科技成果转化绩效优秀的科技人员给予额外奖励、配套科研经费、课题申报适度优先等激励措施，加大对科研人员的激励力度

科技成果转化是一个系统工程，涉及成果、机构、人员等各环节，在一个单位内部成果转化过程中也涉及多个部门。科研院所、高校在落实国家、行业的成果转化政策中，需细化具体的实施办法，明确流程，规范转化工作。目前，面临的一些仍需研究细化的相关工作建议如下：

（1）设置专职从事技术转移工作的创新型岗位。加强技术转移管理人员、技术经纪人、技术经理人等人才队伍建设，畅通职业发展和职称晋升通道，完善激励机制。

（2）建立健全职务科技成果赋权的管理制度、工作流程和决策机制。建立授予科研团队或个人科技成果处置权的管理制度、工作流程和决策机制。

（3）分类完善职称评价标准。对于从事应用性研究的科技人员，将科技成果转化业绩、专利转化应用情况与论文、纵向课题指标同等对待，增加科技成果转化业绩、专利发明、标准制定、技术推广、社会和经济影响等评价指标的权重，不将项目获奖、论文、外语、计算机水平作为职称评审的限制性条件。对于技术转移管理人员、技术经纪人、技术经理人等专业从事成果转化的人员，畅通其职业发展和职称晋升通道，明确技术职称管理规定。

APPENDIX ONE

附录1

科技成果转化政策法规一览

科技成果转化政策法规一览

序号	政策法规名称	科技成果转化亮点内容	实施日期
一	国家层面		
1	《中华人民共和国促进科技成果转化法》(1996年5月15日中华人民共和国主席令第六十八号公布,2015年8月29日第十二届全国人民代表大会常务委员会第十六次会议修正)	一是完善科技成果市场化定价机制,在不排斥资产评估的前提下,明确了市场化定价的合法性,并且明确了市场化定价的方式和程序。二是加大了对成果完成人和转化工作作出重要贡献人员的激励力度。三是进一步完善了科技成果处置、收益和分配有关的制度,国家设立的研究和开发机构包括高等院校对其持有的成果,可以自主转让、许可或者作价投资。四是进一步完善了科研成果的评价体系,明确了相关部门的职责	1996年10月1日
2	国务院关于印发实施《中华人民共和国促进科技成果转化法》若干规定的通知(国发〔2016〕16号)	放开自主转让权等,促进研究开发机构、高等院校技术转移;提高收益比例,激励科技人员创新创业;从制度、评价等方面营造良好环境	2016年2月26日
3	国务院办公厅关于印发促进科技成果转移转化行动方案的通知(国办发〔2016〕28号)	明确提出"十三五"期间科技成果转移转化的量化工作指标,并在重点领域和关键环节提出针对性措施,推动实施一批具体任务。围绕激发创新主体积极性、构建支撑服务体系、完善创新要素配置等,部署了8个方面、26项重点任务	2016年4月21日
4	中共中央办公厅 国务院办公厅印发《关于实行以增加知识价值为导向分配政策的若干意见》(厅字〔2016〕35号)	提出推动形成体现增加知识价值的收入分配机制、扩大科研机构、高校收入分配自主权、进一步发挥科研项目资金的激励引导作用、加强科技成果产权对科研人员的长期激励、允许科研人员和教师依法依规适度兼职兼薪等措施	2016年11月7日
5	中共中央办公厅 国务院办公厅印发《关于进一步完善中央财政科研项目资金管理等政策的若干意见》(中办发〔2016〕50号)	通过简化预算编制、下放预算调剂权限;提高间接费用比重、加大绩效激励力度;改进结转结余资金留用处理方式等措施改进中央财政科研项目资金管理,扩大科研院所在科研项目资金、差旅会议、基本建设、科研仪器设备采购等方面的管理权限,为科研人员潜心研究营造良好环境	2016年7月31日

续上表

序号	政策法规名称	科技成果转化亮点内容	实施日期
6	国务院关于印发国家技术转移体系建设方案的通知(国发〔2017〕44号)	方案首次提出了国家技术转移体系的概念,从基础架构、转移通道、支撑保障三个方面对国家技术转移体系进行系统布局	2017年9月15日
7	国务院关于优化科研管理提升科研绩效若干措施的通知(国发〔2018〕25号)	建立完善以信任为前提的科研管理机制,按照能放尽放的要求赋予科研人员更大的人财物自主支配权,减轻科研人员负担	2018年7月24日
8	国务院办公厅关于推广第二批支持创新相关改革举措的通知(国办发〔2018〕126号)	以事前产权激励为核心的职务科技成果权属改革;技术经理人全程参与的科技成果转化服务模式;技术股与现金股结合激励的科技成果转化相关方利益捆绑机制;"定向研发、定向转化、定向服务"的订单式研发和成果转化机制	2018年12月23日
9	国务院办公厅关于抓好赋予科研机构和人员更大自主权有关文件贯彻落实工作的通知(国办发〔2018〕127号)	明确了科研人员获得科技成果转化收益的具体办法;明确了科技成果作为国有资产的管理程序,要求进一步优化国有资产产权登记和变更程序,提高科技成果转化效率	2018年12月26日
10	中共中央 国务院关于构建更加完善的要素市场化配置体制机制的意见	提出"加快发展技术要素市场",并提出了健全职务科技成果产权制度、完善科技创新资源配置方式、培育发展技术转移机构和技术经理人、促进技术要素与资本要素融合发展和支持国际科技创新合作5个方面的措施	2020年3月30日
11	《中华人民共和国专利法》(根据2020年10月17日第十三届全国人民代表大会常务委员会第二十二次会议修正)	增加了"该单位可以依法处置其职务发明创造申请专利的权利和专利权,促进相关发明创造的实施和运用"的内容,授予职务发明单位处置专利权和专利申请权,为高校院所等科研事业单位和国有企业赋予科技人员职务科技成果知识产权提供了法律依据	2020年10月17日

续上表

序号	政策法规名称	科技成果转化亮点内容	实施日期
12	国务院办公厅关于完善科技成果评价机制的指导意见(国办发〔2021〕26号)	坚持科技创新质量、绩效、贡献为核心的评价导向,坚持科学分类、多维度评价,坚持正确处理政府和市场关系,坚持尊重科技创新规律,强调要健全完善科技成果分类评价体系,加快推进国家科技项目成果评价改革,大力发展科技成果的市场化评价,加快建设现代化高水平技术交易市场,充分发挥金融投资在科技评价中的作用,加大对科技成果转化和产业化的投融资支持,引导规范科技成果第三方评价,制定科技成果评价通用准则,改革完善科技成果奖励体系,创新科技成果评价工具和模式,完善科技成果评价激励和免责机制	2021年8月2日
二	其他部委或部门层面		
13	财政部 国家税务总局关于将国家自主创新示范区有关税收试点政策推广到全国范围实施的通知(财税〔2015〕116号)	规定了有限合伙制创业投资企业法人合伙人企业所得税、技术转让所得企业所得税、企业转增股本个人所得税及股权奖励个人所得税的减免政策	2015年10月23日
14	财政部 国家税务总局关于完善股权激励和技术入股有关所得税政策的通知(财税〔2016〕101号)	规定了股权激励和技术入股中递延纳税、延长纳税期限、选择性税收优惠的适用情况	2016年9月20日
15	财政部印发《关于进一步加大授权力度促进科技成果转化的通知》(财资〔2019〕57号)	在原已下放科技成果使用权、处置权、收益权的基础上,进一步加大科技成果转化形成的国有股权管理授权力度	2019年9月23日
16	财政部 税务总局 科技部关于科技人员取得职务科技成果转化现金奖励有关个人所得税政策的通知(财税〔2018〕58号)	依法批准设立的非营利性研究开发机构和高等学校,根据《中华人民共和国促进科技成果转化法》规定,从职务科技成果转化收入中给予科技人员的现金奖励,可减按50%计入科技人员当月"工资、薪金所得",依法缴纳个人所得税	2018年7月1日

续上表

序号	政策法规名称	科技成果转化亮点内容	实施日期
17	关于印发《国有科技型企业股权和分红激励暂行办法》的通知(财资〔2016〕4号)	该办法适用于转制院所企业、科研院所投资的科技企业,为建立国有科技型企业自主创新和科技成果转化的激励分配机制提供了政策依据	2016年2月26日
18	财政部、工业和信息化部、银监会、国家知识产权局、国家工商行政管理总局、国家版权局关于加强知识产权质押融资与评估管理支持中小企业发展的通知(财企〔2010〕199号)	鼓励探索促进知识产权质押融资工作的新模式、新方法,拓展中小企业融资渠道,完善知识产权质押评估管理体系,支持中小企业创新发展	2010年8月12日
19	关于修改《事业单位国有资产管理暂行办法》的决定(中华人民共和国财政部令2019年第100号)	国家设立的研究开发机构、高等院校对其持有的科技成果,可以自主决定转让、许可或者作价投资,不需报主管部门、财政部门审批或者备案;将其持有的科技成果转让、许可或者作价投资给国有全资企业的,可以不进行资产评估;将其持有的科技成果转让、许可或者作价投资给非国有全资企业的,由单位自主决定是否进行资产评估	2019年3月29日
20	人力资源社会保障部 财政部 科技部关于事业单位科研人员职务科技成果转化现金奖励纳入绩效工资管理有关问题的通知(人社部发〔2021〕14号)	明确职务科技成果转化后,科技成果完成单位按规定对完成、转化该项科技成果做出重要贡献人员给予的现金奖励,计入所在单位绩效工资总量,但不受核定的绩效工资总量限制,不作为人社、财政部门核定单位下一年度绩效工资总量的基数,不作为社会保险缴费基数。单位接受企业或其他社会组织委托取得的项目,其中属于科研人员在职务科技成果转化工作中开展技术开发、技术咨询、技术服务等活动的,单位可到当地科技部门进行技术合同登记,认定登记纳入科技成果转化范围的,项目承担单位按照促进科技成果转化法等法律法规给予科研人员的现金奖励	2021年2月8日

续上表

序号	政策法规名称	科技成果转化亮点内容	实施日期
21	科技部关于印发国家科技成果转移转化示范区建设指引的通知(国科发创〔2017〕304号)	从建设布局与条件、重点示范任务、建设程序和组织实施方面,为有序推进国家科技成果转移转化示范区建设提供指导	2017年10月10日
22	科技部 财政部税务总局关于科技人员取得职务科技成果转化现金奖励信息公示办法的通知(国科发政〔2018〕103号)	规定符合《关于科技人员取得职务科技成果转化现金奖励有关个人所得税政策的通知》(财税〔2018〕58号)条件的职务科技成果完成单位应当按照本通知要求,对本单位科技人员取得职务科技成果转化现金奖励相关信息予以公示。提出了公示信息要求,公示期限不得低于15个工作日	2018年7月26日
23	关于科技人员取得职务科技成果转化现金奖励有关个人所得税征管问题的公告(国家税务总局公告2018年第30号)	非营利性科研机构和高校向科技人员发放现金奖励,在填报《扣缴个人所得税报告表》时,应将当期现金奖励收入金额与当月工资、薪金合并,全额计入“收入额”列,同时将现金奖励的50%填至《扣缴个人所得税报告表》“免税所得”列,并在备注栏注明“科技人员现金奖励免税部分”字样,据此以“收入额”减除“免税所得”以及相关扣除后的余额计算缴纳个人所得税	2018年7月1日
24	科技部等6部门印发《关于扩大高校和科研院所科研相关自主权的若干意见》的通知(国科发政〔2019〕260号)	从4个方面提出了14项具体改革举措。一是在完善机构运行管理方面,强调要实行章程管理,强化绩效管理,优化机构设置管理。二是优化科研管理方面,提出要简化科研项目管理流程,完善科研经费管理机制,改进科研仪器设备耗材采购管理,赋予创新领军人才更大科研自主权,改革科技成果管理制度。三是在改革相关人事管理方式方面,要求支持用人单位自主聘用工作人员,自主设置岗位,切实下放职称评审权限,完善人员编制管理方式。四是在完善绩效工资分配方式方面,强调要加大绩效工资分配向科研人员的倾斜力度,强化绩效工资对科技创新的激励作用	2019年7月30日

续上表

序号	政策法规名称	科技成果转化亮点内容	实施日期
25	科技部等9部门印发《赋予科研人员职务科技成果所有权或长期使用权试点实施方案》的通知(国科发区〔2020〕128号)	分领域选择40家高等院校和科研机构,通过3年试点,探索建立赋予科研人员职务科技成果所有权或长期使用权的机制和模式	2020年5月9日
26	生态环境部关于促进生态环境科技成果转化的指导意见(环科财函〔2018〕175号)	对生态环境科技成果转化范畴进行了清晰明确的定义;提出构建科技成果转化综合服务平台、提升科技成果转化创新能力、健全科技成果评估体系、开展科技成果推广应用、建设科技成果转化示范区等五项重点任务;提高奖励比例,生态环境治理及修复技术成果转化给予奖励和报酬的比例不低于转化净收入的60%	2018年11月23日
27	水利部印发关于促进科技成果转化的指导意见的通知(水国科〔2018〕30号)	明确水利科技成果转化范畴;提出推进水利科技先进成果推广应用、建设水利科技成果推广转化示范区、加强水利科技成果与标准衔接、组建水利技术创新转化联盟、加强水利科技成果转化国际合作等任务;提出推进水利科技成果分类评价	2018年3月14日
28	中国科学院　科学技术部关于印发《中国科学院关于新时期加快促进科技成果转移转化指导意见》的通知(科发促字〔2016〕97号)	简化院机关层面工作流程,赋予院属单位科技成果使用、处置和收益管理自主权,从资产管理、人员管理、考核机制、条件保障四个方面,提出促进院属单位科技成果转移转化的举措;在资产管理中明确了科技人员为企业提供技术开发、技术咨询、技术服务、技术培训等服务,是科技成果转化的重要形式	2016年8月22日
29	中国科学院促进科技成果转移转化专项行动实施方案(科发促字〔2016〕37号)	在5大方面确立了25项重点任务。院设立专项资金5亿元,用于"科技成果转移转化重点专项",探索通过"后补助"等方式促进重大成果推广应用	2016年3月18日

续上表

序号	政策法规名称	科技成果转化亮点内容	实施日期
30	关于加强卫生与健康科技成果转移转化工作的指导意见(国卫科教发〔2016〕51号)	部署了包括积极推动卫生与健康科技成果开放共享、开展卫生与健康科技成果转移转化行动、实施卫生与健康适宜技术推广计划、加强卫生技术评估与科技成果评价工作等在内的八方面重点任务	2016年9月30日
31	人力资源社会保障部关于支持和鼓励事业单位专业技术人员创新创业的指导意见(人社部规〔2017〕4号)	支持和鼓励事业单位专业技术人员到企业挂职、参与项目合作、在职创办企业、离岗创新创业,提出了管理及保障相关的措施	2017年3月10日
32	农业部关于印发《农业部深入实施〈中华人民共和国促进科技成果转化法〉若干细则》的通知(农科教发〔2016〕7号)	提出了科技成果权属界定、成果转化规范、收益分配原则、单位主体责任等方面的规定;明确了科研院所开展技术开发、技术咨询、技术服务等活动取得的净收入视同成果转化收入	2016年12月12日
33	教育部 科技部关于加强高等学校科技成果转移转化工作的若干意见(教技〔2016〕3号)	高校对其持有的科技成果,可以自主决定转让、许可或者作价投资,除涉及国家秘密、国家安全外,不需要审批或备案;高校科技成果转移转化收益全部留归学校,纳入单位预算,不上缴国库;推进科研设施和仪器设备开放共享	2016年8月3日
34	教育部办公厅关于印发《促进高等学校科技成果转移转化行动计划》的通知(教技厅函〔2016〕115号)	提出加强制度建设、创新服务模式、加强平台建设、开展项目筛选、完善成果转化评价体系等九个方面的23项重点任务;要求教育部直属高校要在2016年12月底前,其他高校在2017年3月底前,完成涉及科技成果转移转化各项制度、工作机制的建立和完善	2016年10月13日
35	教育部关于印发《高等学校科技成果转化和技术转移基地认定暂行办法》的通知(教技〔2018〕7号)	提出高等学校科技成果转化和技术转移基地认定的条件、认定程序和组织实施要求	2018年5月18日

续上表

序号	政策法规名称	科技成果转化亮点内容	实施日期
36	教育部科学技术司 中关村科技园区管理委员会关于印发《促进在京高校科技成果转化实施方案》的通知(教技司〔2018〕115号)	通过高校技术转移办公室建设、概念验证中心建设、校企协同创新中心建设、举办全球前沿技术大赛、建立中关村各分园与在京高校合作机制、建立科技成果转化基金等六方面的任务,加快推动北京率先建成具有全球影响力的科技创新中心;将高校科技成果转化绩效纳入"双一流"建设考核评价体系	2018年4月16日
37	科技部 教育部印发《关于进一步推进高等学校专业化技术转移机构建设发展的实施意见》的通知(国科发区〔2020〕133号)	高校可采取设立内设机构、与地方联合设立专业化机构、全资设立公司等多种方式建立技术转移机构,赋予其管理和转化科技成果的权利;技术转移机构要建立高水平、专业化的人员队伍,其中技术经理人、技术经纪人比例不低于70%	2020年5月13日
38	关于印发振兴东北科技成果转移转化专项行动实施方案的通知(国科发创〔2018〕17号)	提出加快科技体制改革政策落实落地,搭建市场化交易平台载体,建设专业化服务机构,构建多元化投入格局,发展新产业等重点任务	2018年1月9日
39	国家知识产权局办公室 教育部办公厅关于印发《高校知识产权信息服务中心建设实施办法(修订)》的通知(国知办发服字〔2021〕23号)	提出高校知识产权信息服务中心的建设和运行、遴选和确认、考核和监督等要求。推进高校知识产权信息服务中心建设,完善知识产权信息公共服务体系	2021年6月15日
40	国土资源部关于印发促进科技成果转化暂行办法的通知(国土资发〔2016〕105号)	一是从制度方面加强科技成果转化统筹。二是强化科技成果转化的责任。三是为科技成果转化"松绑",给单位相当大的自主权。四是规范了科技人员最为关心的成果转化权益问题。五是完善科技成果转化的监管机制;有条件的单位应当建立科技成果转化基金,用好事业发展基金和成果转化净收入,开展科技成果转化。盘活闲置的仪器设备、装备、办公用房等资源,为科技成果转化提供便利条件	2016年10月1日

续上表

序号	政策法规名称	科技成果转化亮点内容	实施日期
41	国家食品药品监管总局关于促进科技成果转化的意见（食药监科〔2017〕71号）	针对科技成果的范围和内容、健全科技成果转化工作体系、依法依规开展科技成果转化、建立科技成果转化收益分配和激励机制、鼓励拥有科技成果的人员创业等8个方面，提出了33条意见	2017年9月19日
42	市场监管总局关于印发《市场监管科研成果奖管理办法》《国家市场监督管理总局科技成果登记办法》和《国家市场监督管理总局科技成果转化基地认定办法》的通知（国市监科财〔2020〕91号）	国家质检科技成果转化推广基地的主要任务、申请与认定、管理和考核等要求	2020年6月19日
三	地方省市层面		
43	北京市促进科技成果转化条例（北京市十五届人大常委会第十六次会议2019年11月27日表决通过）	以法律的形式，对科技成果的权属、转化收益分配、勤勉尽职免责等作出明确规定，解决了科技成果权属这一核心问题。 明确政府设立的研发机构、高等院校，可以将其依法取得的职务科技成果及其知识产权的使用、转让、投资等权利，全部或者部分给予科技成果完成人，并同时约定双方科技成果转化收入分配方式；奖励比例提高为70%；赋予创新主体更大自主权，调整“事后奖励”为“事后奖励”+“事前产权激励”并行；明确高校院所可以将仪器设备出租、出借或作价投资并取得收益；明确了单位相关负责人“勤勉尽责”义务内涵，规定了发生“投资亏损”而不纳入国有资产保值增值考核范围的情形	2020年1月1日
44	北京市人民政府办公厅关于印发《加快推进科研机构科技成果转化和产业化的若干意见（试行）》的通知（京政办发〔2014〕35号）	重点针对科技成果管理、科研资产管理、财政经费管理、科研人员激励等问题研究制定了三个方面、共计九条突破性政策措施	2014年6月9日

续上表

序号	政策法规名称	科技成果转化亮点内容	实施日期
45	北京市人民政府办公厅关于印发加快推进高等学校科技成果转化和科技协同创新若干意见(试行)的通知(京政办发〔2014〕3号)	提出开展高等学校科技成果处置权管理改革、开展高等学校科技成果收益分配方式改革、支持高等学校开放实验室资源、鼓励高等学校科技人员参与科技创业和成果转化等10条意见;高等学校可自主对科技成果的合作实施、转让、对外投资和实施许可等科技成果转化事项进行审批,报主管部门和财政部门备案;高等学校科技成果转化所获收益可按不少于70%的比例用于对科技成果完成人和为科技成果转化作出重要贡献人员进行奖励	2014年1月9日
46	上海市人民政府办公厅关于印发《关于进一步促进科技成果转移转化的实施意见》的通知(沪府办发〔2015〕46号)	允许将成果的处置权下放到团队或个人,成果的完成团队或完成人可在“底价”之上自主处置科技成果;加大对科研团队的激励力度,允许将不低于70%的转化收益归属团队,可以同时奖励研发人员和转化人员;将科技成果转化绩效列入应用研究类技术职称的评价体系	2015年11月5日
47	上海市财政局等关于印发《关于改革和完善本市高等院校、科研院所职务科技成果管理制度的若干意见》的通知(沪财教〔2015〕87号)	一是放开上海市高等院校、科研院所科技成果使用、处置和收益权,对于上海市高等院校、科研院所由财政资金支持形成,不涉及国防、国家安全、国家利益、重大社会公共利益的科技成果在境内的使用、处置,行政主管部门和财政部门不再审批或备案;二是将科研人员成果转化收益奖励比例提高至70%以上;三是探索科技成果转化市场定价机制	2015年12月7日
48	上海市人民政府办公厅关于印发《上海市促进科技成果转移转化行动方案(2021—2023年)》的通知(沪府办规〔2021〕7号)	围绕四个方面,实施11项重点任务。推动开展相关机制探索,在科技成果未有明确转化意向之前,可将其视同科技资源进行管理;试点建立科技成果概念验证引导资金,鼓励投资机构、技术转移机构等投资早期科技成果;落实技术合同政策,经认定登记的技术合同可享受相关税收优惠政策	2021年5月28日

续上表

序号	政策法规名称	科技成果转化亮点内容	实施日期
49	天津市财政局 天津市科学技术委员会 天津市教育委员会 天津市知识产权局关于开展市级事业单位科技成果使用、处置和收益管理改革试点工作的通知(津财会〔2015〕28号)	赋予市属事业单位科技成果处置使用和收益分配的自主权,各单位主管部门和财政部门对科技成果的使用、处置和收益分配不再审批或备案	2015年3月27日
50	重庆市人民政府关于印发重庆市促进科技成果转化股权和分红激励实施办法的通知(渝府发〔2014〕50号)	规定凡由财政性资金设立的高等学校、科研机构(含科研型事业单位)及其出资设立的国有及国有控股企业,均可实施科技成果转化股权和分红激励。提出入股奖励、收益分成、股权奖励、股权出售、期权奖励、分红奖励六种激励方式。明确提出实施备案制,充分发挥企事业单位的自主性,为创新创造"松绑加力"	2014年8月29日
51	重庆市科学技术局等6部门关于印发重庆市进一步促进科技成果转化的实施细则的通知(渝科局发〔2021〕43号)	主要从科技成果赋权、科技成果有效供给、科技成果转化要素集聚、科技成果转化便利化服务四个方面着力,疏解全市科技成果转化链条中的现实"堵点"。提出在市级科技重大专项、市级重点研发计划、大科学装置等项目中进一步明确成果转化任务,设立与成果转化相关的考核指标	2021年9月9日
52	河北省促进高等学校和科研院所科技成果转化暂行办法(冀政〔2014〕118号)	授予高校、院所研发团队或成果完成人科技成果的使用权、经营权和处置权;高校、院所研发团队在河北实施科技成果转化、转让获得的收益,其所得不低于70%;给与中介服务机构经费补助;推进高校、院所科技资源开放共享,高校、院所向社会开放科研基础设施和大型科学仪器设备等,省财政科技资金按出租仪器设备年收入的20%给予拥有单位补贴,最高不超过80万元	2015年12月2日

续上表

序号	政策法规名称	科技成果转化亮点内容	实施日期
53	关于印发《河北省促进高等学校和科研院所科技成果转化暂行办法实施细则》的通知（冀科政〔2015〕20号）	提出了高校、院所科技人员离岗创业、科技成果转化资产处置、转化收益分配、个人所得税税收优惠、创办科技型中小企业等政策的具体落实要求	2015年12月30日
54	湖北省人民政府关于印发促进高校院所科技成果转化暂行办法的通知（鄂政发〔2013〕60号）	作为国家高等教育综合改革试点省份，湖北省政府在全国率先出台《促进高校院所科技成果转化暂行办法》，对科技成果类无形资产处置方式和成果转化受益分配机制进行了较大幅度的改革。授予高校、院所研发团队研发成果的使用权、经营权和处置权；高校、院所研发团队在鄂实施科技成果转化、转让的收益，其所得不得低于70%，最高可达99%。研发团队将个人收益直接用于创办企业或者投入受让企业所形成的股权收入，在形成现金收入后，按国家有关政策缴纳个人所得税；科技人员离岗转化科技成果、在鄂创办科技型企业的，保留编制、身份、人事关系，5年内可回原单位	2013年12月18日
55	湖北省关于印发《湖北省高校院所科技成果转化资产处置与收益分配实施细则》的通知（鄂财教发〔2014〕57号）	一是科技成果知识产权归研发团队所有。该细则明确规定，按照“荣誉权归高校院所，知识产权归属研发团队”的科技成果转化权益分配原则，授予研发团队科技成果知识产权。二是研发团队是科技成果转化资产处置收益分配的最大利益获得者，研发团队的收益比例在全国各省份中最高。科技成果转化现金收益，其70%～99%归研发团队。作价入股形成的股权，95%的股权归研发团队。三是取消科技成果转化中的所有行政审核审批程序	2014年6月10日
56	湖南省人民政府办公厅关于印发《湖南省促进高等院校科研院所科技成果转化实施办法》的通知（湘政办发〔2016〕9号）	从改革科技成果处置管理方式、深化科技成果转化收益分配等8个方面入手，提出18条具体措施。支持在高等院校、科研院所开展职务科技成果转化股权和分红激励试点。对于职务发明成果转让收益（入股股权），成果持有单位可按不低于70%的比例奖励科研负责人、骨干技术人员等重要贡献人员和团队；以股份或出资比例等股权形式给予科技人员个人奖励，可在5年内分期缴纳个人所得税	2016年1月20日

续上表

序号	政策法规名称	科技成果转化亮点内容	实施日期
57	浙江省财政厅关于省级事业单位科技成果处置权收益权改革有关问题的通知（浙财资产〔2014〕20号）	一是将科研成果处置权全权下放给事业单位；二是以备案制简化科研成果处置程序；三是扩大了科技成果定价交易渠道；四是加大对发明人的激励力度	2014年4月29日
58	浙江省科学技术厅等5部门印发关于加强高校院所科技成果转化的实施意见的通知（浙科发成〔2021〕20号）	明确4个方面15项重点任务，推动产学研深度融合，推动高校院所完善科研人员分类评价制度；探索赋予科研人员职务科技成果所有权或长期使用权；完善高校院所科技成果转化服务体系。提出到2025年，全省高校院所输出技术成交额实现倍增，以转让、许可、作价投资方式转化科技成果的合同项目增长50%，与企业开展的产学研合作项目增长20%	2021年7月7日
59	关于深化福建省级事业单位科技成果使用处置和收益管理改革的暂行规定（闽政办〔2014〕148号）	明确省级事业单位对其拥有的科技成果，可以自主决定采取转让、许可、合作和投资等方式实施转移转化；给予更大的收益自主权；强化分配报酬奖励；配套税收优惠政策，对科研机构和高等院校的科研人员以股份出资比例等股权形式获得转化职务科技成果奖励的，暂不缴纳个人所得税	2014年11月26日
60	福建省人民政府关于印发福建省进一步促进科技成果转移转化若干规定的通知（闽政〔2016〕33号）	一是深化省级事业单位科技成果使用、处置和收益管理改革。将科技成果使用、处置和收益自主权拓展适用到省级事业单位。规定单位可通过签订协议的方式，授予科技成果完成团队或个人对该成果的处置权，并协商确定最低可成交价格。科技成果的完成团队或完成人可在最低可成交价格的基础上，通过市场化方式，确定科技成果转让、许可或投资价格。二是激励科技人员创新创业。科研人员成果转化收益奖励比例，根据贡献程度，提取不低于50%或不低于70%的比例。处级及以上的行政领导职务的科技人员可在辞去领导职务后以科研人员身份离岗创业。三是优化科技成果转移转化环境。规定了省属企事业单位以科技成果对外投资实施转化的免责内容	2016年8月3日

续上表

序号	政策法规名称	科技成果转化亮点内容	实施日期
61	安徽省人民政府办公厅关于印发《安徽省促进科技成果转化实施细则(修订)》的通知(皖政办〔2017〕77号)	提高科技人员享受成果转化收益的比例,其比例提高到不低于70%,其中合肥综合性国家科学中心科技成果转化收益用于奖励重要贡献人员和团队的比例首期可达90%;探索科技成果所有权改革。允许横向委托项目承担单位和科技人员通过合同约定成果使用权和转化收益,探索赋予科技人员成果所有权或长期使用权;实施科技成果转化奖补政策。对获得国家自然科学、技术发明、科学技术进步一、二等奖项目的第一完成单位按规定,省分别给予一次性奖励,奖励资金70%用于科技研发和成果转化,30%奖励项目主要完成人(研究团队)。对获得国家科技进步特等奖的项目采取"一事一议"方式给予奖励	2017年9月20日
62	山东省人民政府关于加快科技成果转化提高企业自主创新能力的意见(试行)(鲁政发〔2012〕45号)	一是鼓励加快科技成果转化。职务发明成果的所得收益,按至少60%、最多95%的比例划归参与研发的科技人员及其团队拥有。二是鼓励科技人才创业。在鲁高等院校、科研院所科技人员创办的企业,其知识产权等无形资产可按至少50%、最多70%的比例折算为技术股份。三是加大财政扶持力度;四是加强融资扶持力度	2012年11月21日
63	山西省促进科技成果转化条例(第十三届人民代表大会常务委员会第一四次会议修订通过)	该条例共六章三十九条,主要针对山西科技成果转化经费投入、科研人员激励机制、科技成果转化服务体系和产学研结合等方面进行了修订。 科技成果转化经费投入。科技成果转化的财政投入,主要用于科技成果转化的引导资金、补助资金、贷款贴息和风险投资等。《条例》中归纳八项具有山西特点的事项纳入优先支持范畴;激励机制。奖励比例提高为70%;服务体系。建立完善全省统一的科技成果转化公共交易服务平台,鼓励各类科技中介服务机构发展,省人民政府可以通过奖励、补助等方式,支持科技成果转化;产学研结合	2020年1月1日

续上表

序号	政策法规名称	科技成果转化亮点内容	实施日期
64	山西省人民政府办公厅关于印发山西科技创新城人才支持、平台管理、成果转化、首台(套)装备认定等4个暂行办法的通知(晋政办发〔2016〕7号)	4个办法分别明确先期设立2亿元的高端人才专项资金、3000万元的平台发展引导资金、2000万元的科技成果转化引导资金、5000万元的重大技术装备扶持引导资金,助力山西科技创新城快速发展。 对在科技城内成功转化科技成果的科研人员,给予其技术合同交易额或评估值的30%,不超过200万元的补助;提高科研人员转化科技成果的收益;对企业申报并获得发明专利等知识产权,主导制定国际标准、国家标准和行业标准等情况给予经费支持	2016年1月13日
65	辽宁省关于印发加快促进科技成果转化若干意见的通知(辽科发〔2015〕1号)	该意见对科技成果使用权、处置权、收益权管理和实行收益分配激励等方面做出了一系列制度性安排	2015年1月30日
66	辽宁省人民政府关于进一步做好促进科技成果转化和技术转移工作的通知(辽政发〔2016〕34号)	该通知在科技成果转化方式、所有权和收益权处置、成果定价、奖励比例等方面,做了新的突破、补充和完善。从技术转让或许可所得的净收入中提取不低于70%的比例用于奖励;针对制约科技成果转移转化的瓶颈,允许科研人员从横向课题经费中提取50%~70%劳务费	2016年4月29日
67	吉林省促进科技成果转化股权和分红奖励的若干规定(吉科发政〔2014〕156)	鼓励高等院校、科研机构建立完善职务发明股权和分红奖励制度,明确职务发明股权和分红奖励的条件、程序、方式和数额,在职务科技成果处置权、收益权、股权激励等方面进行了积极探索;鼓励单位与发明人约定发明创造的知识产权归属;允许高等院校、科研机构将职务科技成果转让净收入(或成果形成股权、股权收益)的70%一次性奖给职务发明人或团队;用非政府科技项目结余经费出资入股或增资入股,其所获股权或股权收益的70%奖给项目负责人或团队	2014年12月2日

续上表

序号	政策法规名称	科技成果转化亮点内容	实施日期
68	吉林省省属事业单位科技成果转化资产处置和收益分配管理试行办法（吉科发政〔2015〕180号）	明确了省属事业单位科技成果转化资产处置的处置方式、处置价格、收益分配等细则。科研人员职务发明成果在本省转化所获净收益（或成果形成股权、股权收益），以不低于70%的比例奖励给成果完成人（团队）和为科技成果转化作出重要贡献人员，奖励比例上不封顶	2015年11月23日
69	黑龙江省科技成果使用、处置、收益管理改革的实施细则（黑科联发〔2015〕40号）	从科技成果的使用与处置、科技成果的收益与分配和科研人员的管理与监督等三大方面提出20条实施细则。 该实施细则提出，鼓励事业单位科技成果优先在省内转化，科技成果使用、处置，不再经单位主管部门和财政部门审批或备案；科技成果转化收益首先用于对科技成果完成人、为科技成果转化做出重要贡献人员的奖励和报酬；规范高等学校和科研院所担任管理职务的科技人员参与技术入股	2015年11月25日
70	江西省人民政府关于印发江西省鼓励科技人员创新创业的若干规定的通知（赣府发〔2016〕20号）	科技成果使用、处置和收益分配三权不审批、备案，“三权”处置下放给科研院所、高校；适当拓展科技成果转移转化活动的奖励范围。技术开发、技术咨询、技术服务等活动纳入奖励范围；健全科技成果转移转化收入分配和激励制度	2016年4月20日
71	中共陕西省委 陕西省人民政府关于印发《陕西省促进科技成果转化若干规定（试行）》的通知（陕发〔2016〕24号）	推动科技成果三权改革。该规定提出利用财政性资金资助形成的科技成果，除涉及国防、国家安全、国家利益和重大社会公共利益的，可以由高等院校、研发机构的项目完成人自主决定转让、许可、作价投资；提高科技人员职务科技成果转化收益比例。省属高等院校、研发机构职务科技成果，由成果完成人实施转化的，将不低于90%的转化收益奖励给成果完成人和为成果转化作出贡献的人员。科技成果2年内未转化的，采取挂牌交易、拍卖等方式实施转化，将不低于80%的转化净收益奖励给成果完成人和为成果转化作出贡献的人员；产业技术创新战略联盟、设立“专利池”，推动成果共享转化	2016年9月20日

续上表

序号	政策法规名称	科技成果转化亮点内容	实施日期
72	广东省人民政府关于加快科技创新的若干政策意见(粤府〔2015〕1号)	普惠性政策:包括建立企业研发准备金制度、开展创新券补助政策试点等;引导性政策:包括建立科技企业孵化器风险补偿金、天使投资引导基金等;松绑性政策:一是赋予高等学校、科研机构科技成果自主处置权。二是深化科技成果收益权改革,所获收益全部归单位自主分配。三是对科技成果转化的股权奖励可进行股权确认。四是完善科技人员职称评审政策,发明专利转化应用情况与论文指标要求同等对待,技术转让成交额与纵向课题指标要求同等对待	2015年2月15日
73	广东省人民政府印发关于进一步促进科技创新若干政策措施的通知(粤府〔2019〕1号)	高校、科研机构开展技术开发、技术咨询、技术服务等活动取得的净收入视同科技成果转化收入,可留归自主使用;试点开展科技成果权属改革,高校、科研机构以市场委托方式取得的横向项目,可约定其成果权属归科技人员所有;对利用财政资金形成的新增职务科技成果,高校、科研机构可与科技人员共同申请知识产权,赋予科技人员成果所有权;横向项目结余经费可全部奖励项目组成员;高校、科研机构通过招投标或购买服务获取的财政性规划类、专题调研类、科技服务与管理类项目,可按横向项目管理	2019年1月7日
74	广西壮族自治区人民政府办公厅转发科技厅财政厅关于事业单位科技成果使用处置和收益管理暂行规定的通知(桂政办发〔2015〕135号)	授予事业单位对其拥有的由财政性资金支持形成科技成果的使用权、处置权和收益分配权;明确将大部分收益所得(70%~99%)用于对科技成果研发团队和完成人,以及为科技成果转移转化作出重要贡献的相关人员、技术转移机构等相关方的奖励	2015年12月31日
75	内蒙古自治区人民政府关于印发《内蒙古自治区促进科技成果转移转化八项措施》的通知(内政发〔2017〕2号)	自治区财政设立5亿元的科技成果转化专项资金,各盟市财政设立相应专项资金,主要用于科技成果转化引导、后补助、创新券、风险补偿等;职务成果转化收益,对单位没有明确收益分配制度或合同约定的,按成果转让或许可取得的净收入、技术入股形成的股权不低于70%的比例	2017年1月4日

续上表

序号	政策法规名称	科技成果转化亮点内容	实施日期
76	内蒙古自治区党委办公厅 自治区人民政府办公厅印发《关于实行以增加知识价值为导向分配政策的实施意见》的通知(厅发〔2017〕29号)	提高科研人员绩效工资。在基本工资正常增长的基础上,以科研机构、高校所在地事业单位绩效工资基本标准线为托底线,绩效工资总量可以在基本标准线的3倍内核定;探索产权、股权、分红、协议工资等多种分配激励措施;鼓励科研人员通过成果转化获得收益;科研机构、高校接受企业、其他社会组织委托的横向委托项目,自行确定结余资金的使用	2017年12月30日
77	内蒙古自治区财政厅 科技厅 知识产权局关于印发《内蒙古自治区深化事业单位科技成果使用处置和收益管理改革的若干意见》的通知(内财教〔2015〕2025号)	该意见包括八个部分,分别就科技成果使用处置管理制度、建立对科技成果的市场定价机制、改革科技成果收益权管理制度、建立健全科技成果收益分配激励制度、实施分红激励、建立促进科技成果转移转化的绩效考评体系、建立科技成果转移转化年度报告制度、建立健全有利于科技成果转移转化的管理制度等方面做出了一系列制度性安排	2015年12月8日
78	中共江苏省委 江苏省人民政府印发《关于深化科技体制机制改革推动高质量发展若干政策》的通知(苏发〔2018〕18号)	从改革科研管理机制、扩大科研院所和高校科研自主权、推进科技与产业融合发展、营造激励创新宽容失败的氛围四方面提出30条具体政策。省级项目项目负责人可自主调剂全部预算科目,不受比例限制;绩效支出奖励给35岁以下青年科技人员的比例原则上不低于30%;省级自然科学类项目间接费比例提高到20%至30%;允许高校院所自主确定横向经费使用范围和标准以及分配方式;横向项目完成后的净收入,允许全部留归项目组成员自主分配;在绩效评价环节,采取同行评议方式,注重中长期创新绩效;允许省属高等学校从基本科研业务费中提取不超过20%的比例作为奖励经费;将在省内转化成果的收益奖励比例提高到70%,同时规定2年内未转化的,在省技术产权交易市场采取挂牌交易、拍卖等方式实施转化	2018年8月26日

续上表

序号	政策法规名称	科技成果转化亮点内容	实施日期
79	江苏省政府办公厅关于印发苏南国家科技成果转移转化示范区建设实施方案的通知(苏政办发〔2017〕149 号)	《实施方案》从推进重点战略性新兴产业创新布局、打造产学研协同转移转化体系、创新科技成果转化机制和模式等方面,支持全国首个以国家自主创新示范区为核心区域创建的科技成果转移转化示范区的建设	2017 年 12 月 20 日
80	江苏省政府办公厅关于印发江苏省促进科技成果转移转化行动方案的通知(苏政办发〔2016〕76 号)	提出产学研协同推进科技成果转移转化、开展科技成果信息发布与汇交、完善科技成果转移转化支撑服务体系等五个方面的重点任务	2016 年 7 月 11 日
81	河南省人民政府办公厅转发省科技厅省财政厅关于发展众创空间推进创新创业工作政策措施和关于推进金融资本与科技创新相结合政策措施的通知(豫政办〔2016〕15 号)	提出构建新型创新、创业综合平台,建设多层次创新、创业孵化载体,鼓励科研人员创新创业,从降低创新、创业门槛等 8 个方面发展众创空间推进创新创业的措施。 从支持科技企业债券融资、鼓励创新科技信贷业务、鼓励知识产权质押贷款等 10 个方面,推进金融资本与科技创新结合	2016 年 2 月 17 日
82	河南省促进科技成果转化条例(河南省第十三届人大常委会第十二次会议通过)	进一步规范政府在科技成果转化活动中的职责,规定县级以上人民政府科学技术行政部门应当会同有关部门建立科技报告制度和科技成果信息系统;赋予高校院所科技成果使用、处置、收益分配权;规范科技成果转化收益奖励;鼓励科技中介服务机构发展	2020 年 1 月 1 日
83	中共四川省委办公厅 四川省人民政府办公厅关于印发《四川省激励科技人员创新创业十六条政策》的通知(川委办〔2016〕47 号)	加大创新创业人才引进支持力度;完善引进创新创业人才配套服务;扩大企事业单位薪酬分配自主权;支持科技人员离岗创新创业,期限最多为 6 年;提高科技人员成果转化收益。通过转让或许可取得的净收入,允许提取不低于 70% 的比例用于奖励;允许单位与职务发明人约定职务科技成果权属	2016 年 11 月 16 日

续上表

序号	政策法规名称	科技成果转化亮点内容	实施日期
84	四川省人民政府关于印发支持成都高新技术产业开发区创建国家自主创新示范区十条政策的通知(川府发〔2014〕50号)	允许科研人员经单位批准后到成都高新区自主创业,在3~5年内保留其身份和职称,创业所得归个人所有;一年内未实施转化的职务科技成果,成果完成人或团队拥有成果转化处置权,转化收益中至少70%归成果完成人或团队所有;允许将省级及省级以下所投资的成都高新区内科技型企业中的国有股份3年内分红,以及按投入时约定的固定回报方式退出的超出部分,用于奖励科技领军型人才和团队	2014年9月2日
85	贵州省人民政府办公厅关于印发贵州省促进科技成果转移转化实施方案的通知(黔府办发〔2017〕41号)	提出建设省级科技成果大数据平台、强化产学研协同、建设科技成果中试与产业化载体、提升科技成果转移转化服务能力等六方面任务。 高校和科研院所承接非财政拨款性质的横向课题,剩余经费可按照单位制定的科技成果转移转化奖励和收益分配办法对完成项目的科技人员给予奖励和报酬;高校和科研院所利用省级财政资金形成的科技成果,3年内未实施转化的,省科技行政主管部门可以许可他人无偿实施转化,科技成果完成人在同等条件下有优先实施转化权	2017年9月5日
86	贵州省促进科技成果转化条例(2017年11月30日贵州省第十二届人民代表大会常务委员会第三十二次会议通过)	该条例重点从建立和完善科技报告制度,科技成果处置权下放、绩效考核与职称评定标准改革、支持企业与高校院所联合申请课题、设立相关基金、建立科技型企业信用服务体系等方面,解决当前制约科技成果转化的突出问题。 对于财政资金设立的研发机构、高等院校的职务科技成果转化后,单位给予完成人、转化人的奖励数额不少于70%;对大数据产业、生态环境保护具有重大价值等科技成果转化项目,规定政府应当通过无偿资助、贷款贴息等方式给予优先支持	2018年1月1日

续上表

序号	政策法规名称	科技成果转化亮点内容	实施日期
四	交通运输部层面		
87	交通运输部关于印发《交通运输部促进科技成果转化办法》的通知(交科技发〔2022〕67号)	该办法包括总则、转化方式、技术权益、机制建设、收益分配、转化激励、经费投入、绩效评价、人员兼职、离岗创业、法律责任、附则共12章45条。 明确对科技人员在科技成果转化工作中开展技术开发、技术转让、技术许可、技术咨询、技术服务等活动给予的奖励可按照本办法执行	2022年5月24日
88	交通运输部关于印发促进科技成果转化暂行办法的通知(交科技发〔2017〕55号)(已废止)	该办法主要从科技成果的转化方式和技术权益、成果转化机制建设、成果转化收益分配和激励、科技成果转化经费投入、科技人员兼职兼薪和离岗创业等方面，提出了44条政策措施	2017年4月24日

APPENDIX TWO

附录2

交通运输科技成果转化主要政策法规

中华人民共和国促进科技成果转化法

（1996 年 5 月 15 日第八届全国人民代表大会常务委员会第十九次会议通过，根据 2015 年 8 月 29 日第十二届全国人民代表大会常务委员会第十六次会议《关于修改〈中华人民共和国促进科技成果转化法〉的决定》修正）

目　　录

第一章　总　　则

第一条　为了促进科技成果转化为现实生产力，规范科技成果转化活动，加速科学技术进步，推动经济建设和社会发展，制定本法。

第二条　本法所称科技成果，是指通过科学研究与技术开发所产生的具有实用价值的成果。职务科技成果，是指执行研究开发机构、高等院校和企业等单位的工作任务，或者主要是利用上述单位的物质技术条件所完成的科技成果。

本法所称科技成果转化，是指为提高生产力水平而对科技成果所进行的后续试验、开发、应用、推广直至形成新技术、新工艺、新材料、新产品，发展新产业等活动。

第三条　科技成果转化活动应当有利于加快实施创新驱动发展战略，促进科技与经济的结合，有利于提高经济效益、社会效益和保护环境、合理利用资源，有利于促进经济建设、社会发展和维护国家安全。

科技成果转化活动应当尊重市场规律，发挥企业的主体作用，遵循自愿、互利、公平、诚实信用的原则，依照法律法规规定和合同约定，享有权益，承担风险。科技成果转化活动中的知识产权受法律保护。

科技成果转化活动应当遵守法律法规，维护国家利益，不得损害社会公共利益和他人合法权益。

第四条 国家对科技成果转化合理安排财政资金投入,引导社会资金投入,推动科技成果转化资金投入的多元化。

第五条 国务院和地方各级人民政府应当加强科技、财政、投资、税收、人才、产业、金融、政府采购、军民融合等政策协同,为科技成果转化创造良好环境。

地方各级人民政府根据本法规定的原则,结合本地实际,可以采取更加有利于促进科技成果转化的措施。

第六条 国家鼓励科技成果首先在中国境内实施。中国单位或者个人向境外的组织、个人转让或者许可其实施科技成果的,应当遵守相关法律、行政法规以及国家有关规定。

第七条 国家为了国家安全、国家利益和重大社会公共利益的需要,可以依法组织实施或者许可他人实施相关科技成果。

第八条 国务院科学技术行政部门、经济综合管理部门和其他有关行政部门依照国务院规定的职责,管理、指导和协调科技成果转化工作。

地方各级人民政府负责管理、指导和协调本行政区域内的科技成果转化工作。

第二章 组织实施

第九条 国务院和地方各级人民政府应当将科技成果的转化纳入国民经济和社会发展计划,并组织协调实施有关科技成果的转化。

第十条 利用财政资金设立应用类科技项目和其他相关科技项目,有关行政部门、管理机构应当改进和完善科研组织管理方式,在制定相关科技规划、计划和编制项目指南时应当听取相关行业、企业的意见;在组织实施应用类科技项目时,应当明确项目承担者的科技成果转化义务,加强知识产权管理,并将科技成果转化和知识产权创造、运用作为立项和验收的重要内容和依据。

第十一条 国家建立、完善科技报告制度和科技成果信息系统,向社会公布科技项目实施情况以及科技成果和相关知识产权信息,提供科技成果信息查询、筛选等公益服务。公布有关信息不得泄露国家秘密和商业秘密。对不予公布的信息,有关部门应当及时告知相关科技项目承担者。

利用财政资金设立的科技项目的承担者应当按照规定及时提交相关科技报告,并将科技成果和相关知识产权信息汇交到科技成果信息系统。

国家鼓励利用非财政资金设立的科技项目的承担者提交相关科技报告,将科技成果和相关知识产权信息汇交到科技成果信息系统,县级以上人民政府负责相关工作的部门应当为其提供方便。

第十二条　对下列科技成果转化项目,国家通过政府采购、研究开发资助、发布产业技术指导目录、示范推广等方式予以支持:

(一)能够显著提高产业技术水平、经济效益或者能够形成促进社会经济健康发展的新产业的;

(二)能够显著提高国家安全能力和公共安全水平的;

(三)能够合理开发和利用资源、节约能源、降低消耗以及防治环境污染、保护生态、提高应对气候变化和防灾减灾能力的;

(四)能够改善民生和提高公共健康水平的;

(五)能够促进现代农业或者农村经济发展的;

(六)能够加快民族地区、边远地区、贫困地区社会经济发展的。

第十三条　国家通过制定政策措施,提倡和鼓励采用先进技术、工艺和装备,不断改进、限制使用或者淘汰落后技术、工艺和装备。

第十四条　国家加强标准制定工作,对新技术、新工艺、新材料、新产品依法及时制定国家标准、行业标准,积极参与国际标准的制定,推动先进适用技术推广和应用。

国家建立有效的军民科技成果相互转化体系,完善国防科技协同创新体制机制。军品科研生产应当依法优先采用先进适用的民用标准,推动军用、民用技术相互转移、转化。

第十五条　各级人民政府组织实施的重点科技成果转化项目,可以由有关部门组织采用公开招标的方式实施转化。有关部门应当对中标单位提供招标时确定的资助或者其他条件。

第十六条　科技成果持有者可以采用下列方式进行科技成果转化:

(一)自行投资实施转化;

(二)向他人转让该科技成果;

(三)许可他人使用该科技成果;

(四)以该科技成果作为合作条件,与他人共同实施转化;

(五)以该科技成果作价投资,折算股份或者出资比例;

(六)其他协商确定的方式。

第十七条　国家鼓励研究开发机构、高等院校采取转让、许可或者作价投资等方式,向企业或者其他组织转移科技成果。

国家设立的研究开发机构、高等院校应当加强对科技成果转化的管理、组织和协调,促进科技成果转化队伍建设,优化科技成果转化流程,通过本单位负责技术转移工作的机构或者委托独立的科技成果转化服务机构开展技术转移。

第十八条 国家设立的研究开发机构、高等院校对其持有的科技成果,可以自主决定转让、许可或者作价投资,但应当通过协议定价、在技术交易市场挂牌交易、拍卖等方式确定价格。通过协议定价的,应当在本单位公示科技成果名称和拟交易价格。

第十九条 国家设立的研究开发机构、高等院校所取得的职务科技成果,完成人和参加人在不变更职务科技成果权属的前提下,可以根据与本单位的协议进行该项科技成果的转化,并享有协议规定的权益。该单位对上述科技成果转化活动应当予以支持。

科技成果完成人或者课题负责人,不得阻碍职务科技成果的转化,不得将职务科技成果及其技术资料和数据占为己有,侵犯单位的合法权益。

第二十条 研究开发机构、高等院校的主管部门以及财政、科学技术等相关行政部门应当建立有利于促进科技成果转化的绩效考核评价体系,将科技成果转化情况作为对相关单位及人员评价、科研资金支持的重要内容和依据之一,并对科技成果转化绩效突出的相关单位及人员加大科研资金支持。

国家设立的研究开发机构、高等院校应当建立符合科技成果转化工作特点的职称评定、岗位管理和考核评价制度,完善收入分配激励约束机制。

第二十一条 国家设立的研究开发机构、高等院校应当向其主管部门提交科技成果转化情况年度报告,说明本单位依法取得的科技成果数量、实施转化情况以及相关收入分配情况,该主管部门应当按照规定将科技成果转化情况年度报告报送财政、科学技术等相关行政部门。

第二十二条 企业为采用新技术、新工艺、新材料和生产新产品,可以自行发布信息或者委托科技中介服务机构征集其所需的科技成果,或者征寻科技成果转化的合作者。

县级以上地方各级人民政府科学技术行政部门和其他有关部门应当根据职责分工,为企业获取所需的科技成果提供帮助和支持。

第二十三条 企业依法有权独立或者与境内外企业、事业单位和其他合作者联合实施科技成果转化。

企业可以通过公平竞争,独立或者与其他单位联合承担政府组织实施的科技研究开发和科技成果转化项目。

第二十四条 对利用财政资金设立的具有市场应用前景、产业目标明确的科技项目,政府有关部门、管理机构应当发挥企业在研究开发方向选择、项目实施和成果应用中的主导作用,鼓励企业、研究开发机构、高等院校及其他组织共同实施。

第二十五条　国家鼓励研究开发机构、高等院校与企业相结合，联合实施科技成果转化。

研究开发机构、高等院校可以参与政府有关部门或者企业实施科技成果转化的招标投标活动。

第二十六条　国家鼓励企业与研究开发机构、高等院校及其他组织采取联合建立研究开发平台、技术转移机构或者技术创新联盟等产学研合作方式，共同开展研究开发、成果应用与推广、标准研究与制定等活动。

合作各方应当签订协议，依法约定合作的组织形式、任务分工、资金投入、知识产权归属、权益分配、风险分担和违约责任等事项。

第二十七条　国家鼓励研究开发机构、高等院校与企业及其他组织开展科技人员交流，根据专业特点、行业领域技术发展需要，聘请企业及其他组织的科技人员兼职从事教学和科研工作，支持本单位的科技人员到企业及其他组织从事科技成果转化活动。

第二十八条　国家支持企业与研究开发机构、高等院校、职业院校及培训机构联合建立学生实习实践培训基地和研究生科研实践工作机构，共同培养专业技术人才和高技能人才。

第二十九条　国家鼓励农业科研机构、农业试验示范单位独立或者与其他单位合作实施农业科技成果转化。

第三十条　国家培育和发展技术市场，鼓励创办科技中介服务机构，为技术交易提供交易场所、信息平台以及信息检索、加工与分析、评估、经纪等服务。

科技中介服务机构提供服务，应当遵循公正、客观的原则，不得提供虚假的信息和证明，对其在服务过程中知悉的国家秘密和当事人的商业秘密负有保密义务。

第三十一条　国家支持根据产业和区域发展需要建设公共研究开发平台，为科技成果转化提供技术集成、共性技术研究开发、中间试验和工业性试验、科技成果系统化和工程化开发、技术推广与示范等服务。

第三十二条　国家支持科技企业孵化器、大学科技园等科技企业孵化机构发展，为初创期科技型中小企业提供孵化场地、创业辅导、研究开发与管理咨询等服务。

第三章　保障措施

第三十三条　科技成果转化财政经费，主要用于科技成果转化的引导资金、贷款贴息、补助资金和风险投资以及其他促进科技成果转化的资金用途。

第三十四条　国家依照有关税收法律、行政法规规定对科技成果转化活动实行税收优惠。

第三十五条　国家鼓励银行业金融机构在组织形式、管理机制、金融产品和服务等方面进行创新，鼓励开展知识产权质押贷款、股权质押贷款等贷款业务，为科技成果转化提供金融支持。

国家鼓励政策性金融机构采取措施，加大对科技成果转化的金融支持。

第三十六条　国家鼓励保险机构开发符合科技成果转化特点的保险品种，为科技成果转化提供保险服务。

第三十七条　国家完善多层次资本市场，支持企业通过股权交易、依法发行股票和债券等直接融资方式为科技成果转化项目进行融资。

第三十八条　国家鼓励创业投资机构投资科技成果转化项目。

国家设立的创业投资引导基金，应当引导和支持创业投资机构投资初创期科技型中小企业。

第三十九条　国家鼓励设立科技成果转化基金或者风险基金，其资金来源由国家、地方、企业、事业单位以及其他组织或者个人提供，用于支持高投入、高风险、高产出的科技成果的转化，加速重大科技成果的产业化。

科技成果转化基金和风险基金的设立及其资金使用，依照国家有关规定执行。

第四章　技术权益

第四十条　科技成果完成单位与其他单位合作进行科技成果转化的，应当依法由合同约定该科技成果有关权益的归属。合同未做约定的，按照下列原则办理：

（一）在合作转化中无新的发明创造的，该科技成果的权益，归该科技成果完成单位；

（二）在合作转化中产生新的发明创造的，该新发明创造的权益归合作各方共有；

（三）对合作转化中产生的科技成果，各方都有实施该项科技成果的权利，转让该科技成果应经合作各方同意。

第四十一条　科技成果完成单位与其他单位合作进行科技成果转化的，合作各方应当就保守技术秘密达成协议；当事人不得违反协议或者违反权利人有关保守技术秘密的要求，披露、允许他人使用该技术。

第四十二条　企业、事业单位应当建立健全技术秘密保护制度，保护本单位的技术秘密。职工应当遵守本单位的技术秘密保护制度。

企业、事业单位可以与参加科技成果转化的有关人员签订在职期间或者离职、离休、退休后一定期限内保守本单位技术秘密的协议；有关人员不得违反协议约定，泄露本单位的技术秘密和从事与原单位相同的科技成果转化活动。

职工不得将职务科技成果擅自转让或者变相转让。

第四十三条　国家设立的研究开发机构、高等院校转化科技成果所获得的收入全部留归本单位,在对完成、转化职务科技成果做出重要贡献的人员给予奖励和报酬后,主要用于科学技术研究开发与成果转化等相关工作。

第四十四条　职务科技成果转化后,由科技成果完成单位对完成、转化该项科技成果做出重要贡献的人员给予奖励和报酬。

科技成果完成单位可以规定或者与科技人员约定奖励和报酬的方式、数额和时限。单位制定相关规定,应当充分听取本单位科技人员的意见,并在本单位公开相关规定。

第四十五条　科技成果完成单位未规定、也未与科技人员约定奖励和报酬的方式和数额的,按照下列标准对完成、转化职务科技成果做出重要贡献的人员给予奖励和报酬:

(一)将该项职务科技成果转让、许可给他人实施的,从该项科技成果转让净收入或者许可净收入中提取不低于百分之五十的比例;

(二)利用该项职务科技成果作价投资的,从该项科技成果形成的股份或者出资比例中提取不低于百分之五十的比例;

(三)将该项职务科技成果自行实施或者与他人合作实施的,应当在实施转化成功投产后连续三至五年,每年从实施该项科技成果的营业利润中提取不低于百分之五的比例。

国家设立的研究开发机构、高等院校规定或者与科技人员约定奖励和报酬的方式和数额应当符合前款第一项至第三项规定的标准。

国有企业、事业单位依照本法规定对完成、转化职务科技成果做出重要贡献的人员给予奖励和报酬的支出计入当年本单位工资总额,但不受当年本单位工资总额限制、不纳入本单位工资总额基数。

第五章　法律责任

第四十六条　利用财政资金设立的科技项目的承担者未依照本法规定提交科技报告、汇交科技成果和相关知识产权信息的,由组织实施项目的政府有关部门、管理机构责令改正;情节严重的,予以通报批评,禁止其在一定期限内承担利用财政资金设立的科技项目。

国家设立的研究开发机构、高等院校未依照本法规定提交科技成果转化情况年度报告的,由其主管部门责令改正;情节严重的,予以通报批评。

第四十七条　违反本法规定,在科技成果转化活动中弄虚作假,采取欺骗手段,骗取奖励和荣誉称号、诈骗钱财、非法牟利的,由政府有关部门依照管理职责责令改正,取消该奖励和荣誉称号，没收违法所得，并处以罚款。给他人造成经济损失的，依法承担民事赔偿责任。构成犯罪的，依法追究刑事责任。

第四十八条　科技服务机构及其从业人员违反本法规定，故意提供虚假的信息、实验结果或者评估意见等欺骗当事人，或者与当事人一方串通欺骗另一方当事人的，由政府有关部门依照管理职责责令改正，没收违法所得，并处以罚款；情节严重的，由工商行政管理部门依法吊销营业执照。给他人造成经济损失的，依法承担民事赔偿责任；构成犯罪的，依法追究刑事责任。

科技中介服务机构及其从业人员违反本法规定泄露国家秘密或者当事人的商业秘密的，依照有关法律、行政法规的规定承担相应的法律责任。

第四十九条　科学技术行政部门和其他有关部门及其工作人员在科技成果转化中滥用职权、玩忽职守、徇私舞弊的，由任免机关或者监察机关对直接负责的主管人员和其他直接责任人员依法给予处分；构成犯罪的，依法追究刑事责任。

第五十条　违反本法规定，以唆使窃取、利诱胁迫等手段侵占他人的科技成果，侵犯他人合法权益的，依法承担民事赔偿责任，可以处以罚款；构成犯罪的，依法追究刑事责任。

第五十一条　违反本法规定，职工未经单位允许，泄露本单位的技术秘密，或者擅自转让、变相转让职务科技成果的，参加科技成果转化的有关人员违反与本单位的协议，在离职、离休、退休后约定的期限内从事与原单位相同的科技成果转化活动，给本单位造成经济损失的，依法承担民事赔偿责任；构成犯罪的，依法追究刑事责任。

第六章　附　　则

第五十二条　本法自1996年10月1日起施行。

实施《中华人民共和国促进科技成果转化法》若干规定

为加快实施创新驱动发展战略，落实《中华人民共和国促进科技成果转化法》，打通科技与经济结合的通道，促进大众创业、万众创新，鼓励研究开发机构、高等院校、企业等创新主体及科技人员转移转化科技成果，推进经济提质增效升级，作出如下规定。

一、促进研究开发机构、高等院校技术转移

（一）国家鼓励研究开发机构、高等院校通过转让、许可或者作价投资等方式，向企业或者其他组织转移科技成果。国家设立的研究开发机构和高等院校应当采取措施，优先向中小微企业转移科技成果，为大众创业、万众创新提供技术供给。

国家设立的研究开发机构、高等院校对其持有的科技成果，可以自主决定转让、许可或者作价投资，除涉及国家秘密、国家安全外，不需审批或者备案。

国家设立的研究开发机构、高等院校有权依法以持有的科技成果作价入股确认股权和出资比例，并通过发起人协议、投资协议或者公司章程等形式对科技成果的权属、作价、折股数量或者出资比例等事项明确约定，明晰产权。

（二）国家设立的研究开发机构、高等院校应当建立健全技术转移工作体系和机制，完善科技成果转移转化的管理制度，明确科技成果转化各项工作的责任主体，建立健全科技成果转化重大事项领导班子集体决策制度，加强专业化科技成果转化队伍建设，优化科技成果转化流程，通过本单位负责技术转移工作的机构或者委托独立的科技成果转化服务机构开展技术转移。鼓励研究开发机构、高等院校在不增加编制的前提下建设专业化技术转移机构。

国家设立的研究开发机构、高等院校转化科技成果所获得的收入全部留归单位，纳入单位预算，不上缴国库，扣除对完成和转化职务科技成果作出重要贡献人员的奖励和报酬后，应当主要用于科学技术研发与成果转化等相关工作，并对技术转移机构的运行和发展给予保障。

（三）国家设立的研究开发机构、高等院校对其持有的科技成果，应当通过协议定价、在技术交易市场挂牌交易、拍卖等市场化方式确定价格。协议定价的，科技成果持有单位应当在本单位公示科技成果名称和拟交易价格，公示时间不少于 15 日。单位应当明确并公开异议处理程序和办法。

（四）国家鼓励以科技成果作价入股方式投资的中小企业充分利用资本市场做大做

强,国务院财政、科技行政主管部门要研究制定国家设立的研究开发机构、高等院校以技术入股形成的国有股在企业上市时豁免向全国社会保障基金转持的有关政策。

(五)国家设立的研究开发机构、高等院校应当按照规定格式,于每年3月30日前向其主管部门报送本单位上一年度科技成果转化情况的年度报告,主管部门审核后于每年4月30日前将各单位科技成果转化年度报告报送至科技、财政行政主管部门指定的信息管理系统。年度报告内容主要包括:

1. 科技成果转化取得的总体成效和面临的问题;

2. 依法取得科技成果的数量及有关情况;

3. 科技成果转让、许可和作价投资情况;

4. 推进产学研合作情况,包括自建、共建研究开发机构、技术转移机构、科技成果转化服务平台情况,签订技术开发合同、技术咨询合同、技术服务合同情况,人才培养和人员流动情况等;

5. 科技成果转化绩效和奖惩情况,包括科技成果转化取得收入及分配情况,对科技成果转化人员的奖励和报酬等。

二、激励科技人员创新创业

(六)国家设立的研究开发机构、高等院校制定转化科技成果收益分配制度时,要按照规定充分听取本单位科技人员的意见,并在本单位公开相关制度。依法对职务科技成果完成人和为成果转化作出重要贡献的其他人员给予奖励时,按照以下规定执行:

1. 以技术转让或者许可方式转化职务科技成果的,应当从技术转让或者许可所取得的净收入中提取不低于50%的比例用于奖励。

2. 以科技成果作价投资实施转化的,应当从作价投资取得的股份或者出资比例中提取不低于50%的比例用于奖励。

3. 在研究开发和科技成果转化中作出主要贡献的人员,获得奖励的份额不低于奖励总额的50%。

4. 对科技人员在科技成果转化工作中开展技术开发、技术咨询、技术服务等活动给予的奖励,可按照促进科技成果转化法和本规定执行。

(七)国家设立的研究开发机构、高等院校科技人员在履行岗位职责、完成本职工作的前提下,经征得单位同意,可以兼职到企业等从事科技成果转化活动,或者离岗创业,在原则上不超过3年时间内保留人事关系,从事科技成果转化活动。研究开发机构、高等院校应当建立制度规定或者与科技人员约定兼职、离岗从事科技成果转化活动期间和期满后的权利和义务。离岗创业期间,科技人员所承担的国家科技计划和基金项目原则上不得中止，确需中止的应当按照有关管理办法办理手续。

积极推动逐步取消国家设立的研究开发机构、高等院校及其内设院系所等业务管理岗位的行政级别，建立符合科技创新规律的人事管理制度，促进科技成果转移转化。

（八）对于担任领导职务的科技人员获得科技成果转化奖励，按照分类管理的原则执行：

1. 国务院部门、单位和各地方所属研究开发机构、高等院校等事业单位（不含内设机构）正职领导，以及上述事业单位所属具有独立法人资格单位的正职领导，是科技成果的主要完成人或者对科技成果转化作出重要贡献的，可以按照促进科技成果转化法的规定获得现金奖励，原则上不得获取股权激励。其他担任领导职务的科技人员，是科技成果的主要完成人或者对科技成果转化作出重要贡献的，可以按照促进科技成果转化法的规定获得现金、股份或者出资比例等奖励和报酬。

2. 对担任领导职务的科技人员的科技成果转化收益分配实行公开公示制度，不得利用职权侵占他人科技成果转化收益。

（九）国家鼓励企业建立健全科技成果转化的激励分配机制，充分利用股权出售、股权奖励、股票期权、项目收益分红、岗位分红等方式激励科技人员开展科技成果转化。国务院财政、科技等行政主管部门要研究制定国有科技型企业股权和分红激励政策，结合深化国有企业改革，对科技人员实施激励。

（十）科技成果转化过程中，通过技术交易市场挂牌交易、拍卖等方式确定价格的，或者通过协议定价并在本单位及技术交易市场公示拟交易价格的，单位领导在履行勤勉尽责义务、没有牟取非法利益的前提下，免除其在科技成果定价中因科技成果转化后续价值变化产生的决策责任。

三、营造科技成果转移转化良好环境

（十一）研究开发机构、高等院校的主管部门以及财政、科技等相关部门，在对单位进行绩效考评时应当将科技成果转化的情况作为评价指标之一。

（十二）加大对科技成果转化绩效突出的研究开发机构、高等院校及人员的支持力度。研究开发机构、高等院校的主管部门以及财政、科技等相关部门根据单位科技成果转化年度报告情况等，对单位科技成果转化绩效予以评价，并将评价结果作为对单位予以支持的参考依据之一。

国家设立的研究开发机构、高等院校应当制定激励制度，对业绩突出的专业化技术转移机构给予奖励。

（十三）做好国家自主创新示范区税收试点政策向全国推广工作，落实好现有促进科技成果转化的税收政策。积极研究探索支持单位和个人科技成果转化的税收政策。

（十四）国务院相关部门要按照法律规定和事业单位分类改革的相关规定，研究制定符合所管理行业、领域特点的科技成果转化政策。涉及国家安全、国家秘密的科技成果转化，行业主管部门要完善管理制度，激励与规范相关科技成果转化活动。对涉密科技成果，相关单位应当根据情况及时做好解密、降密工作。

（十五）各地方、各部门要切实加强对科技成果转化工作的组织领导，及时研究新情况、新问题，加强政策协同配合，优化政策环境，开展监测评估，及时总结推广经验做法，加大宣传力度，提升科技成果转化的质量和效率，推动我国经济转型升级、提质增效。

（十六）《国务院办公厅转发科技部等部门关于促进科技成果转化若干规定的通知》（国办发〔1999〕29号）同时废止。此前有关规定与本规定不一致的，按本规定执行。

促进科技成果转移转化行动方案

促进科技成果转移转化是实施创新驱动发展战略的重要任务，是加强科技与经济紧密结合的关键环节，对于推进结构性改革尤其是供给侧结构性改革、支撑经济转型升级和产业结构调整，促进大众创业、万众创新，打造经济发展新引擎具有重要意义。为深入贯彻党中央、国务院一系列重大决策部署，落实《中华人民共和国促进科技成果转化法》，加快推动科技成果转化为现实生产力，依靠科技创新支撑稳增长、促改革、调结构、惠民生，特制定本方案。

一、总体思路

深入贯彻落实党的十八大、十八届三中、四中、五中全会精神和国务院部署，紧扣创新发展要求，推动大众创新创业，充分发挥市场配置资源的决定性作用，更好发挥政府作用，完善科技成果转移转化政策环境，强化重点领域和关键环节的系统部署，强化技术、资本、人才、服务等创新资源的深度融合与优化配置，强化中央和地方协同推动科技成果转移转化，建立符合科技创新规律和市场经济规律的科技成果转移转化体系，促进科技成果资本化、产业化，形成经济持续稳定增长新动力，为到2020年进入创新型国家行列、实现全面建成小康社会奋斗目标作出贡献。

（一）基本原则。

——市场导向。发挥市场在配置科技创新资源中的决定性作用，强化企业转移转化科技成果的主体地位，发挥企业家整合技术、资金、人才的关键作用，推进产学研协同创新，大力发展技术市场。完善科技成果转移转化的需求导向机制，拓展新技术、新产品的市场应用空间。

——政府引导。加快政府职能转变，推进简政放权、放管结合、优化服务，强化政府在科技成果转移转化政策制定、平台建设、人才培养、公共服务等方面职能，发挥财政资金引导作用，营造有利于科技成果转移转化的良好环境。

——纵横联动。加强中央与地方的上下联动，发挥地方在推动科技成果转移转化中的重要作用，探索符合地方实际的成果转化有效路径。加强部门之间统筹协同、军民之间融合联动，在资源配置、任务部署等方面形成共同促进科技成果转化的合力。

——机制创新。充分运用众创、众包、众扶、众筹等基于互联网的创新创业新理念，建立创新要素充分融合的新机制，充分发挥资本、人才、服务在科技成果转移转化中的催化作用，探索科技成果转移转化新模式。

（二）主要目标。

“十三五”期间，推动一批短中期见效、有力带动产业结构优化升级的重大科技成果转化应用，企业、高校和科研院所科技成果转移转化能力显著提高，市场化的技术交易服务体系进一步健全，科技型创新创业蓬勃发展，专业化技术转移人才队伍发展壮大，多元化的科技成果转移转化投入渠道日益完善，科技成果转移转化的制度环境更加优化，功能完善、运行高效、市场化的科技成果转移转化体系全面建成。

主要指标：建设100个示范性国家技术转移机构，支持有条件的地方建设10个科技成果转移转化示范区，在重点行业领域布局建设一批支撑实体经济发展的众创空间，建成若干技术转移人才培养基地，培养1万名专业化技术转移人才，全国技术合同交易额力争达到2万亿元。

二、重点任务

围绕科技成果转移转化的关键问题和薄弱环节，加强系统部署，抓好措施落实，形成以企业技术创新需求为导向、以市场化交易平台为载体、以专业化服务机构为支撑的科技成果转移转化新格局。

（一）开展科技成果信息汇交与发布。

1. 发布转化先进适用的科技成果包。围绕新一代信息网络、智能绿色制造、现代农业、现代能源、资源高效利用和生态环保、海洋和空间、智慧城市和数字社会、人口健康等重点领域，以需求为导向发布一批符合产业转型升级方向、投资规模与产业带动作用大的科技成果包。发挥财政资金引导作用和科技中介机构的成果筛选、市场化评估、融资服务、成果推介等作用，鼓励企业探索新的商业模式和科技成果产业化路径，加速重大科技成果转化应用。引导支持农业、医疗卫生、生态建设等社会公益领域科技成果转化应用。

2. 建立国家科技成果信息系统。制定科技成果信息采集、加工与服务规范,推动中央和地方各类科技计划、科技奖励成果存量与增量数据资源互联互通,构建由财政资金支持产生的科技成果转化项目库与数据服务平台。完善科技成果信息共享机制,在不泄露国家秘密和商业秘密的前提下,向社会公布科技成果和相关知识产权信息,提供科技成果信息查询、筛选等公益服务。

3. 加强科技成果信息汇交。建立健全各地方、各部门科技成果信息汇交工作机制,推广科技成果在线登记汇交系统,畅通科技成果信息收集渠道。加强科技成果管理与科技计划项目管理的有机衔接,明确由财政资金设立的应用类科技项目承担单位的科技成果转化义务,开展应用类科技项目成果以及基础研究中具有应用前景的科研项目成果信息汇交。鼓励非财政资金资助的科技成果进行信息汇交。

4. 加强科技成果数据资源开发利用。围绕传统产业转型升级、新兴产业培育发展需求,鼓励各类机构运用云计算、大数据等新一代信息技术,积极开展科技成果信息增值服务,提供符合用户需求的精准科技成果信息。开展科技成果转化为技术标准试点,推动更多应用类科技成果转化为技术标准。加强科技成果、科技报告、科技文献、知识产权、标准等的信息化关联,各地方、各部门在规划制定、计划管理、战略研究等方面要充分利用科技成果资源。

5. 推动军民科技成果融合转化应用。建设国防科技工业成果信息与推广转化平台,研究设立国防科技工业军民融合产业投资基金,支持军民融合科技成果推广应用。梳理具有市场应用前景的项目,发布军用技术转民用推广目录、"民参军"技术与产品推荐目录、国防科技工业知识产权转化目录。实施军工技术推广专项,推动国防科技成果向民用领域转化应用。

(二)产学研协同开展科技成果转移转化。

6. 支持高校和科研院所开展科技成果转移转化。组织高校和科研院所梳理科技成果资源,发布科技成果目录,建立面向企业的技术服务站点网络,推动科技成果与产业、企业需求有效对接,通过研发合作、技术转让、技术许可、作价投资等多种形式,实现科技成果市场价值。依托中国科学院的科研院所体系实施科技服务网络计划,围绕产业和地方需求开展技术攻关、技术转移与示范、知识产权运营等。鼓励医疗机构、医学研究单位等构建协同研究网络,加强临床指南和规范制定工作,加快新技术、新产品应用推广。引导有条件的高校和科研院所建立健全专业化科技成果转移转化机构,明确统筹科技成果转移转化与知识产权管理的职责,加强市场化运营能力。在部分高校和科研院所试点探索科技成果转移转化的有效机制与模式,建立职务科技成果披露与管理制度,实行技术经理人市场化聘用制,建设一批运营机制灵活、专业人才集聚、服务能力突出、具有国际影响力的国家技术转移机构。

7. 推动企业加强科技成果转化应用。以创新型企业、高新技术企业、科技型中小企业为重点,支持企业与高校、科研院所联合设立研发机构或技术转移机构,共同开展研究开发、成果应用与推广、标准研究与制定等。围绕"互联网 +"战略开展企业技术难题竞标等"研发众包"模式探索,引导科技人员、高校、科研院所承接企业的项目委托和难题招标,聚众智推进开放式创新。市场导向明确的科技计划项目由企业牵头组织实施。完善技术成果向企业转移扩散的机制,支持企业引进国内外先进适用技术,开展技术革新与改造升级。

8. 构建多种形式的产业技术创新联盟。围绕"中国制造 2025""互联网 +"等国家重点产业发展战略以及区域发展战略部署,发挥行业骨干企业、转制科研院所主导作用,联合上下游企业和高校、科研院所等构建一批产业技术创新联盟,围绕产业链构建创新链,推动跨领域跨行业协同创新,加强行业共性关键技术研发和推广应用,为联盟成员企业提供订单式研发服务。支持联盟承担重大科技成果转化项目,探索联合攻关、利益共享、知识产权运营的有效机制与模式。

9. 发挥科技社团促进科技成果转移转化的纽带作用。以创新驱动助力工程为抓手,提升学会服务科技成果转移转化能力和水平,利用学会服务站、技术研发基地等柔性创新载体,组织动员学会智力资源服务企业转型升级,建立学会联系企业的长效机制,开展科技信息服务,实现科技成果转移转化供给端与需求端的精准对接。

(三)建设科技成果中试与产业化载体。

10. 建设科技成果产业化基地。瞄准节能环保、新一代信息技术、生物技术、高端装备制造、新能源、新材料、新能源汽车等战略性新兴产业领域,依托国家自主创新示范区、国家高新区、国家农业科技园区、国家可持续发展实验区、国家大学科技园、战略性新兴产业集聚区等创新资源集聚区域以及高校、科研院所、行业骨干企业等,建设一批科技成果产业化基地,引导科技成果对接特色产业需求转移转化,培育新的经济增长点。

11. 强化科技成果中试熟化。鼓励企业牵头、政府引导、产学研协同,面向产业发展需求开展中试熟化与产业化开发,提供全程技术研发解决方案,加快科技成果转移转化。支持地方围绕区域特色产业发展、中小企业技术创新需求,建设通用性或行业性技术创新服务平台,提供从实验研究、中试熟化到生产过程所需的仪器设备、中试生产线等资源,开展研发设计、检验检测认证、科技咨询、技术标准、知识产权、投融资等服务。推动各类技术开发类科研基地合理布局和功能整合,促进科研基地科技成果转移转化,推动更多企业和产业发展亟须的共性技术成果扩散与转化应用。

(四)强化科技成果转移转化市场化服务。

12. 构建国家技术交易网络平台。以"互联网 +"科技成果转移转化为核心,以需求为导向，连接技术转移服务机构、投融资机构、高校、科研院所和企业等，集聚成果、资金、人才、服务、政策等各类创新要素，打造线上与线下相结合的国家技术交易网络平台。平台依托专业机构开展市场化运作，坚持开放共享的运营理念，支持各类服务机构提供信息发布、融资并购、公开挂牌、竞价拍卖、咨询辅导等专业化服务，形成主体活跃、要素齐备、机制灵活的创新服务网络。引导高校、科研院所、国有企业的科技成果挂牌交易与公示。

13. 健全区域性技术转移服务机构。支持地方和有关机构建立完善区域性、行业性技术市场，形成不同层级、不同领域技术交易有机衔接的新格局。在现有的技术转移区域中心、国际技术转移中心基础上，落实"一带一路"倡议、京津冀协同发展、长江经济带等重大战略，进一步加强重点区域间资源共享与优势互补，提升跨区域技术转移与辐射功能，打造连接国内外技术、资本、人才等创新资源的技术转移网络。

14. 完善技术转移机构服务功能。完善技术产权交易、知识产权交易等各类平台功能，促进科技成果与资本的有效对接。支持有条件的技术转移机构与天使投资、创业投资等合作建立投资基金，加大对科技成果转化项目的投资力度。鼓励国内机构与国际知名技术转移机构开展深层次合作，围绕重点产业技术需求引进国外先进适用的科技成果。鼓励技术转移机构探索适应不同用户需求的科技成果评价方法，提升科技成果转移转化成功率。推动行业组织制定技术转移服务标准和规范，建立技术转移服务评价与信用机制，加强行业自律管理。

15. 加强重点领域知识产权服务。实施"互联网＋"融合重点领域专利导航项目，引导"互联网＋"协同制造、现代农业、智慧能源、绿色生态、人工智能等融合领域的知识产权战略布局，提升产业创新发展能力。开展重大科技经济活动知识产权分析评议，为战略规划、政策制定、项目确立等提供依据。针对重点产业完善国际化知识产权信息平台，发布"走向海外"知识产权实务操作指引，为企业"走出去"提供专业化知识产权服务。

（五）大力推动科技型创新创业。

16. 促进众创空间服务和支撑实体经济发展。重点在创新资源集聚区域，依托行业龙头企业、高校、科研院所，在电子信息、生物技术、高端装备制造等重点领域建设一批以成果转移转化为主要内容、专业服务水平高、创新资源配置优、产业辐射带动作用强的众创空间，有效支撑实体经济发展。构建一批支持农村科技创新创业的"星创天地"。支持企业、高校和科研院所发挥科研设施、专业团队、技术积累等专业领域创新优势，为创业者提供技术研发服务。吸引更多科技人员、海外归国人员等高端创业人才入驻众创空间，重点支持以核心技术为源头的创新创业。

17. 推动创新资源向创新创业者开放。引导高校、科研院所、大型企业、技术转移机构、创业投资机构以及国家级科研平台（基地）等，将科研基础设施、大型科研仪器、科技数据文献、科技成果、创投资金等向创新创业者开放。依托3D打印、大数据、网络制造、开源软硬件等先进技术和手段，支持各类机构为创新创业者提供便捷的创新创业工具。支持高校、企业、孵化机构、投资机构等开设创新创业培训课程，鼓励经验丰富的企业家、天使投资人和专家学者等担任创业导师。

18. 举办各类创新创业大赛。组织开展中国创新创业大赛、中国创新挑战赛、中国“互联网+”大学生创新创业大赛、中国农业科技创新创业大赛、中国科技创新创业人才投融资集训营等活动，支持地方和社会各界举办各类创新创业大赛，集聚整合创业投资等各类资源支持创新创业。

（六）建设科技成果转移转化人才队伍。

19. 开展技术转移人才培养。充分发挥各类创新人才培养示范基地作用，依托有条件的地方和机构建设一批技术转移人才培养基地。推动有条件的高校设立科技成果转化相关课程，打造一支高水平的师资队伍。加快培养科技成果转移转化领军人才，纳入各类创新创业人才引进培养计划。推动建设专业化技术经纪人队伍，畅通职业发展通道。鼓励和规范高校、科研院所、企业中符合条件的科技人员从事技术转移工作。与国际技术转移组织联合培养国际化技术转移人才。

20. 组织科技人员开展科技成果转移转化。紧密对接地方产业技术创新、农业农村发展、社会公益等领域需求，继续实施万名专家服务基层行动计划、科技特派员、科技创业者行动、企业院士行、先进适用技术项目推广等，动员高校、科研院所、企业的科技人员及高层次专家，深入企业、园区、农村等基层一线开展技术咨询、技术服务、科技攻关、成果推广等科技成果转移转化活动，打造一支面向基层的科技成果转移转化人才队伍。

21. 强化科技成果转移转化人才服务。构建“互联网+”创新创业人才服务平台，提供科技咨询、人才计划、科技人才活动、教育培训等公共服务，实现人才与人才、人才与企业、人才与资本之间的互动和跨界协作。围绕支撑地方特色产业培育发展，建立一批科技领军人才创新驱动中心，支持有条件的企业建设院士（专家）工作站，为高层次人才与企业、地方对接搭建平台。建设海外科技人才离岸创新创业基地，为引进海外创新创业资源搭建平台和桥梁。

（七）大力推动地方科技成果转移转化。

22. 加强地方科技成果转化工作。健全省、市、县三级科技成果转化工作网络，强化科技管理部门开展科技成果转移转化的工作职能，加强相关部门之间的协同配合，探索适应地方成果转化要求的考核评价机制。加强基层科技管理机构与队伍建设，完善承接科技成果转移转化的平台与机制，宣传科技成果转化政策，帮助中小企业寻找应用科技成果，搭建产学研合作信息服务平台。指导地方探索“创新券”等政府购买服务模式，降低中小企业技术创新成本。

23. 开展区域性科技成果转移转化试点示范。以创新资源集聚、工作基础好的省（区、市）为主导，跨区域整合成果、人才、资本、平台、服务等创新资源，建设国家科技成果转移转化试验示范区，在科技成果转移转化服务、金融、人才、政策等方面，探索形成一批可复制、可推广的工作经验与模式。围绕区域特色产业发展技术瓶颈，推动一批符合产业转型发展需求的重大科技成果在示范区转化与推广应用。

（八）强化科技成果转移转化的多元化资金投入。

24. 发挥中央财政对科技成果转移转化的引导作用。发挥国家科技成果转化引导基金等的杠杆作用，采取设立子基金、贷款风险补偿等方式，吸引社会资本投入，支持关系国计民生和产业发展的科技成果转化。通过优化整合后的技术创新引导专项（基金）、基地和人才专项，加大对符合条件的技术转移机构、基地和人才的支持力度。国家科技重大专项、重点研发计划支持战略性重大科技成果产业化前期攻关和示范应用。

25. 加大地方财政支持科技成果转化力度。引导和鼓励地方设立创业投资引导、科技成果转化、知识产权运营等专项资金（基金），引导信贷资金、创业投资资金以及各类社会资金加大投入，支持区域重点产业科技成果转移转化。

26. 拓宽科技成果转化资金市场化供给渠道。大力发展创业投资，培育发展天使投资人和创投机构，支持初创期科技企业和科技成果转化项目。利用众筹等互联网金融平台，为小微企业转移转化科技成果拓展融资渠道。支持符合条件的创新创业企业通过发行债券、资产证券化等方式进行融资。支持银行探索股权投资与信贷投放相结合的模式，为科技成果转移转化提供组合金融服务。

三、组织与实施

（一）加强组织领导。各有关部门要根据职能定位和任务分工，加强政策、资源统筹，建立协同推进机制，形成科技部门、行业部门、社会团体等密切配合、协同推进的工作格局。强化中央和地方协同，加强重点任务的统筹部署及创新资源的统筹配置，形成共同推进科技成果转移转化的合力。各地方要将科技成果转移转化工作纳入重要议事日程，强化科技成果转移转化工作职能，结合实际制定具体实施方案，明确工作推进路线图和时间表，逐级细化分解任务，切实加大资金投入、政策支持和条件保障力度。

（二）加强政策保障。落实《中华人民共和国促进科技成果转化法》及相关政策措施，完善有利于科技成果转移转化的政策环境。建立科研机构、高校科技成果转移转化绩效评估体系，将科技成果转移转化情况作为对单位予以支持的参考依据。推动科研机构、高校建立符合自身人事管理需要和科技成果转化工作特点的职称评定、岗位管理和考核评价制度。完善有利于科技成果转移转化的事业单位国有资产管理相关政策。研究探索科研机构、高校领导干部正职任前在科技成果转化中获得股权的代持制度。各地方要围绕落实《中华人民共和国促进科技成果转化法》,完善促进科技成果转移转化的政策法规。建立实施情况监测与评估机制,为调整完善相关政策举措提供支撑。

(三)加强示范引导。加强对试点示范工作的指导推动,交流各地方各部门的好经验、好做法,对可复制、可推广的经验和模式及时总结推广,发挥促进科技成果转移转化行动的带动作用,引导全社会关心和支持科技成果转移转化,营造有利于科技成果转移转化的良好社会氛围。

附件:重点任务分工及进度安排表。

重点任务分工及进度安排表

序号	重点任务	责任部门	时间进度
1	发布一批产业转型升级发展急需的科技成果包	科技部会同有关部门	2016年6月底前完成
2	建立国家科技成果信息系统	科技部、财政部、中科院、工程院、自然科学基金会等	2017年6月底前建成
3	加强科技成果信息汇交,推广科技成果在线登记汇交系统	科技部会同有关部门	持续推进
4	开展科技成果转化为技术标准试点	质检总局、科技部	2016年12月底前启动
5	推动军民科技成果融合转化应用	国家国防科工局、工业和信息化部、财政部、国家知识产权局等	持续推进
6	依托中科院科研院所体系实施科技服务网络计划	中科院	持续推进
7	在有条件的高校和科研院所建设一批国家技术转移机构	科技部、教育部、农业部、中科院等	2016年6月底前启动建设,持续推进
8	围绕国家重点产业和重大战略,构建一批产业技术创新联盟	科技部、工业和信息化部、中科院等	2016年6月底前启动建设,持续推进
9	推动各类技术开发类科研基地合理布局和功能整合,促进科研基地科技成果转移转化	科技部会同有关部门	持续推进
10	打造线上与线下相结合的国家技术交易网络平台	科技部、教育部、工业和信息化部、农业部、国务院国资委、中科院、国家知识产权局等	2017年6月底前建成运行

续上表

序号	重点任务	责任部门	时间进度
11	制定技术转移服务标准和规范	科技部、质检总局	2017年3月底前出台
12	依托行业龙头企业、高校、科研院所建设一批支撑实体经济发展的众创空间	科技部会同有关部门	持续推进
13	依托有条件的地方和机构建设一批技术转移人才培养基地	科技部会同有关部门	持续推进
14	构建“互联网+”创新创业人才服务平台	科技部会同有关部门	2016年12月底前建成运行
15	建设海外科技人才离岸创新创业基地	中国科协	持续推进
16	建设国家科技成果转移转化试验示范区，探索可复制、可推广的经验与模式	科技部会同有关地方政府	2016年6月底前启动建设
17	发挥国家科技成果转化引导基金等的杠杆作用，支持科技成果转化	科技部、财政部等	持续推进
18	引导信贷资金、创业投资资金以及各类社会资金加大投入，支持区域重点产业科技成果转移转化	科技部、财政部、人民银行、银保监会、证监会	持续推进
19	推动科研机构、高校建立符合自身人事管理需要和科技成果转化工作特点的职称评定、岗位管理和考核评价制度	教育部、科技部、人力资源社会保障部等	2017年12月底前完成
20	研究探索科研机构、高校领导干部正职任前在科技成果转化中获得股权的代持制度	科技部、中央组织部、人力资源社会保障部、教育部	持续推进

交通运输部促进科技成果转化办法

第一章 总 则

第一条 为了促进交通运输科技成果转化,依据《中华人民共和国科学技术进步法》《中华人民共和国促进科技成果转化法》《国务院关于印发实施〈中华人民共和国促进科技成果转化法〉若干规定的通知》(国发〔2016〕16 号)等有关规定,制定本办法。

第二条 交通运输部所属研究开发机构、高等院校及其他具有研究开发能力的事业单位(以下简称单位)开展科技成果转化,适用本办法。

第三条 本办法所称科技成果为职务科技成果,是指科技人员执行单位工作任务或主要利用单位的物质技术条件,开展科学研究、技术开发所产生的具有实用价值的技术成果。

第四条 本办法所称科技成果转化,是指为提高生产力水平而对科技成果进行后续试验、开发、应用、推广直至形成新技术、新工艺、新材料、新产品,发展新产业等活动。依法向社会提供开放共享服务的基础性、公益性资料和数据等,不属于科技成果转化范畴。对科技人员在科技成果转化工作中开展技术开发、技术转让、技术许可、技术咨询、技术服务等活动给予的奖励可按照本办法执行。

第五条 单位应当优先保证科技人员履行科研、教学等公益职责;受委托所开展的技术开发、技术转让、技术许可、技术咨询、技术服务等活动,不得影响科技人员履行岗位职责、完成本职工作。

第六条 落实科技成果报告汇交制度,向社会公布科技成果和相关知识产权信息,提供科技成果信息查询、筛选等公益服务,公布有关信息不得泄露国家秘密和商业秘密。

单位应当加大科技成果公开共享力度,建立健全面向企业或其他社会组织的技术服务机制。

第二章 转 化 方 式

第七条 单位可以采用下列方式进行科技成果转化:

(一)自行投资实施转化;

(二)向他人转让科技成果;

(三)许可他人使用科技成果;

(四)以科技成果作为合作条件,与他人共同实施转化;

(五)以科技成果作价投资,折算股份或者出资比例;

(六)其他协商确定的方式。

第八条　部属研究开发机构和高等院校对其持有的科技成果,可以自主决定实施转化,鼓励采取转让、许可、作价投资等方式向企业或者其他组织转移科技成果,除涉及国家秘密、国家安全及关键核心技术外,不需审批或者备案,但应当通过协议定价、在技术交易市场挂牌交易、拍卖等方式确定价格。

通过协议定价的,应当在本单位公示科技成果名称、交易对象和拟交易价格,并就公示方式、公示范围和公示异议处理程序等具体事项作出明确规定,公示时间不少于15个工作日。

涉及国家秘密、国家安全及关键核心技术的科技成果转让、许可或者作价投资,由部按照国家有关保密制度规定审批,并自批复之日起15个工作日内将批复文件报财政部备案。

第九条　部属研究开发机构和高等院校将持有的科技成果转让、许可或者作价投资给国有全资企业的,可以不进行资产评估;将持有的科技成果转让、许可或者作价投资给非国有全资企业的,可自主决定是否进行资产评估。

第十条　单位有权依法以持有的科技成果作价入股确认股权和出资比例,并通过发起人协议、投资协议或公司章程等形式明确约定科技成果的权属、作价、折股数量或者出资比例等事项,明晰产权。

以科技成果作价入股作为对科技人员的奖励涉及股权注册登记及变更的,无须报部审批。

第三章　技术权益

第十一条　单位有权依法实施科技成果转化,科技成果完成人不得阻碍,不得将科技成果及其资料数据占为己有,不得侵犯单位的合法权益。

单位可在不变更权属的前提下,将科技成果使用、转让、投资等权利,通过签署协议全部或者部分给予科技成果完成人和参加人,约定双方转化收入分配方式,但不得损害国家安全、国家利益和社会公共利益。

单位自科技成果在本单位登记之日起无正当理由超过一年未组织实施转化的,科技成果完成人可经单位同意,以自行投资实施或者与他人合作实施科技成果转化,单位应当予以支持、配合。

第十二条　实施科技成果转化合作各方,应当遵守自愿、互利、公平、诚信的原则,依法订立合同(协议),约定合作的组织形式、任务分工、资金投入、知识产权归属、权益分配、风险分担和违约责任等事项。

第十三条　科技成果完成单位与其他单位合作进行科技成果转化的,应当依法订立合同(协议),约定该科技成果有关权益的归属。合同(协议)未作约定的,按照下列原则办理:

(一)在合作转化中无新的发明创造的,该科技成果的权益,归该科技成果完成单位;

(二)在合作转化中产生新的发明创造的,该新发明创造的权益归合作各方共有;

(三)对合作转化中产生的科技成果,各方都有实施该项科技成果的权利,转让该科技成果应当经合作各方同意。

第四章　机制建设

第十四条　支持有条件的单位联合企业建立技术创新中心、产业研究院、中试基地等新型研发机构,共同开展研究开发、成果应用与推广、标准研究与制定等活动。

鼓励建设交通运输科技成果中试、熟化等基地,引导规范科技成果第三方评价,加快推进交通运输技术转移机构和技术经理人队伍建设,积极培育和发展交通运输技术市场。

发布科技成果推广目录、出版交通科技丛书、组织实施交通运输科技示范工程等,加快科技成果推广与应用。

第十五条　单位应当建立健全科技成果转化工作机制,加强对科技成果转化的管理、组织和协调,建立科技成果转化重大事项领导班子集体决策制度;建立科技成果转化管理平台,统筹成果管理、技术转移、资产经营管理、法律等事务;明确科技成果转化管理机构和职能,落实科技成果报告、知识产权保护、资产经营管理等工作的责任主体,优化科技成果转化工作流程,开列政事权限清单,明确议事规则。

第十六条　单位应当加强科技成果转化能力建设,鼓励在不增加编制的前提下建立负责科技成果转化工作的专业化机构或者委托独立的科技成果转化服务机构开展科技成果转化。通过培训、市场聘任等多种方式建立科技成果转化职业经理人队伍。

鼓励各单位从企业聘请有科技成果转化经验的人员到本单位从事科技成果转化工作,通过特聘岗位等形式落实聘请人员薪酬等待遇。

第十七条　单位应当建立科技成果转化工作公示制度及异议处理办法,内容包括科技成果转移转化的各项制度、工作流程、重要人事岗位设置以及领导干部取得科技成果转化奖励和收益等情况。

第五章　收益分配

第十八条　转化科技成果所获得的收入全部留归单位，纳入单位预算，不上缴国库，扣除对完成和转化科技成果作出重要贡献人员的奖励和报酬后，应当主要用于本单位科学技术研发、成果转化等相关工作，并对技术转移专业化机构的运行和发展给予保障。单位应当在充分听取本单位职工意见的基础上，制定相关制度。

第十九条　科技成果完成单位可以规定或者与科技人员约定奖励和报酬的方式、数额和时限。单位制定相关规定，应当充分听取科技人员的意见，并在单位公开相关制度。

第二十条　科技成果完成单位未规定、也未与科技人员约定奖励和报酬的方式和数额的，按照下列标准对完成、转化科技成果作出重要贡献的人员给予奖励和报酬：

（一）将该项科技成果转让、许可给他人实施的，从该项科技成果转让净收入或者许可净收入中提取比例不低于50%；

（二）利用该项科技成果作价投资的，从该项科技成果形成的股份或者出资比例中提取比例不低于50%；

（三）在研究开发和科技成果转化中作出主要贡献的人员，获得奖励的份额不低于奖励总额的50%；

（四）将该项科技成果自行实施或者与他人合作实施的，应当在实施转化成功投产后连续3至5年，每年从实施该项科技成果的营业利润中提取比例不低于5%。

第二十一条　单位受委托开展的技术开发、技术转让、技术许可、技术咨询、技术服务等活动，应当依法订立技术合同，根据技术合同有关要求，经费纳入单位财务统一管理，由单位按照委托方要求或合同约定管理使用。

单位按规定到地方科技主管部门完成技术合同认定登记后，可从项目净收入中提取不低于50%的比例，依据本单位制定的科技成果转化奖励和收益分配办法对完成项目的科技人员给予奖励和报酬。

单位对科技人员承担企业或其他社会组织委托的科研项目与承担政府科技计划项目，在业绩考核中同等对待。

第二十二条　科技成果转化的奖励和报酬的支出，计入单位当年工资总额，不受单位当年工资总额限制，不纳入单位工资总额基数。

单位按规定给予科技人员的科技成果转化现金奖励，计入单位绩效工资总量，但不受核定的绩效工资总量限制，不作为人力资源社会保障、财政部门核定单位下一年度绩效工资总量的基数，不作为社会保险缴费基数。

单位统计工资总额、年平均工资、年平均绩效工资等数据以及向有关部门报送年度绩效工资执行情况时，应当包含现金奖励情况，并单独注明。

第二十三条　单位应当根据有关规定，对本单位科技成果转化奖励相关信息予以公示。公示信息应当包含科技成果转化信息、奖励人员信息、奖励信息、技术合同登记信息、公示期限等内容，公示期限不得少于15个工作日。公示信息结果和个人奖励额度形成书面文件留存以备相关部门查验。

第二十四条　单位可根据有关规定，从科技成果转化收入中给予科技人员的现金奖励，减按50%计入科技人员当月“工资、薪金所得”，依法缴纳个人所得税。在发放现金奖励时，应当按个人所得税法规定代扣代缴个人所得税，并按规定向税务机关履行备案手续。

对符合条件的股票期权、股权期权、限制性股票、股票奖励以及科技成果投资入股等实施递延纳税优惠政策。

第二十五条　科技成果转化给予科技人员的奖励和报酬在科技成果完成人和为科技成果转化作出重要贡献的其他人员之间的分配，由其内部协商确定。

第六章　转化激励

第二十六条　对于单位（不含内设机构）担任领导职务的科技人员，获得科技成果转化奖励，按照分类管理的原则执行：

（一）正职领导以及单位所属具有法人资格单位的正职领导，是科技成果的主要完成人或者对科技成果转化作出重要贡献的，可以按照促进科技成果转化法的规定获得现金奖励，原则上不得获取股权激励；

（二）其他担任领导职务的科技人员，是科技成果的主要完成人或者对科技成果转化作出重要贡献的，可以按照促进科技成果转化法的规定，获得现金、股份或出资比例等奖励和报酬，但获得股权激励的领导人员不得利用职权为所持股权的企业谋取利益；

（三）对担任领导职务的科技人员的科技成果转化收益分配实行公开公示制度，不得利用职权侵占他人科技成果转化收益。

第二十七条　单位正职在担任现职前因科技成果转化获得的股权，任现职后应当及时予以转让，转让股权的完成时间原则上不超过3个月；股权非特殊原因逾期未转让的，应当在任现职期间限制交易；限制股权交易的，不得利用职权为所持股权的企业谋取利益,在本人不担任上述职务1年后解除限制。

第二十八条 科技成果转化过程中,通过技术交易市场挂牌交易、拍卖等方式确定价格的,或者通过协议定价并在本单位及技术交易市场公示拟交易价格的,单位领导在履行勤勉尽责义务、没有牟取非法利益的前提下,免除其在科技成果定价中因科技成果转化后续价值变化产生的决策责任。

第二十九条 单位在符合相关法律法规规章的前提下,可根据发展需求,参照执行所在地省级党委、政府出台的相关科技成果转化的激励政策并报部备案。

第七章 经费投入

第三十条 鼓励以知识产权作价入股等形式引入社会资金参与交通运输科技成果转化。积极向各类基金会等社会团体推介交通运输科技成果,吸引其以自有资金支持科技成果转化工作。

第三十一条 发挥财政资金引导作用,加强单位内部资源整合,鼓励与相关单位共同争取国家科技成果转化引导基金以及各级政府财政设立的技术创新引导专项(基金)、成果转化基地、知识产权运营和人才专项等专项资金(基金)的支持。

第三十二条 鼓励有条件的单位建立科技成果转化基金,用好非财政拨款结余和成果转化净收入;盘活闲置的仪器设备、装备、办公用房等资源,为科技成果转化提供便利条件。

单位按工商、价格等管理规定,可自行管理或授权专业服务机构有偿开放共享科研设施与仪器,收入、支出纳入单位财务统一管理,主要用于支持科技研发和成果转化。

第八章 绩效评价

第三十三条 建立科技成果转化年度报告制度。单位应当于每年3月底前向部科技主管部门报送上一年度科技成果转化情况的年度报告,内容主要包括:

(一)科技成果转化总体成效和面临问题;

(二)依法取得科技成果数量及有关情况;

(三)科技成果转让、许可和作价投资情况;

(四)科技成果转化绩效和奖惩情况,包括转化取得收入及分配情况,对科技成果转化人员的奖励和报酬等;

(五)推进产学研合作情况,包括自(共)建研究开发机构、技术转移机构、科技成果转化服务平台情况,签订技术开发、技术转让、技术许可、技术咨询、技术服务等合同情况，人才培养和人员流动情况等。

第三十四条　单位应当制定激励制度，将科技成果转化业绩纳入绩效考评体系，作为科技人员职称评定、岗位管理等重要依据，对科技成果转化业绩突出的技术转移部门和人员给予奖励。

第九章　人员兼职

第三十五条　单位可出台科技人员兼职分类管理办法，规范科技人员兼职取酬、成果作价持股等事项，明确审核审批和公开公示等要求，并报部备案。兼职收入不受本单位绩效工资总量限制。

第三十六条　单位领导班子成员按干部管理权限经批准，可在本单位出资的企业或参与合作举办的民办非企业单位兼职，兼职数量一般不超过1个，并不得领取薪酬。

单位中层领导人员在民办非企业单位或企业兼职的，根据工作需要和实际情况，按干部管理权限由所在单位审批；个人按照有关规定获得的报酬，应当全额上缴本单位，由本单位根据实际情况给予适当奖励。

担任领导职务人员兼职及因科技成果转化获取奖励、股权激励等情况，应当在个人有关事项报告和年度述职报告中予以说明。

第三十七条　未担任领导职务的科技人员在履行岗位职责、完成本职工作的前提下，经本单位批准可以兼职和兼薪，但应当如实将兼职收入报单位备案，按规定缴纳个人所得税。

第三十八条　鼓励单位设立创新岗位、流动岗位，聘请有创新实践经验的企业家和企业科技人才从事科研和教学工作。

第十章　离岗创业

第三十九条　单位可根据国家支持和鼓励事业单位科技人员创新创业有关政策精神，研究制定科技人员离岗创业管理办法，并报部备案。

第四十条　离岗创业期间，所在单位应当与离岗创业人员签订离岗协议或变更聘用合同，约定离岗创业时限、工资待遇、社会保险、知识产权、技术秘密保护、研究生培养、返回所在单位工作相关事宜、违约责任处理、发生争议处理方式等。

第四十一条　离岗创业期间，由原单位代缴社会保险。离岗创业收入不受原单位绩效工资总量限制，但须如实将收入报原单位备案，按规定缴纳个人所得税。

第四十二条　离岗创业期间，科技人员所承担的国家和省部级科技计划和基金项目原则上不得中止,确需中止的应当按照有关管理办法办理手续。

第十一章　法律责任

第四十三条　对违反相关规定,在科技成果转化活动中弄虚作假,采取欺骗手段,骗取奖励和荣誉称号、非法牟利的,由有关部门依法依规严肃处理。

第十二章　附　　则

第四十四条　国家铁路局、中国民用航空局、国家邮政局可参照本办法制定或修订有关规定。

第四十五条　本办法自发布之日起施行,由交通运输部科技主管部门负责解释。《交通运输部促进科技成果转化暂行办法》(交科技发〔2017〕55 号)同时废止。

《交通运输部促进科技成果转化办法》解读

为深入贯彻落实《中华人民共和国科学技术进步法》《中华人民共和国促进科技成果转化法》，及党中央、国务院关于促进科技成果转化、实行以增加知识价值为导向的分配政策等有关要求，促进交通运输科技成果转化，日前，交通运输部印发了《交通运输部促进科技成果转化办法》（交科技发〔2022〕67 号，以下简称《办法》）。现就《办法》制定的背景和主要内容解读如下：

一、《办法》制定的背景

交通运输部一直以来高度重视交通运输领域科技成果转化工作。“十三五”期间，为贯彻落实《中华人民共和国促进科技成果转化法》及《国务院关于印发实施〈中华人民共和国促进科技成果转化法〉若干规定的通知》《中共中央办公厅、国务院办公厅印发〈关于实行以增加知识价值为导向分配政策的若干意见〉》等法规、文件要求，交通运输部于 2017 年出台了《交通运输部促进科技成果转化暂行办法》（以下简称《暂行办法》），就部属研究开发机构、高等院校及具有研究开发能力的单位科技成果转化工作作出规定，有效期 5 年。

《暂行办法》实施 5 年来，部属各单位深入领会文件精神，结合自身实际，制定实施细则、健全组织机构、规范过程管理，在激发科技人员创新积极性、促进科技成果转化方面开展了一系列富有成效的工作。五年来，部属单位共完成各类型成果转化 6525 项，总合同额 34.8 亿元，奖励科技人员 31023 人次，计 6.27 亿元，有效促进了部系统单位并带动行业成果转化规模稳步增长，有效稳定了科技人才队伍，有效激发了科技人员创新活力，收到了预期效果。

近年来，党中央、国务院高度重视科技创新，不断深化科技改革，在促进科技成果转化方面出台了一系列新政策、提出了一系列新要求。与此同时，部属各单位特别是广大一线科技人员对于《暂行办法》期满后政策的延续性和一致性充满期待。对标党中央、国务院要求和服务加快建设交通强国需要，对标部属科研单位和科研人员期待，《暂行办法》部分条款存在不适应的地方，亟须修订完善。为此，交通运输部在系统总结《暂行办法》实施情况的基础上，研究制定了《办法》。

二、《办法》制定的原则

《办法》的制定工作遵循了“能留尽留、应改尽改”的原则，具体体现在：一是对于《暂行办法》实施以来运行良好，且内容可涵盖或体现近年党中央、国务院及有关部门文件精神的条款尽可能予以保留，以体现政策的延续性和稳定性；二是对于《暂行办法》原有条款中不再适用或已经发生变化的内容，根据实际情况做了更新、调整和优化；三是对于《暂行办法》原有条款未能涵盖但2017年以来党中央、国务院及有关部门文件细化明确的新规定、新精神，通过新增或修订相关条款进行补充完善；四是对《暂行办法》部分条款进行了优化整合、规范完善。

三、《办法》的主要内容

《办法》包括总则、转化方式、技术权益、机制建设、收益分配、转化激励、经费投入、绩效评价、人员兼职、离岗创业、法律责任、附则共12章45条，主要内容如下：

总则部分。主要对《办法》的法律依据、适用范围、科技成果和成果转化活动的概念、成果转化单位的职责等做出了规定。转化方式及技术权益部分。主要是明确了科技成果转化的主要方式，规定了相应的公示、保密、资产评估、作价入股工作等方面的工作要求，进一步明确了单位、成果完成人及双方对于促进成果转化的责任义务等。机制建设部分。主要是明确了支持建立新型研发机构、引导规范成果评价、积极培育和发展交通运输技术市场、综合利用部科技管理政策工具、鼓励产学研联合开展成果转化的政策导向等，强调各单位应建立健全科技成果转化工作机制、加强成果转化能力建设、加快推进交通运输技术转移机构和技术经理人队伍建设等。收益分配和转化激励部分。对于收益分配，主要是明确了各单位成果转化收入处置、科技人员成果转化奖励报酬、技术合同认定登记、奖励报酬支出的财务处置、奖励公示、税收优惠条件等要求，及现金奖励减按50%计算个人所得税等具体内容。对于转化激励，主要是规定了担任领导职务的科技人员获得科技成果转化奖励按照分类管理的原则执行及各类情况下成果转化奖励的具体要求，并鼓励各单位在合法合规的前提下参照执行所在地省级党委、政府出台的促进成果转化的激励政策等。成果转化经费投入部分。主要是明确了鼓励综合利用社会资金、专项基金、单位自有资金、有偿开放共享科研设施等多种资金渠道支持开展科技成果转化工作。成果转化工作绩效评价部分。主要是明确了各单位要建立科技成果转化年度报告制度、报告的主要内容、各单位应将科技成果转化纳入绩效考评体系等。人员兼职和离岗创业部分。主要是明确了领导班子成员、中层领导人员、一般科技人员兼职兼薪的有关要求，明确了科技人员离岗创业期间有关责任、义务及其与所在单位的关系处理，及各单位可出台具体管理办法并报部备案等。

制定《办法》，是交通运输部全面贯彻落实党中央、国务院关于促进科技成果转化决策部署、保持行业政策延续性和一致性、持续提升交通运输科技创新成果转化效能的重要举措。部属各单位应结合本单位实际,完善相关内部管理规定,打通政策落地“最后一公里”,切实保障《办法》在促进部系统单位科技成果转化、激励科技人员创新热情等方面持续发挥作用。

参考文献

[1] 吴寿仁. 科技成果转化政策导读[M]. 上海:上海交通大学出版社,2019.

[2] 中国科技成果管理研究会,国家科技评估中心,中国科学技术信息研究所. 中国科技成果转化年度报告2018(高等院校与研究院所篇)[M]. 北京:科学技术文献出版社,2019.

[3] 中国科技成果管理研究会,国家科技评估中心,中国科学技术信息研究所. 中国科技成果转化年度报告2019(高等院校与研究院所篇)[M]. 北京:科学技术文献出版社,2020.

[4] 中国科技成果管理研究会,国家科技评估中心,中国科学技术信息研究所. 中国科技成果转化年度报告2020(高等院校与研究院所篇)[M]. 北京:科学技术文献出版社,2021.

[5] 胡其芳,郑童桐,陈金源. 不同地区科技成果转化政策对比研究[J]. 科技管理研究,2018(18):21-25.

[6] 杨荣. 发达国家加速战略性新兴产业科技成果转化的经验——以电动汽车为例[J]. 科技创新与生产力,2013(8):5-9.

[7] 刘治平. 发达国家科技成果转化机制初探[J]. 科技与管理,2006(02):93-96.

[8] 国家发改委. 我国科技成果转化率10%远低于发达国家[EB/OL]. (2013-12-21)[2017-03-10]. http://news.cnstock.com/news,gdbb-201312-2853563.htm.

[9] LISSONI F. Academic patenting in Europe: An overview of recent research and new perspectives[J]. World patent information,2012,34 (3):197-205.

[10] VANLOOY B,DEBACKERE K,ANDRIES P. Policies to stimulate regional innovation

capabilities via university-industry collaboration: An analysis and an assessment[J]. R&D management, 2003, 33(2): 209-229.

[11] ZelongPeng, Problems and Suggestion In the Transformation of Scientific and Technological Achievements of University In our country [J]. Journal of management, 2015(3): 263.

[12] Shunen Wu, How to Break the Bottleneck of Transformation of Scientific and Technological Achievements in Colleges and Universities[J]. Journal of China university of science and technology, 2015(5): 68.

[13] 王金龙,沈丽娜,王明秀. 国外科技成果转化的成功经验及启示分析[J]. 生产力研究,2017(12):103-112.

[14] 栾春娟. 美国高校科技成果转化路径的实证分析与启示[J]. 中国科学院院刊,2018,33(3):265-273.

[15] 沈健. 中国科技成果转化率与美国差距有多大,问题在哪里? [DB/OL] https://www.sohu.com/a/355364310_139908.

[16] 吴寿仁. 科技成果转化若干热点问题解析(十七)——科技成果转化奖酬金政策的沿革与要点解读[J]. 科技中国,2018(10):38-46.

[17] 吴寿仁. 科技成果转化若干热点问题解析(十四)——科研人员科技成果所有权探析[J]. 科技中国,2018(7):28-36.

[18] 吴寿仁. 科技成果转化热点问题解析(三)——再谈科技成果混合所有制[J]. 科技中国,2017(8):30-33.

[19] 曹文慧,王军成,吴松强. 中介机构在科技成果转化过程中的价值研究[J]. 产业与科技论坛,2018,17(17):121-123.

[20] 张宇庆. 如何破解科技成果转化之困——基于科技经纪人(组织)建设的视角[J]. 中国高校科技,2018(3):72-74.

[21] 钟卫,陈宝明. 中国高校科技成果转化绩效评价研究[J]. 中国科技论坛,2018(4):41-49.

[22] 毕桂花. 科技成果转化问题研究[J]. 中国市场,2019(5):70-71.

[23] 王健,周宇华,杨永征. 科技成果转化过程中科研院所的制约因素[J]. 中国科技论坛,2005(4):47-51.

[24] 许倞,贾敬敦,张旭,等. 2020 全国技术市场统计年报[R]. 北京:兵器工业出版社,2020.

[25] 财政部,科技部.关于研究开发机构和高等院校报送科技成果转化年度报告工作有关事项的通知(财科教〔2017〕22号)[Z].2017.

[26] 中华人民共和国人力资源和社会保障部.关于进一步支持和鼓励事业单位科研人员创新创业的指导意见(人社部发〔2019〕137号)[Z].2019.

[27] 徐斌.日本科技成果转化评价体系研究[J].全球科技经济瞭望,2021,36(08):37-46.

[28] 史童,王春嬉,谭文俊.科技成果转化的现状问题及对策研究[J].生产力研究,2017(06):79-83.

[29] 王欣.高校科技成果转化机理及对策研究[M].北京:科学出版社,2020.

[30] 李晓慧,贺德方,彭洁.英国促进科技成果转化的政策及经验[J].科技与经济,2016,29(4):16-20.

[31] 邱丹逸,康捷,莫富传.美国及德国推进科研机构改革发展经验及启示[J].决策咨询,2021(5):42-47.

[32] 汝绪伟,李海波,陈娜.科技成果转化体系建设研究与实践[M].北京:科学出版社,2021.

[33] 访英小组.教学公司(TEACHING COMPANY)——学院与公司联合培训人才[J].国际科技交流,1986(4):10-11.

[34] 吕薇.多措并举,促进基础研究转化为原始创新能力[J].科技中国,2018(2),1-5.

[35] 2020全球百佳技术转移案例16-AUTM(原北美大学技术经理人协会)[DB/OL].https://www.ciste.org.cn/index.php? m = content&c = index&a = show&catid = 98&id =2018.

[36] 李铎.机制创新英国大学知识产权成果转化的"诀窍"[DB/OL].中国知识产权报,2018.9//http://ip.people.com.cn/n1/2018/0925/c179663-30311917.html.

[37] 陈俐,冯楚健,陈荣,等.英国促进科技成果转移转化的经验借鉴——以国家技术创新中心和高校产学研创新体系为例[J].科技进步与对策,2016,33(15):9-14.

[38] 国资委政策法规局.德国企业知识产权战略管理和法律保护的现状与启示——企业知识产权战略管理和法律保护赴德培训考察报告[DB/OL].2006-07-24.http://www.sasac.gov.cn/n2588025/n2588119/c2689376/content.html.

[39] 吴寿仁.高校院所科技成果转化的现状进展分析与对策建议[J].竞争情报,2021,17(4):37-44.

[40] 胡智慧,李宏,张秋菊,等.国内外科技成果转化法律与政策对比分析(下)[J].科

技政策与发展战略,2013(10):1-25.

[41] 张文馨. 部属科研院所主导投资孵化科技成果的模式思考[J]. 交通财会,2021(10):29-34.

[42] 张惠东. 国外产学研合作创新分析及对我国的启示[J]. 经济研究导刊,2015(21):188-190.

[43] 李俊婷,刘瑞贤,王渊涛. 国外产学研合作模式的特点分析[J]. 科技和产业,2014,14(11):117-120.

[44] 徐科凤,王国栋,徐涛. 国外产学研协同创新机制对比分析及对我国的启示[J]. 科技与创新,2018(15):70-71.

[45] 徐廷建. 科技成果转化与金融结合创新模式研究[J]. 大众科技,2014(2):149-154.

[46] 魏巍,贺和初,李斌. 国外技术转移服务机构建设经验对我国的启示[J]. 企业技术开发,2018,37(11):18-22.

[47] 张友轩,张桂华,韩令正,等. 国内外技术经纪人发展现状[J]. 天津科技,2015,42(12):1-2.

[48] 李昭娟. 技术经纪人在科研单位科技成果转化中的作用探析[J]. 河北农机,2021(6):58-59.

[49] 李韵石. 技术经理人:“最后一公里”探路者[J]. 法人,2021(8):41-43.

[50] 束强. 我国技术经理人发展存在的问题及管理体系建构[J]. 江苏理工学院学报,2020,26(3):76-79.

[51] 郑剑华. 国外的成功经验对科技成果转化的启示[J]. 海峡科学,2007(7):24-35.

[52] 何如喜. 国外科技成果转化成功经验及其启示研究[J]. 中国新技术新产品,2014(9):160.

[53] 吴寿仁,吴静以. 科技成果转化若干热点问题解析(二十六)——基于个人所得税政策对科技成果产权激励改革的思考[J]. 科技中国,2019(7):73-77.

[54] 曾金华. 科技成果转化需发挥好资产评估作用[N]. 经济日报,2019-7-1(6).

[55] 吴寿仁. 科技成果转化若干热点问题解析(二十三)——科技成果转化评价方式与评价政策导读[J]. 科技中国,2019(4):37-46.

[56] 吴寿仁. 科技成果转化若干热点问题解析(十五)——如何选择科技成果转化方式?[J]. 科技中国,2018(8):37-46.